Lobpreisgesang

französisch-afrikanischer religiöser Gemeinschaften

in Wien

Chang, Yea-Tyng

Vorwort von Pastor Leung, Wing Keung Wayne

From a cultural perspective, Christianity is a part of human civilization inherited from the Jewish and Greeko-Roman tradition. If we, however, perceive it from a religious faith, this is the love of God for all nations. The Holy Bible is the literature which contains the message of love from the Only Eternal God for all mankind and thus need to be brought to people's heart in a language that they can understand. Translation of the Bible, both in the Old and New Testament eras, is an ongoing task that the Church has involved through the Church history. As there are still nearly 2800 languages in the world that do not have the Bible in a language that they can read, this is an urgent agenda that the Church is pursuing.

Language and music are two unique elements of culture which enable the conveyance of culture in the stream of time. Ethnolinguistics and ethnomusicology play significant roles in understanding and preservation of cultural heritages for each people group, particularly for the endanger languages. They are also important in the process of Bible translation and conveying the message in musical form to the people who are yet literate.

I am excited to know the publication of Dr. Yea-Tyng Chang's dissertation on both disciplines. This is surely an invaluable input for the Bible translation teams. I like to take this opportunity to express my congratulation for her academic excellence as well as my gratitude for her contribution to the task of Bible translation through her study. My hope is to see more Chinese scholars following her steps for the Glory of God and His love to mankind.

Pastor Leung, Wing Keung Wayne
International Coordinator of Chinese Program
Asia Diaspora Initiatives
Wycliffe Bible Translators International

Vorwort von Pasteur John-Peter Kalambay

Pendant que les peuples du monde entier se rejouissent des differentes sortes de notes, de textes, et de belles melodies que la musique offre, j'aimerai souligner que la musique n'est pas une invation de l'humanité mais en vérité elle est idée venant de l'étérnel Dieu.

La musique a commencé au ciel (Ezéchiel 28:11); ainsi entant que créateur et donnateur de toute chose, il est digne de recevoir nos louanges, il est legitime qu'on chante pour lui pour le louer, le valoriser, le glorifier, le remercier, le célébrer, le magnifier, publier ses hauts faits, lui rendre hommage, exprimer notre profonde admiration, temoigner sa bonté, sa justice, sa fidelité, sa gloire, sa force, sa saintété, le louer surtout pour le don du sauveur ,"Jésus Christ" car on a rien a lui donner.

On ne peut pas vouloir recevoir quelque chose d'un roi ou entrer dans sa présence sans avoir avant tout touché son coeur (Psaumes 22:11).

La musique joue un rôle tres important dans le culte francophone car par elle, on invite la présence de Dieu a prendre place et a agir; on se prépare pour recevoir de lui: l'edification, guérison, delivrance, bénédiction, direction, unité.... ainsi on repend nos coeur devant lui, en l'élevant, l'adorant par les chants, on dit qu'il est Dieu et qu'il n'y a aucun autre en dehors de lui, on s'abadonne a lui, lui le créateur de l'univers (Psaumes 150:1-6)

Que Dieu vous bénisse

Pasteur Kalambay, John-Peter

Inhaltsverzeichnis

Vorwort von Pastor Leung, Wing Keung Wayne i
Vorwort von Pasteur John-Peter Kalambay ii

Einleitung von Prof. Dr. Oskár Elschek 1
Einleitung und Danksagung von Yea-TyngChang 3

I. Einleitung: Empirischer Teil
I.1. Zwei Parameter - Religiöser und kultureller Parameter 10
    I.1.1. Religiöse Parameter – Begriff „Lobpreis" 13
        I.1.1.1. „Lobpreis" in der Bibel - Definition in der Bibel 13
        I.1.1.2. Definition in der Wissenschaft - „Lobpreis" in der wissenschaftlichen
        Definition 16
            I.1.1.2.1. Musikwissenschaftliche Definition 16
            I.1.1.2.2. Theologische Definition 18
        I.1.1.3. Historischer Hintergrund - Definition in der geschichtlichen
        Entwicklung 19
            I.1.1.3.1. Pfingstbewegung 19
            I.1.1.3.2. Lobpreiswelle 19
        I.1.1.4. Lehre des Lobpreises in der Kirche - Definition der Kirche 20
            I.1.1.4.1. Lobpreis ist nicht nur Musik 20
            I.1.1.4.2. Ein Muster der Lobpreis–Ideologie 21
            I.1.1.4.3. „Lobpreis - ein Lebensstil" 22
        I.1.1.5. Sozio - psychologische Überlegungen - Definition der menschlichen
        Aufassung 23
    I.1.2. Kultureller Parameter-Wer sind diese Französisch–Afrikaner in Wien? 32
        I.1.2.1. Ethnischer Aspekt - Wer sind diese Französisch-Afrikaner in Wien? 37
        I.1.2.2. Sprachlicher Aspekt - Sprechen sie Französisch? 43
        I.1.2.3. Ein Beispiel: - Als die Madegassischen Christen den kongolesischen
        Christen begegneten …..46

I.2. Funktion 53
    I.2.1. Funktion und Motivation - Warum singen sie eigentlich? 53
        I.2.1.1. Motivationspsychologischer Sinn 53
        I.2.1.2. Funktion 54
        I.2.1.3. Biblische Aussage und Beschreibung - Zweckmässige
        Singmotivationen - Zu Ehren Gottes 54
        I.2.1.4. Eine empirische Befragung - Motivation des Singens zu Gott 59
    I.2.2. Ausdruck und Emotion-„Psychologischer Emotionseffekt" während des Lobpreises..64
        I.2.2.1. Drei Forschungsaspekte - Emotionspsychologischer Aspekt, Musik
        Aspekt und kultureller Aspekt 65
            I.2.2.1.1. Emotionspsychologischer Aspekt..65
            I.2.2.1.2. Musik Aspekt 66
            I.2.2.1.3. Kultureller Aspekt 66

I.2.2.2. Phänomen: „Psychologischer Emotionseffekt"..67

    I.2.2.2.1. Ein Muster der Lobpreis – Musik Praxis...............................67

    I.2.2.2.2. Während der Anbetung...68

    I.2.2.2.3. Während des Lobpreises..69

I.2.2.3. Musikalische Vokale Praxis - „Animation", „Geschrei" und anderes.......70

    I.2.2.3.1. „Animation"...70

    I.2.2.3.2. „Geschrei"..71

    I.2.2.3.3. Zusätzliche Merkmale - Singen und in die Hände klatschen 76

I.2.3. Aktivierung 78

    I.2.3.1. Empirische Befragung...79

        I.2.3.1.1. Erste Befragung - Glauben ist der Weg zur positiven Aktivierung...82

        I.2.3.1.2. Zweite Befragung - vom Musikgeschmack zur positiven Aktivierung – 1...85

        I.2.3.1.3. Dritte Befragung - vom Musikgeschmack zur positiven Aktivierung – 2...87

    I.2.3.2. Gesichtsausdruck bzw. körperliches Verhalten 90

II. Analytischer Teil

II.1. Versuch einer Lieder – Klassifikation 94

    II.1.1. Objekt Modell der Klassifikation 98

        II.1.1.1. Textinhaltlicher Faktor 98

    II.1.2. Dynamisches Modell der Klassifikation 103

        II.1.2.1. Zeitlicher Faktor..105

        II.1.2.2. Geographischer Faktor.......................................108

        II.1.2.3. Sprachlicher Faktor 108

    II.1.3. Funktionales Modell der Klassifikation 111

        I.1.3.1. Funktionaler Faktor 111

II.2. Hymnen im französisch–afrikanischen Gesang 113

    II.2.1. Fremde abendländische Melodie oder eigene afrikanische - kongolesische Interpretation?...113

        II.2.1.1. Interpretation 116

        II.2.1.2. Reinterpretation..117

        II.2.1.3. Originalemelodie?..118

        II.2.1.4. Afrikanisierung des Liedes „*Dieu tout puissant*"........120

    II.2.2. Reicht eine melodische Analyse? 129

        II.2.2.1. Abendländisch klingende kongolesische Lieder - „*Mon âme mon Dieu*"129

        II.2.2.2. Einfache kongolesische Lieder – Die Lieder ohne Titel 132

    II.2.3. Das Fremde – das Eigene Paradoxon......................................134

II.3. Gottes Lieder im französisch - afrikanischen Gesang - Von der Transkription ...143

II.4. Überlieferung im Wandeln - Andere fixierte mündliche Überlieferung 159

Zusammenfassung..175

Literaturverzeichnis 181

Curriculum Vitae..195

Abbildungsverzeichnis

Abbildung 1:   Konstruktionsmodell der „Lobpreis" - terminologischen Forschung ········· 11
Abbildung 2:   Assoziationsmuster und die Menge unterschiedlicher Termini bezüglich des
               Lobpreises ········· 12
Abbildung 3:   Mögliche Kombinationsterminologien bezüglich des Lobpreises ········· 24
Abbildung 4:   Fragebogen zu der Terminologie ········· 26
Abbildung 5:   Prozentuelle Aufteilung der befragten Versuchspersonen ········· 27
Abbildung 6:   Statistisches Ergebnis: Zwei Darstellungen zu der Terminologie-1. ········· 28
Abbildung 7:   Statistisches Ergebnis: Zwei Darstellungen zu der Terminologie-2. ········· 29
Abbildung 8:   Adjektivische Beschreibungen der Terminologien ········· 30
Abbildung 9:   Modell der Kultur und kulturellen Umgebung ········· 33
Abbildung 10: Modell der Forschungsidee ········· 34
Abbildung 11: Multi – Identität dieser französisch - afrikanischen Gruppe ········· 35
Abbildung 12: Multi–Identität dieser multi–ethnischen französisch-afrikanischen Gruppe ····· 36
Abbildung 13: Modell einer unfixbaren ethnischen Situation der Teilnehmer ········· 40
Abbildung 14: Migrationssituation der Französisch - Afrikaner in Wien ········· 41
Abbildung 15: Überblick der Missionar – Aktivitäten in Afrika ········· 42
Abbildung 16: Überblick einer Sprachen - Verteilung der Teilnehmer im Jahr 2002 – 2003 ···· 44
Abbildung 17: Französisch–afrikanische multi–kulturelle Kombination ········· 48
Abbildung 18: Ein in Afrika überall verbreitetes kongolesisches Gottes Lied
               – Yesu azali awa ········· 50
Abbildung 19: Nicht schriftlicher musikalischer Überlieferungsprozeß - Singen und
               Musikmachen der Französisch–afrikanischen Kindern in der Kirche ········· 58
Abbildung 20: Modell der zweidimensionalen Kriterien zu der Konstruktion des
               Motivationsfragebogens ········· 61
Abbildung 21: Fragebogen zur Motivation des Singens zu Gott ········· 62
Abbildung 22: Forschungsmodell ········· 64
Abbildung 23: Muster der gesanglichen Teile im Gottesdienst – 1. ········· 68
Abbildung 24: Musikalischer Charakter der Animation ········· 70
Abbildung 25: Muster der gesanglichen Teile im Gottesdienst – 2. ········· 73
Abbildung 26: Überblick des Animationsgesangs: Zwei Beispiele ········· 74
Abbildung 27: Transkription und Analyse des Animationsgesangs ········· 75
Abbildung 28: Befragung zur Aktivierung ········· 81
Abbildung 29: Zuordnung akustischer Komponenten zu den Emotionen Freude und Trauer
               bei Sprache und Musik ········· 83
Abbildung 30: Erste Befragung – Glauben ist der Weg zur positiven Aktivierung ········· 84
Abbildung 31: Zweite Befragung: Befragungskriterien zum Musikgeschmack–1. ········· 86
Abbildung 32: Die dritte Befragung - Befragungskriterien zum Musikgeschmack–2. ········· 88
Abbildung 33: Ein Beispiel des Gesichtsausdrucks und des körperlichen Verhaltens ········· 91

Abbildung 34: Modell des analytischen Teils ⋯⋯⋯⋯⋯⋯⋯⋯⋯⋯⋯⋯⋯⋯ 93

Abbildung 35: Modell der Klassifikation ⋯⋯⋯⋯⋯⋯⋯⋯⋯⋯⋯⋯⋯⋯⋯ 95

Abbildung 36: Klassifikationsmodell der Französisch - Afrikanischen Lobpreislieder -1. ⋯⋯ 96

Abbildung 37: Klassifikationsmodell der Französisch - Afrikanischen Lobpreislieder -2. ⋯⋯ 97

Abbildung 38: Ein umgeschriebenes biblisches Lied „*Eternel tu me sondes*" ⋯⋯⋯ 99

Abbildung 39: Ein unpersönliches proklamierendes vereinfachtes biblische Lied ⋯⋯⋯ 101

Abbildung 40: Ein persönliches proklamierendes vereinfachtes biblisches Lied „*Oza Nzambe*" ⋯⋯⋯⋯⋯⋯⋯⋯⋯⋯⋯⋯⋯⋯⋯⋯⋯⋯⋯⋯⋯⋯⋯ 101

Abbildung 41: Ein zu Gott orientiertes längeres beschreibendes Lobpreislied ⋯⋯⋯ 102

Abbildung 42: Dynamisches Modell ⋯⋯⋯⋯⋯⋯⋯⋯⋯⋯⋯⋯⋯⋯⋯⋯⋯ 103

Abbildung 43: Entwicklungsüberblick der Lobpreislieder⋯⋯⋯⋯⋯⋯⋯⋯⋯ 104

Abbildung 44: Ein kulturelles Lobpreislied – „真正好 – 主耶穌真好": Zwei der heutigen überlieferten Notenbeispiele ⋯⋯⋯⋯⋯⋯⋯⋯⋯⋯⋯ 107

Abbildung 45: Eine Missionar Hymne, die nach Afrika in das heutige Kongo Gebiet gebracht worden war und die in zwei verschiedenen kongolesischen Sprachen, nämlich Lingala und Französisch übersetzt und aufgeschrieben wurde, und zwei mögliche überlieferte Melodien ⋯⋯⋯⋯⋯ 110

Abbildung 46: Gelernter und noch aufgeschriebener Text und zwei Rekonstruktionen möglicher gelernter Melodien des Liedes „*Dieu tout puissant*" ⋯⋯⋯ 119

Abbildung 47: Melodie des Liedes „*Dieu tout puissant*" ⋯⋯⋯⋯⋯⋯⋯⋯⋯ 120

Abbildung 48: Zwei gesangliche Präsentationsformen des Liedes „*Dieu tout puissant*" ⋯⋯ 121

Abbildung 49: Mögliche originale Melodie und Vergleich der Reinterpretation vom A Teil des Liedes „*Dieu tout puissant*" ⋯⋯⋯⋯⋯⋯⋯⋯⋯⋯⋯⋯ 123

Abbildung 50: Spektrogramm der ersten Strophe des A Teils ⋯⋯⋯⋯⋯⋯⋯ 124

Abbildung 51: Spektrogramm und Vergleich der ersten Strophe des A Teils ⋯⋯⋯ 125

Abbildung 52: Portamento „ / " beim Anfang der ersten Strophe⋯⋯⋯⋯⋯⋯ 126

Abbildung 53: Interpretation und Reinterpretation zweier anderer Missionar Hymnen ⋯⋯ 127

Abbildung 54: Interpretation und Reinterpretation zweier anderer Missionar Hymnen „*Benit soit le nom*" ⋯⋯⋯⋯⋯⋯⋯⋯⋯⋯⋯⋯⋯⋯⋯⋯⋯⋯ 128

Abbildung 55: „*Mon âme mon Dieu*": Der melodische Verlauf und Text ⋯⋯⋯ 131

Abbildung 56: Ein Lied – Beispiel ohne Titel ⋯⋯⋯⋯⋯⋯⋯⋯⋯⋯⋯⋯⋯ 133

Abbildung 57: Kongolesische/Französisch-Afrikanische Lobpreislieder? ⋯⋯⋯⋯ 138

Abbildung 58: Das Fremd / das Eigene Modell ⋯⋯⋯⋯⋯⋯⋯⋯⋯⋯⋯⋯⋯ 142

Abbildung 59: Originale Melodie (A) und gesungene Melodie (A', A", A''', A'''') ⋯⋯⋯ 146

Abbildung 60: Schleifen als die afrikanische Gesangstil in dieser Transkription⋯⋯ 147

Abbildung 61: Die Melodie dieser zwei Lieder, die der Leiter des Musikers extra sang ⋯⋯ 148

Abbildung 62: Eine Variante in der Melodie ⋯⋯⋯⋯⋯⋯⋯⋯⋯⋯⋯⋯⋯⋯ 149

Abbildung 63: Der Schlag und das Singen ⋯⋯⋯⋯⋯⋯⋯⋯⋯⋯⋯⋯⋯⋯⋯ 150

Abbildung 64: Transkription⋯⋯⋯⋯⋯⋯⋯⋯⋯⋯⋯⋯⋯⋯⋯⋯⋯⋯⋯⋯⋯ 152

Abbildung 65: Modell der Transkriptionstechnik–1. ⋯⋯⋯⋯⋯⋯⋯⋯⋯⋯⋯⋯ 155

Abbildung 66: Transkription des Liedes „*Kiese ya ya*" ⋯⋯⋯⋯⋯⋯⋯⋯⋯ 156

Abbildung 67: Spektrogramm Transkription des Liedes „*Kiese ya ya*" ⋯⋯⋯⋯ 157

Abbildung 68: Modell der Transkriptionstechnik–2. ·· 158
Abbildung 69: Ein Beispiel der Niederschrift des französischen Texts ················ 164
Abbildung 70: Ein Beispiel des Texts vom Lobpreisleiter ······························ 165
Abbildung 71: Ein Beispiel des Texts von CD ·· 166
Abbildung 72: Phänomensmodell der klanglichen Imitation, Annährung und melodischen Genauigkeit ·· 168
Abbildung 73: Lernmodell des Liedes „Ich singe Dir ein Liebes Lied (In Deinem liebenden Arm) / Je veux chanter un chant d'amour" ···························· 171
Abbildung 74: Lernmodell des Liedes „Feiert Jesus, kommt feiert ihn / Celebrez Jesus, Celebrez / Feiert Jesus" ·· 172
Abbildung 75: Lernmodell des Liedes „Ruf zu dem Herrn / Oh! Jesus, Mon Sauveur" ········ 173
Abbildung 76: Aufschreiben eines neu komponoierten kongolesischen Lobpreisliedes „Eternel tu me sondes" ·· 174

Einleitung von Prof. Dr. Oskár Elschek

Die vorliegende Arbeit hat einige besonderen Vorzüge, die die moderne Ethnomusikologie kennzeichnet. Es sind dies vorrangig in der Ethnomusikologie angewandten Verfahren, allerdings eingebettet in ein breites methodisches und theoretisches musikwissenschaftliches Bezugsfeld, das auf disziplinäre Partikularität verzichtet und ein ganzheitliches musikalisches Bewusstsein in den Vordergrund stellt.

Durch das breite Spektrum der vorliegenden Untersuchung können sowohl außermusikalisch determinierende Aspekte, ebenso wie durch sie hervorgerufene interne musikalische und kognitive Prozesse erfaßt werden. Es sind klar definierte, kulturbezogene Vorsätze, die die Funktion der Musik in ein breites soziales und ethnisches Umfeld einfügen und diese im Zusammenhang interpretieren. Alle relevanten Problembereiche wurden von Yea-Tyng Chang mit einer ausgewogenen Sorgfalt behandelt.

Diese breite methodische Untersuchungsstrategie ermöglichte es der Autorin die internen spezifisch musikalischen Prozesse zu erfassen. Ihre kognitiven Auswirkungen auf die beteiligten Individuen zu kennzeichnen und ihre Konsequenzen auf die einzelnen religiösen und ethnischen Gemeinschaften abzuklären. Diese Aspekte: die Musik, Kultur, die geistige, religiöse, ethnische, individuelle und gemeinschaftliche Komponente, werden als eine sich ergänzende und ineinander verflochtene Einheit erfaßt.

Die Besonderheit der Arbeit ergibt sich durch ihren Gegenstand:

- der Untersuchung französisch-afrikanischer religiöser Gemeinschaften in Wien, mit ihrer heterogenen ethnischen, sprachlichen und kulturellen Vielschichtigkeit;

- durch die besonders wichtige sozialisierende, integrierende und geistig-kognitive Funktion der Musik, insbesondere des Lobgesanges in diesen Gemeinschaften;

- durch die allgemein psychische Bedeutung der Musik für jeden Einzelnen dieser Gemeinschaft, in ihrer rein musikalischen, musikspezifischen Auswirkung und der Aufrechterhaltung des Gemeinschaftbewußtsein in einer ihr völlig fremden kulturellen und sozialen Umwelt.

- Die Erfassung all dieser Prozesse erforderte eine besonders dezidierte methodische Behandlung der anstehenden Probleme. Sie umfaßte einige wesentliche Komponenten, die es

Yea-Tyng Chang ermöglichten ihre Forschungsziele, auf die Wiener Gesellschaft bezogen, zu erreichen:

Besonders wichtig ist die Definition des Lobpreisgesanges in vergleichend liturgischer und außerliturgischer Art, die sowohl im allgemeinem Sinne, als auch im Bezug auf die untersuchten Gemeinschaften vorgelegt wurde. Die Definition ist in besonderer Weise auf die spezifischen Aussagen und Vorstellungen der untersuchten Gemeinschaft eingegangen.

Empirische Verfahren wurden in einem außergewöhnlich detaillierten Umfang angewandt, bildeten eine Serie sich ergänzender Befragungen, Strategien und Auswertungen, die zum Erfolg der Untersuchungen beitrugen.

Die Befragungen bezogen sich auf soziale, ethnische und andere kulturelle Faktoren, die aber weitgehend musikalische, psychologische und semantische Schichten aufdeckten. Der Schwerpunkt war also nicht die übliche soziokulturelle, sondern die kognitive Komponente der musikalischen Bedeutung.

Da es sich um Gesangsformen handelt, wird den Texten und ihrer Analyse die nötige Beachtung gewidmet und das Gesamtrepertoire aus genetischer Sicht behandelt.

Zu den vorgelegten Ergebnissen ist hinzuzufügen, dass sich die Autorin im nötigen Umfang dem Vergleich ähnlicher Gemeinschaften in anderen europäischen Ländern widmete, ebenso den Versuch unternahm die Beziehung zu den Muttergemeinschaften in ihrem afrikanischen Ursprungsland zu klären.

Im Mittelpunkt der Arbeit stehen heute bevorzugte Untersuchungen der Minderheiten, ihrer Migration, der Erhaltung ihrer kulturellen Traditionen, ihrer Anpassung, Assimilation und zu den Prozessen der dadurch entstandenen kulturellen Diversität. Sie alle beschäftigen die gegenwärtige musikwissenschaftliche Forschung in besonderer Weise. Zu diesen Fragen enthält die vorgelegte Monographie wertvolle Ergebnisse und methodische Anregungen.

Oskar Elschek

Einleitung und Danksagung von Yea-Tyng Chang

Die Musik dieser Welt im Allgemeinen ist heute wie eine Mosaik der verschiedenen Musikkulturen der verschiedenen Kontinente und der differenzierten Musikregionen. Ethnische, nationale, regionale wie auch entwicklungsgeschichtliche Prozesse der traditionellen Musikkulturen bilden eigentlich die Grundlage ihrer Verbreitung: Sie werden mit der Zeit noch ergänzt durch Anpassung, Annahme, Integration, Akkulturation und auch Neugestaltung usw. von anderen Musikkulturen, als eine Musikkultur an eine andere Musikkultur stößt. Globale, die zu universellen, verbindenden und sich gegenseitig beeinflussenden Tendenzen führen, waren ein permanenter Teil dieser Musikentwicklungen. Diese Prozesse in den gegenwärtigen Musikkulturen wurden im 20. Jahrhundert und an der Wende zwischen dem 20. und 21. Jahrhundert besonders durch die Medien enorm verstärkt und weltweit transportiert. Die gegenwärtigen Musikkulturen sind dadurch immer komplizierter geworden, und der Lobpreisgesang - die christliche Musik – befindet sich auch innerhalb dieses Stromes.

Christliche Musik trifft eigentlich unaufhörlich auf verschiedene Musik der verschiedenen Völker, so wie das Evangelium von Anfang bis jetzt verlaufend überall in diese Welt verbreitet wird. Und so werden der christliche Musikstil, die christliche Melodie, die christliche Interpretationen des Gesangs, sogar die christliche Musikterminologie usw. mit der Zeit in verschiedenen geographischen Lagen fortwährend angepasst, angenommen, intergriert und neugestaltet usw.

Verschiedene Kulturen bringen ganz verschiedene Menschen, Musik und so weiter hervor. Deswegen beschäftigen sich viele Ethnomusikologen aus differenzierten Kulturen mit verschiedenen musikkulturellen Themen von verschiedenen Aspekten und sogar von verschiedenen eigenen kulturellen Anschauungen her. Das heißt, die Hintergründe von ethnomusikwissenschaftlichen Forschern sind der Einfluß, wie sie die Musik aus verschiedenen Kulturen hören, anschauen, behandeln, forschen usw. Darum ist es wichtig für diese ethnomusikwissenschaftliche Arbeit meine persönliche Motivation zu erklären.

Wie ich auf dieses Thema gekommen bin, ist eine lange Geschichte: Ich nahm sonntags fast drei Jahre an dem Gottesdienst in so einer Pfingstgemeinde in meinem Heimatland – Taiwan – teil. Seit zwei einhalb Jahren nehme ich auch sonntags am Gottesdienst in einer Pfingstgemeinde in Wien teil. Die beiden Veranstaltungen der Gottesdienste finden zwar in zwei ganz verschiedenen Ländern, Völkern und Kulturen statt, aber die beiden Gemeinden sind gleichartig, und die Formen der beiden Gottesdienste sind auch sehr ähnlich. Aber, obwohl sie im selben Glauben sind, ist der Stil des musikalischen Lobpreises, die Melodie der Lobpreislieder und des Lobpreisgesangs ganz verschieden. Danach ist mir die Frage in den Kopf gekommen: wie ist es dann mit dem musikalischen Lobpreis bei anderen verschiedenen Kulturen? Vor zwei Jahren erfuhr ich, daß es in Wien Pfingstgemeinden von anderen Kulturen und Völkern gibt. Obwohl die Religion und der Ort dieselben sind, sind die Atmosphären des musikalischen Lobpreises, die Lobpreismusik, die Lobpreislieder und der Lobpreisgesang usw. sehr unterschiedlich.

Von diesen allen wurde zunächst die französisch – afrikanische Migrationskirche in Wien für diese Forschungsarbeit ausgewählt.

Was passierte in der musikkulturellen Geschichte, als die erste Generation der Apostel, wie in der Bibel beschrieben wird, das Evangelium von Klein - Asien in die Abendländer brachten? Was passierte in der Musik wieder, als die Missionare die abendländische christliche Kultur in außerabendländische Kulturen mitbrachten?

Die Forschung der ethnischen christlichen Musikkulturen, vor allem der außereuropäischen Musikulturen, ist eigentlich nichts neues. Zahlreiche damalige Missionare aller möglichen Konfessionen versuchten von ihrem ersten Augenblick die einheimischen Musikkulturen durch ihre Wahrnehmung und ihre einseitigen Vorurteile ethnographisch zu beschreiben und darüber zu berichten (Romano 1648, Carli 1672, Cavazzi 1687, Merolla 1692 usf.). Erst allmählich versuchten sie mit den „fremden" einheimischen Musikkulturen umzugehen und ihre christliche Musik diesen anzupassen.

Die Einheimischen versuchten umgekehrt die damaligen fremden abendländischen kulturellen christlichen Melodien mit ihren eigenen Musikwahrnehmung starr zu lernen und zu singen, und diese fremden Melodien später mit ihrer eigenen Art und Weise zu präsentieren (Axelsson 1981, Ammann 2004, Clement 2004, Grasmuck 2000, Harnish 2004, Lassiter 2002, Louhivuori und Lebaka 2004, Lee 2004, Mthethwa 1988, Nile 1997 und 2004, Okazaki 2004, Sibree 1924, Son 2004, Trimillos 2004, Yang 2004 usf.).

Generationen später versuchten die einheimischen Gläubigen mit ihren eigenen Melodien in dem christlichen Glauben zu singen, und sogar ihre eigenen sowohl christlichen musikalischen Terminologien als auch ihr christliches Musik – Repertoire zu entwickeln und zu konstruieren (Anderson 2004, Ammann 2004, Axelsson 1981, Cheng 2004, Clement 2004, Grasmuck 2000, Kidula 1998 und 2004, Okazaki 2004, Mthethwa 1988, Nile 1997 und 2004, Okazaki 2004, Sibree 1924, Son 2004, Trimillos 2004, Yang 2004 usf.).

Die Geschichte geht weiter, sowohl die Kirchengeschichte (Hesse – Böhme 2004, Währisch – Oblau 2004a und 2004b) als auch die ethnische Geschichte. Auf einmal emigrierten diesen Einheimischen irgendwann irgendwie auch in die Abendländer. Sie kamen mit ihrer eigenen christlichen Religion und haben später sogar ihre eigenen Kirchen im Ausland (Adogame 2004, Anderson 2004, Bergunder 2004, Gerloff 2004a und 2004b, Haustein 2004, Karagiannis 2004, Kahl 2004, Schmidhofer 1993, Währisch - Oblau 2004a und 2004b usf.) aufgebaut. Sie brachten ihre eigene christliche Musik mit und singen in den fremden abendländischen Kulturen (Chang 2004, Ziegler 2004).

Statt der Behaupung – die außereuropäischen Musikkulturen passen sich an die abendländische christliche Kultur und Musikkultur an, ist der Aspekt dieser Forschung – die christliche Musik paßt sich den verschiedensten Musikkulturen an.

Eine über zwei Jahre lang dauernde intensive dokumentative, informative Feldforschung über den französisch – afrikanischen Lobpreisgesang bei der Migrationskirche, in wöchentlichen Gottesdiensten, Gebetskreisen und verschiedensten organisierten Festen und Konzerten der Evangelisation, sowohl in Wien als auch in Graz, Bochum, Duisburg, Achen usw. fördert diese Arbeit.

Außer der Hauptfeldforschung bei den französisch – afrikanischen Migrationskirchen, wurde nebenbei die Feldbeobachtung noch weiter in anderen ethnischen Migrationskirchen wie der nigerianischen, äthiopischen, österreichischen, deutschen, amerikanischen, englischen, brasilianischen, philippinischen, koreanischen, chinesischen, taiwanesischen Kirchen in Österreich als auch in Deutschland durchgeführt um Vergleichsunterlagen als Unterstützung für diese Forschung zu finden.

Die Lieder, die in dieser Arbeit erwähnt und analysiert werden, und die Aufnahmen für diese Forschung und Arbeit stammen hauptsächlich aus der eigenen Feldforschung zwischen 2002 und 2004 in Wien.

Nicht nur das ethnographische Feldforschungsverfahren sondern auch zahlreiche sozio - psychologische empirisch orientierte und ausgerichtete, exploratorische Befragungsmodelle, bezügliche Fragebögen und Interviews unterstützen den ganzen Forschungskomplex.

Diese Forschungen sind nicht nur informativ, sondern auch explorativ, denn in alle Befragungen stecken methodisch die teilnehmenden Beobachtungen, hypothetische Überlegungen, entworfene Strategien usw.

Es ist nicht leicht, dies alles in diese Dissertation zu stopfen, denn es gibt zu viele schöne Momente ...

Ohne meine lieben französisch–afrikanischen Geschwister in Gott wäre diese Forschungsarbeit unmöglich. Sowohl ihre musikalischen Aktivitäten als auch ihre Geduld mit der fremden Forscherin, ihre volle Liebe, ihre Ermutigungen, ihre wärmste Freundschaft, ihr Glaube, ihre Freude, und und und ermöglichten diese Arbeit.

Pastor Kalambay John - Peter, der Lobpreisleiter Bruder Guy Ndongala, Schwester Anni, Bruder Dani, Bruder Geoguy, Schwester Gina, Bruder Guy Mbau und alle anderen Familienmitglieder in der VCC Frankophonen Gemeinschaft in Wien; Familie Gracia, Edgar und alle Familienmitglieder in der lingalasprachigen afrikanischen Kirche in Graz; Pastor Martin Ndongala und alle französisch – afrikanischen Brüder und Schwestern in Bochum, und natürlich auch noch unser lieber Gott waren eine unendliche Hilfe.

Zahlreiche Mitarbeiter und Teilnehmer verschiedenster ethnischer Kirchen in Österreich und auch in Deutschland und Asien haben zu dem Gelingen dieser Arbeit beigetragen. Ihnen allen gebührt mein tiefer Dank, der hiermit – um niemanden zu vergessen – summarisch ausgesprochen werden soll. Vor allem Pastor Wayne K. Leung, und Gemeinde Halbgasse.

Die vorliegende Arbeit verdankt herzlich ihre Existenz vor allem meinem Doktorvater Herrn Uni.-Doz. Dr. Oskár Elschek, der mich über meinen gesamten Studienweg lehrte und unterstützte. Immer wieder habe ich von ihm unermüdliche Ratschläge, Hinweise, Anregungen und in schwierigen, dringenden Situationen Ermutigung bekommen und auch von seiner Frau Dr. Alica Elscheková. Auch meinen Dank an Frau Ao. Univ.- Dr. Ursula Hemetek.

Für zahlreiche Anregungen von verschiedenen Wissenschaftler bin ich Frau Dr. Gerda Lechleitner sehr dankbar.

Die notwendigen Geräte wurden mir liebenswürdigerweise von Herrn Ass.-Prof. Dr. Emil H. Lubej sowie vom Wiener Phonogrammarchiv zur Verfügung stellte, wofür ich mich hier noch Mals sehr bedanken.

Nicht zuletzt gilt mein herzlicher Dank meiner Deutsch Lehrerin Frau Dr. Erika Unterberger für die beste Korrektur und Formulierung Tag und Nacht; auch meine Studenkollegen Mag. Rinko Fujita, Mag. Susi Grasmuck, Nasrin Hobbi, und Mag. Tsai, Shi – An haben mir während des gesamten Studiums in Wien stets in liebenswürdigster Weise geholfen.

Last but no least danke ich meinen lieben Eltern, Herrn Chang, Wen-Shiung, und seiner Frau Chang Lin, Min-Shu, Dr. Lu, Yu-Hsiu und meinen lieben Freunden Familie Lai, die alle mir das Studium im fernen Wien ermöglichten.

Diese Arbeit ist sicher erweiterungsbedürftig und lückenhaft. Dies eröffnet aber zugleich die Chance, in weiterer Forschung noch zahlreiche Präziosen der Migrationskirchen in Europa für das heutige Musikleben zu gewinnen. Ich hoffe, mit dieser Arbeit einen kleinen Beitrag dazu geleistet zu haben.

Chang, Yea-Tyng

I. Einleitung: Empirischer Teil

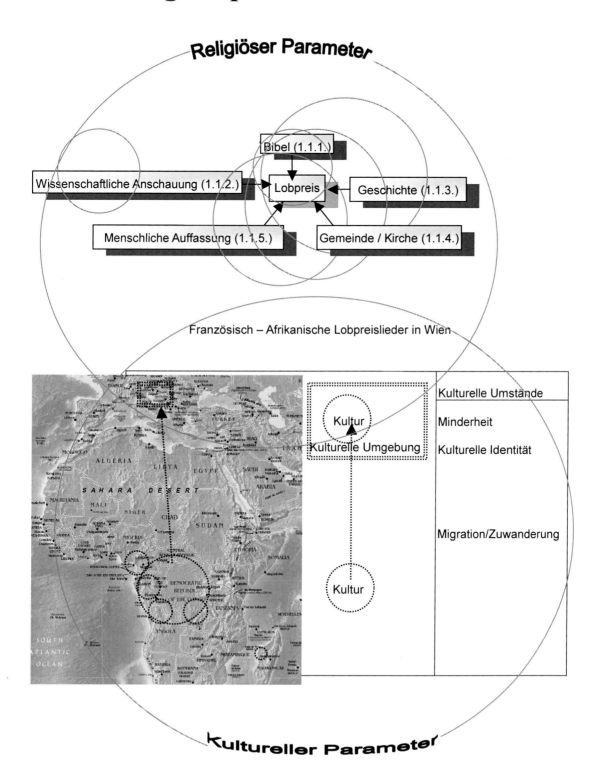

I.1. Zwei Parameter
- Religiöser und kultureller Parameter

„Lobet den Herrn, alle Völker, preist ihn, alle Nationen!" (Psalm 117:1, Einheitsübersetzung). *„Und wieder: Lobt den Herrn, alle Völker sollen ihn preisen!* (Römer 15:11, Rev. Elberfelder)"

Die musikalischen Teile, die in den heutigen Gottesdiensten in mehr und mehr christlichen Gemeinden und Kirchen, egal ob katholische Kirche, evangelische Kirche oder evangelikale Gemeinde usw., stattfinden, werden in letzter Zeit immer häufiger *„Lobpreis"*[1] genannt. Dieses Phänomen hat sich sehr schnell entwickelt, so daß es bis jetzt in dem musikwissenschaftlichen Bereich noch nicht ganz zugeordnet werden kann (Abbildung 1 - 2).[2]

Warum sich die älteren Terminologien wie z.B.: „Kirchenmusik" usw. zu diesem ganz neueren Begriff „Lobpreis" verändert haben (Abbildung 2 - 3), hat sicherlich einen biblischen[3] und historischen Hintergrund[4], einerseits von der kirchengeschichtlichen Seite her,[5] und andererseits steckt in dieser Entwicklung der musikalischen Terminologie - Änderung auch der subjektive psychologische Gedanke an Gott und zu dieser Religion (Abbildung 1).[6]

Kirchengeschichtlich gesehen werden ununterbrochen immer mehr Konfessionen und verschiedenste Bewegungen oder sogenannte „Wellen" gegründet.[7] Betrachtet man jede dieser Konfessionen und Bewegungen sowie ihre Entwicklungsgeschichte genau, so erkennt man, daß jede einzelne davon ihre eigene religiöse Anschauung sowie ihre eigene menschliche Philosophie hat,[8] und auf einem bestimmten psychologischen gedanklichen Prozeß beruht (Abbildung 1).[9]

Wie man Musik benennt, reflektiert die menschliche Assoziation, die menschliche Auffassung und die menschliche Vorstellung von der Funktion dieser Musik und, in diesem Fall, zu Gott und der Religion (Abbildung 2 und 8). Und dies beeinflußt auch, wie die Musik von den

---

[1] Bezügliche Termini: „Lobpreis", „Lobpreis und Anbetung" auf Deusch, „Worship" auf Englisch.
[2] s.Kap. I.1.1.2. „Lobpreis" in der wissenschaftlichen Definition – Definition in der Wissenschaft.
[3] s.Kap. I.1 1.1.1. „Lobpreis" in der Bibel – Definition in der Bibel.
[4] s.Kap. I.1.1.3. Historischer Hintergrund – Definition in der geschichtlichen Entwicklung.
[5] s.Kap. I.1.1.4. Lehre des Lobpreises in der Kirche – Definition der Kirche.
[6] s.Kap. I.1.1.5. Sozio - psychologische Überlegungen – Definition der menschlichen Auffassungen
[7] s.Kap. I.1.1.3.
[8] s.Kap. I.1.1.4.
[9] s.Kap. I.1.1.5.

Menschen ausgedrückt wird und was die Menschen durch die Musik ausdrücken und zeigen wollen. Darum soll der Begriff „Lobpreis" hier in diesem Kapitel nicht nur vom geschichtlichen Hintergrund zurück verfolgt werden, sondern auch sozio - psychologisch mit empirischen Methoden analysiert werden (Abbildung 1).[10]

Abbildung 1: Konstruktionsmodell der „Lobpreis" - terminologischen Forschung

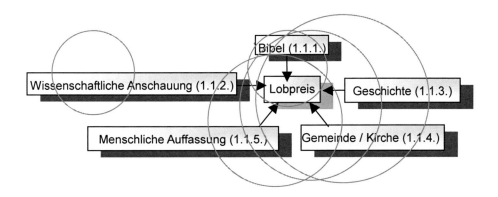

Außerdem geht es hier in dieser Forschung darum, daß der Kulturunterschied und der kulturelle Situationsunterschied im musikalischen Lobpreis eine große Rolle spielen. Die Kultur und die kulturelle Umgebung beeinflußen nicht nur bewußt oder unbewußt das Lieder - Repertoire, die musikalischen Stile, die melodischen Stile, die Interpretationsstile, die Sing - Stile, die emotionale Ausdrucksweise usw., die im Lobpreis präsentiert werden, sondern auch mit Absicht die Sprachen, die im Gottesdienst sowie auch im Gesang benutzt werden. Von der Präsentation des Lobpreises im Gottesdienst kann die kulturelle Identität und auch ihre kulturelle Situation erkannt werden.[11]

---

[10] s.Kap. I.1.1.5.
[11] s.Kap. I.1.2. Kultureller Parameter – Wer sind die Französisch – Afrikaner in Wien?.

Abbildung 2:   Assoziationsmuster und die Menge unterschiedlicher Termini bezüglich des Lobpreises

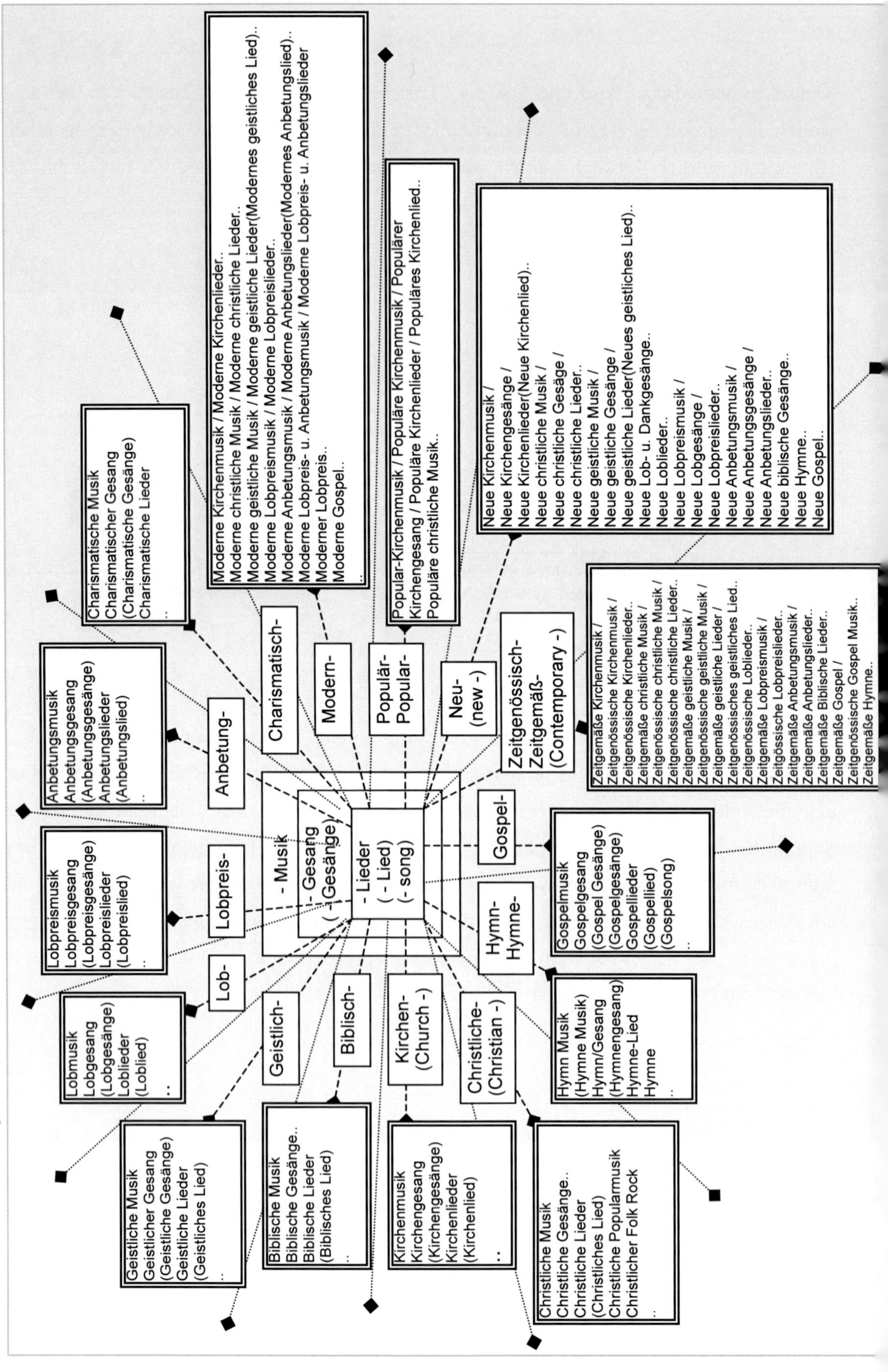

I.1.1. Religiöse Parameter – Begriff „Lobpreis"

I.1.1.1. „Lobpreis" in der Bibel
- Definition in der Bibel

> „ [...] Und sie stimmten den **Lobpreis** an und dankten dem Herrn: Denn er ist gütig, und seine Barmherzigkeit währt ewiglich über Israel. Und das ganze Volk jauchzte laut beim Lobe des Herrn, weil der Grund zum Hause des Herrn gelegt war." (Esra 3:11, Luther 1984).

Das Wort und der Bedeutungsbegriff „*Lobpreis*" findet sich in fast jedem Buch der Bibel, das heißt, *Lobpreis* ist eigentlich keine Erfindung der neuen Kirchen und christlichen Konfessionen wie die pfingstlichen und charismatischen Bewegungen. Die Bibel ist voll von Texten, die über *Lobpreis* berichten, und enthält Lieder und Gedichte, die das Lob und die Anbetung Gottes zum Ausdruck bringen:

Wir warten auf dich, Herr, auch auf dem Wege deiner Gerichte; des Herzens Begehren steht nach deinem Namen und deinem **Lobpreis** (Jesaja 26:8, Luther 1984).[12]

[...] Lasst ihm keine Ruhe, bis er Jerusalem wieder aufrichte und es setze zum **Lobpreis** auf Erden! (Jesaja 62:7, Luther 1984)[13]

[...] Und die Priester standen in ihren Dienstabteilungen und die Leviten mit den Musikinstrumenten des Herrn, die der König David gemacht hatte, um den Herrn zu preisen: Denn seine Gnade währt ewig! - wenn David auf ihnen den **Lobpreis** darbrachte. Und die Priester bliesen ihnen gegenüber die Trompeten, und ganz Israel stand (2. Chronik 7:6, Rev. Elberfelder).[14]

[...] und Mattanja, der Sohn Michas, des Sohnes Sabdis, des Sohnes Asafs, der Leiter des

---

[12] „ [...] Selbst auf dem Pfad deiner Gerichte, *Herr*, haben wir auf dich gewartet. Nach deinem Namen und nach deinem **Lobpreis** ging das Verlangen der Seele (Jesaja 26:8, Rev. Elberfelder)"

[13] „ [...] und laßt ihm keine Ruhe, bis er Jerusalem wieder aufrichtet und bis er es zum **Lobpreis** macht auf Erden! (Jesaja 62:7, Rev. Elberfelder)"

[14] „ [...] Die Priester taten ihren Dienst und die Leviten spielten die Instrumente für die Lieder des Herrn. König David hatte diese Geräte anfertigen lassen, um den Herrn zu preisen: «Denn seine Huld währt ewig.» Während die Leviten den **Lobpreis** Davids vortrugen, bliesen die Priester ihnen gegenüber die Trompeten und ganz Israel nahm daran teil (2. Chronik 7:6, Einheitsübersetzung)."

*Lobsingens , er stimmte beim Gebet den **Lobpreis** an, und Bakbukja, sein Stellvertreter unter seinen Brüdern; und Abda, der Sohn Schammuas, des Sohnes Galals, des Sohnes Jedutuns (Nehemia 11:17, Rev. Elberfelder).*

*[...] Und die Leviten: Jeschua, Binnui, Kadmiel, Scherebja, Juda, Mattanja. Er und seine Brüder waren über die **Lobpreisungen** als Leiter gesetzt (Nehemia 12:8, Rev. Elberfelder),*

*[...] **Lobpreis** Gottes sei in ihrer Kehle und ein zweischneidiges Schwert in ihrer Hand (Psalm 149:6, Rev. Elberfelder),*

*[...] Denn der Herr tröstet Zion, tröstet alle seine Trümmerstätten. Und er macht seine Wüste wie Eden und seine Steppe wie den Garten des Herrn. Jubel und Freude findet man darin, **Lobpreis** und Stimme des Gesanges (Jesaja 51:3, Rev. Elberfelder).[15]*

*[...] Siehe, zu jener Zeit werde ich an denen handeln, die dich unterdrücken. Ich werde das Hinkende retten und das Vertriebene werde ich zusammenbringen. Und ich werde sie zum **Lobpreis** und zum Namen machen in jedem Land ihrer Schande. In jener Zeit werde ich euch herbeiholen und zu jener Zeit euch sammeln. Denn ich werde euch zum Namen und zum **Lobpreis** machen unter allen Völkern der Erde, wenn ich euer Geschick vor euren Augen wenden werde, spricht der HERR. (Zefanja 3:19–20, Rev. Elberfelder).*

*[...] erfüllt mit der Frucht der Gerechtigkeit, die durch Jesus Christus gewirkt wird, zur Herrlichkeit und zum **Lobpreis** Gottes (Philipper 1:11, Rev. Elberfelder).*

*[...] die mit lauter Stimme sprachen: Würdig ist das Lamm, das geschlachtet worden ist, zu empfangen die Macht und Reichtum und Weisheit und Stärke und Ehre und Herrlichkeit und **Lobpreis**. Und jedes Geschöpf, das im Himmel und auf der Erde und unter der Erde und auf dem Meer ist, und alles, was in ihnen ist, hörte ich sagen: Dem, der auf dem Thron sitzt, und dem Lamm den **Lobpreis** und die Ehre und die Herrlichkeit und die Macht von Ewigkeit zu Ewigkeit (Offenbarung 5:12-13, Rev. Elberfelder)!*

*[...] und sagten: Amen! Den **Lobpreis** und die Herrlichkeit und die Weisheit und die Danksagung und die Ehre und die Macht und die Stärke unserem Gott von Ewigkeit zu Ewigkeit ! Amen (Offenbarung 7:12, Rev. Elberfelder).*

*[...] Aus dem **Lobpreis** der Schwachen und Hilflosen baust du eine Mauer, an der deine Widersacher und Feinde zu Fall kommen (Psalm 8:3, Gute Nachricht Bibel).*

*[...] Singt ihm Lieder zur Harfe, lasst den **Lobpreis** ertönen zum Saitenspiel (Psalm 98:5, Gute Nachricht Bibel)!*

*[...] An jenem Tag ließ David Asaf und seine Amtsbrüder zum ersten Mal diesen **Lobpreis** zur Ehre des Herrn vortragen (1. Chronik 16:7, Einheitsübersetzung).*

*[...] 4000 Torwächter und 4000 sollten den Herrn mit den Instrumenten preisen, die David zum **Lobpreis** anfertigen ließ (1. Chronik 23:5, Einheitsübersetzung).*

*[...] Während sie den Jubelruf und **Lobpreis** anstimmten, führte der Herr Feinde aus dem Hinterhalt gegen die Ammoniter, Moabiter und die Bewohner des Berglands Seïr, die gegen Juda gezogen waren, sodass sie geschlagen wurden (2. Chronik 20:22, Einheitsübersetzung).*

[...] Da sah sie den König am Eingang bei seiner Säule stehen; die Obersten und die Trompeter waren bei ihm und alle Bürger des Landes waren voller Freude und bliesen die Trompeten, während

---

[15] *[...] Denn der Herr hat Erbarmen mit Zion, er hat Erbarmen mit all seinen Ruinen. Seine Wüste macht er wie Eden, seine Öde wie den Garten des Herrn. Freude und Fröhlichkeit findet man dort, **Lobpreis** und den Klang von Liedern (Jesaja 51:3, Einheitsübersetzung).*

*die Sänger mit ihren Instrumenten dastanden und das Zeichen zum **Lobpreis** gaben. Atalja zerriss ihre Kleider und schrie: Verrat, Verrat (2. Chronik 23:13, Einheitsübersetzung).*

*[...] König Hiskija und die führenden Männer befahlen den Leviten, den Herrn mit den Worten Davids und des Sehers Asaf zu preisen. Diese sangen den **Lobpreis** mit Freuden, verneigten sich und warfen sich nieder (2. Chronik 29:30, Einheitsübersetzung).*

*[...] Aber du bist heilig, du thronst über dem **Lobpreis** Israels (Psalm 22:4, Einheitsübersetzung).*

*[...] Spielt zum Ruhm seines Namens! Verherrlicht ihn mit **Lobpreis** (Psalm 66:2, Einheitsübersetzung).*

*[...] Vom Mutterleib an stütze ich mich auf dich, vom Mutterschoß an bist du mein Beschützer; dir gilt mein **Lobpreis** allezeit (Psalm 71:6, Einheitsübersetzung).*

*[...] Dies sei aufgeschrieben für das kommende Geschlecht, damit das Volk, das noch erschaffen wird, den Herrn **lobpreise** (Psalm 102:19, Einheitsübersetzung).*

*[...] Nun glaubten sie Gottes Worten und sangen laut seinen **Lobpreis** (Psalm 106:12, Einheitsübersetzung).*

*[...] Meine Lippen sollen überströmen von **Lobpreis**; denn du lehrst mich deine Gesetze (Psalm 119:171, Einheitsübersetzung).*

*[...] Heile mich, Herr, so bin ich heil, hilf mir, so ist mir geholfen; ja, mein **Lobpreis** bist du (Jeremia 17:14, Einheitsübersetzung).*

*[...] Dann wird Jerusalem meine Freude sein, mein **Lobpreis** und Ruhm bei allen Völkern der Erde, wenn sie von all dem Guten hören, das ich tue; sie werden zittern und beben wegen all des Guten und des Heils, das ich ihm erweise (Jeremia 33:9, Einheitsübersetzung).*

*[...] Als Daniel erfuhr, dass das Schreiben unterzeichnet war, ging er in sein Haus. In seinem Obergemach waren die Fenster nach Jerusalem hin offen. Dort kniete er dreimal am Tag nieder und richtete sein Gebet und seinen **Lobpreis** an seinen Gott, ganz so, wie er es gewohnt war (Daniel 6:11, Einheitsübersetzung).*

*[...] Dann ordnete er an, die Leute sollten sich ins Gras setzen. Und er nahm die fünf Brote und die zwei Fische, blickte zum Himmel auf, sprach den **Lobpreis**, brach die Brote und gab sie den Jüngern; die Jünger aber gaben sie den Leuten (Matthäus 14:19, Einheitsübersetzung).*

*[...] Während des Mahls nahm Jesus das Brot und sprach den **Lobpreis**; dann brach er das Brot, reichte es den Jüngern und sagte: Nehmt und esst; das ist mein Leib (Matthäus 26:26, Einheitsübersetzung).*

*[...] Darauf nahm er die fünf Brote und die zwei Fische, blickte zum Himmel auf, sprach den **Lobpreis**, brach die Brote und gab sie den Jüngern, damit sie sie an die Leute austeilten. Auch die zwei Fische ließ er unter allen verteilen (Markus 6:41, Einheitsübersetzung).*

*[...] Während des Mahls nahm er das Brot und sprach den **Lobpreis**; dann brach er das Brot, reichte es ihnen und sagte: Nehmt, das ist mein Leib (Markus 14:22, Einheitsübersetzung).*

*[...] Und als er mit ihnen bei Tisch war, nahm er das Brot, sprach den **Lobpreis**, brach das Brot und gab es ihnen (Lukas 24:30, Einheitsübersetzung).*

*[...] Wenn du nur im Geist den **Lobpreis** sprichst und ein Unkundiger anwesend ist, so kann er zu deinem Dankgebet das Amen nicht sagen; denn er versteht nicht, was du sagst (1. Korinther 14:16, Einheitsübersetzung).*

[...] Er ist das Ja zu allem, was Gott verheißen hat. Darum rufen wir durch ihn zu Gottes **Lobpreis** *auch das Amen (2. Korinther 1:20, Einheitsübersetzung).*

I.1.1.2. Definition in der Wissenschaft - „Lobpreis" in der wissenschaftlichen Definition

Wie wird der sogenannte „*Lobpreis*" wissenschaftlich definiert? Von zwei bezüglichen entscheidenden Fach - Aspekten, nämlich dem musikwissenschaftlichen und theologischen Aspekt, wird der Begriff „*Lobpreis*" erforscht.

I.1.1.2.1. Musikwissenschaftliche Definition

Das Stichwort „*Lobpreislieder*" findet sich erst[16] 1996 im musikwissenschaftlichen Lexikon *Die Musik in Geschichte und Gegenwart. Allgemeine Enzyklopädie der Musik* (*MGG*) nicht unter dem Stichwort "*Kirchenmusik*" sondern unter „*Kirchenlied*", und wurde auch erst unter der Klassifikation – „*neuere Entwicklungen*" zugeordnet. Die Begriffe „*Kirchenlied*" und „*Kirchenlieder*" werden von dem deutschen Kirchenlied – Forscher Markus Jenny 1980 folgendermaßen bezeichnet und definiert:

> „ *[...] einen [...] geistliche(n) Text christlicher Prägung, gleichgültig welchen Bekenntnisses, in metrischer Form von strophischen Bau, der mit einer für den Gesang einer Gruppe geeigneten Melodie zu wiederholtem Gebrauch angeboten wird*"

und der Begriff „*Lobpreislieder*" wird unter „*neuere Entwicklungen*" 1996 von Günter Balders *MGG* wie folgend beschrieben:

> „*Manche Freikirchen werden relativ stark von der sogenannten charismatischen Erneuerungsbewegung erfaßt. Deren auch anders geprägten Gemeinden weit verbreitete* **Lobpreislieder** *(auch* **Anbetungslieder** *genannt) in Blöcken von mehreren Liedern gesungen, bilden einen wesentlichen Teil der Frömmigkeitspraxis charismatischer Kreise. Viele der kurzen,*

---

[16] In der Auflage *Die Musik in Geschichte und Gegenwart. Allgemeine Enzyklopädie der Musik* (*MGG*) von 1979 taucht der Begriff „Lobpreis" noch nicht auf.

nicht strophischen Songs sind rhythmisch stark ausgeprägt und verwenden gerne Synkopen (ohne daß immer gebührend auf Sprachakzente geachtet würde, besonders in den übersetzten Fassungen); andere sind in ihrer Anlage eher ruhig gehalten und ausgesprochen schlicht zu nennen, mit sich immer wieder ähnelnden Versatzstücken. Wie die musikalisch im Hintergrund stehende Unterhaltungsmusik sind diese Lieder teilweise sehr kurzlebig. Bei den Texten handelt es sich vornehmlich um Bibelworte oder biblische Wendungen. Das Liedgut der Freikirchen als Spiegel ihrer Theologie und Frömmigkeit läßt einige Gemeinsamkeiten erkennen. Es ist in aller Regel von einem hohen Grad an Bibelbezogenheit gekennzeichnet, trägt bei verschieden stark ausgeprägter Vorliebe für Eigenlieder oder bestimmten Liedertypen durch regelmäßigen Gebrauch nicht wenig zur eigenen Identität bei und ist doch zugleich von einer hohen Affinität für das Liedgut verwandter Strömungen gekennzeichnet; viele Lieder stehen in engem Kontext zu evangelischen Aktivitäten, andere sind mehr auf die persönliche Frömmigkeit ausgerichtet. [...] ".

Wenn man geschichtlich weiter zurück verfolgt, im Musiklexikon *Das Große Lexikon der Musik* 1976 steht unter „*Kirchenlied*" folgende Definition von dem Kirchenlied- und Kirchenmusik – Forscher Walter Blankenburg:

„Kirchenlied, allgemeinem Sprachgebrauch entsprechend im weiteren Sinne das nationalsprachige Gemeindelied der christlichen Konfessionen, im engeren Sinne das Gemeindelied, wo es vorrangig im deutschsprachigen Raum gepflegt wird und in übrigen europäischen Ländern keine direkte Entsprechung in der Sache und im Begriff hat. [...] ",

und nach der zeitlichen und ländlichen Entwicklungsbeschreibung wird am Ende auf die neue Entwicklung hingewiesen und sogar kritisiert, nämlich:

„ [...] Seit 1960 ist eine ungewöhnlich große Menge von neuem geistlichen Liedgut entstanden, bei dem häufig eine bewußte Anknüpfung an vulgäre Gesangsformen (z.B. Verwendung von Jazz-Elementen) erfolgt. [...] "

Und in demselben Musiklexikon steht noch unter „Kirchenmusik" die folgende Definition von Walter Blankenburg:

„Kirchenmusik. Dem Wortsinn nach die in einer Kirche (als Gebäude) gebrauchte Musik oder die spezifische Musik der sich als Kirche verstehenden Gemeindschaften, im allgemeinen aber die gottesdienstliche Musik der großen christlichen Kirchen. [...] "

und wieder nach der zeitlichen und ländlichen Entwicklungsbeschreibung wird zum Schluß auf die neue Entwicklung folgend hingewiesen:

> *„ [...] bis nach 1950 war die Kirchenmusik keine periphere Erscheinung des allgemeinen Musiklebens mehr, so führte die Komplizierung der modernen Kompositionsverfahren zu einem neuen Gegensatz zwischen musikalischer Moderne und gottesdienstlicher Gebrauchsmusik. [...] "*

I.1.1.2.2. Theologische Definition

Die Terminologie „*Lobpreisgesang*" wird in den theologischen Enzyklopädien noch nicht richtig genannt und zugeordnet, aber ein paar ähnliche Phänomene, die so wie im musikwissenschaftlichen Lexikon *MGG* als „*neuere Entwicklungen*" von „*Kirchenlied*" und „*Kirchenmusik*" bezeichnet und beschrieben werden, kommen hier auch vor. In der Enzyklopädie *Brockhaus. Die Enzyklopädie. (Brockhaus)* 1996 wird „Kirchenlied" folgendermaßer definiert:

> *„Kirchenlied, das von der Gemeinde im christlichen Gottesdienst gesungene strophische volkssprachliche Lied. [...] "*,

und nach der kurzen geschichtlichen Beschreibung taucht am Ende von der Definition zu „*Kirchenlied*" folgender Satz auf:

> *„ [...] Nach den Einheitsgesangbüchern der evangelischen und der katholischen Kirche gibt es Bestrebungen, ein für alle christliche Religionen verbindliches Kirchenlied - Repertoire zu erstellen."*

In der selben Enzyklopädie *Brockhaus* 1996 wird „*Kirchenmusik*" folgendermaßer definiert:

> *„Kirchenmusik, die für den christlichen Gottesdienst bestimmte liturgische und außerliturgische Musik in ihrer Bindung an den Kirchenraum. Sie bekundet sich in den Formen liturgischen Gesangs, des Kirchenlieds, vokaler und vokalinstrumentaler Mehrstimmigkeit wie auch reiner Instrumentalmusik."*

und nach der zeitlichen entwicklungsgeschichtlichen Beschreibung wird am Ende auf die neue Entwicklung folgendermaßen hingewiesen:

> *„Die Einführung von Jazz, elektronischer Musik, Rock- und Popmusik in den Kirchenraum wird diskutiert und erprobt"*

I.1.1.3. Historischer Hintergrund
- Definition in der geschichtlichen Entwicklung

Es ist jedoch ein Verdienst der Pfingstbewegung und charismatischen Bewegung, die Bedeutung von **Lobpreis und Anbetung** neu ins Bewußtsein gerufen zu haben. Dennoch ist der Lobpreis Gottes kein Privileg und Aufgabe für Charismatiker. Lobpreis und Anbetung waren, sind und bleiben überkonfessionell und konfessionsneutral.

I.1.1.3.1. Pfingstbewegung[17]

> „ [...] So wurden sie alle mit dem Heiligen Geist erfüllt, und sie redeten in fremden Sprachen; denn der Geist hatte ihnen diese Fähigkeit gegeben. *(Apostelgeschichte 2:4)*"

Die Pfinstbewegung ist in der Geschichte des Christentums am Anfang des 20. Jahrhundert in den USA entstanden. Die entscheidende Zeit war 1906 auf der Azusa Straße in Los Angeles. Da wurde die Verbindung zwischen „Taufe im Heiligen Geist" und der „Zungenrede" festgestellt. Hunderte von amerikanischen Christen und viele von der „Dritten Welt" besuchten die Azusa Straße und sie gaben dann die Botschaft an ihre eigenen Kulturen oder Länder weiter und entwickelten sie weiter. Die Pfinstbewegung ist nicht eine einzige Konfession, sondern besteht aus verschiedenen Konfessionen wie z.B.: Freie Christengemeinde (wie die Gemeinde in der Halbgasse und Vienna Christian Center), A Church for all Nations (VCC) auf dem Rennweg in Wien, Assemblies of God, Apostolic Church, Elim usw. Alle betonen, daß die Zungenrede das erste aber kleinste körperliche Zeichen von der Taufe mit dem Heiligen Geist ist.

Nach dieser Pfingstbewegung entstanden noch weiterhin hintereinander verschiedene ähnliche Bewegungen wie charismatische Bewegung usw. (Gasper, Müller und Valentin 2001:812-818).

I.1.1.3.2. Lobpreiswelle

In den 70er Jahren kam eine Bewegung vor, die sich die „Lobpreiswelle" nannte. Es wird

---

[17] Pfinstbewegung wird auf „Pentecostals" Englisch genannt (Gasper, Müller und Valentin 2001: 812 - 818).

behauptet, daß man in dieser Bewegung der Ansicht ist, daß jeder mit seiner eigenen Musik-kultur singen soll, um Gott zu loben, zu preisen, und anzubeten. Diese Art von Musik heißt sogenannte „Lobpreismusik", die Lieder nennt man „Lobpreislieder", und der Gesang davon heißt sogenannter „Lobpreisgesang".

Viele der Pfingstgemeinden übernahmen diese Ansicht und gaben dann die Botschaft an ihre eigenen Kulturen oder Länder weiter und entwickelten sie weiter. Diese Welle und Ansicht setzten sich fort, und später nahmen sogar mehr und mehr evangelische Kirchen und katholische Kirchen sie auf und entwickelten sie weiter bis heute.

I.1.1.4. Lehre des Lobpreises in der Kirche - Definition der Kirche

Der Begriff „*Lobpreis*" wird nicht nur musikalisch bezeichnet, sondern theologisch als eine religiöse Lehre unter der Kirche konzeptualisiert.

I.1.1.4.1. Lobpreis ist nicht nur Musik

Sogar für viele Christen ist „Lobpreis" ein Synonym für den musikalischen Teil, weil der Gottesdienst nomalerweise wie folgendermaßen läuft: erst Ansagen, dann Lobpreis, dazwischen Gebet und dann die Predigt usw. Aber eigentlich soll jeder Teil des Gottesdienstes, wie Gebet, Bibellesung, Gesang, Bekenntnis, Stille, Zuhören, Mitschreiben, Opfer einnehmen usw., der „Lobpreis" sein, weil die Gläubigen damit Gott in den Mittelpunkt stellen wollen (Hasselgren 2003: 1).

Unter dem Begriff „Lobpreis" werden von verschiedenen Gläubigen unterschiedliche Dinge verstanden, und zwar „Lobpreis – Gottesdienst", „Lobpreis – CD" usw. - mit diesen Schlagworten wird üblicherweise eine bestimmte Art von moderner geistlicher Musik verbunden. Auf jeden Fall, Gott zu loben, preisen und anzubeten, ist eines der Hauptthemen der Bibel, Kirchen und Gläubigen - und es beschränkt sich längst nicht nur auf den Gesang und die Musik.

I.1.1.4.2. Ein Muster der Lobpreis–Ideologie

Ein unsinniger Lobpreis

In der Bibel Jesaja 29:13 steht, wie ein unsinniger Lobpreis ist, Gott zu verehren mit halbem Herzen, hohlen Gebeten, unehrlichem Lob, leeren Worte, mensch–gemachten Ritualen ohne nachzudenken:[18]

> *„So spricht der Herr: «Dieses Volk gibt vor, mich zu ehren - doch sie tun es nur mit den Lippen, mit dem Herzen sind sie nicht dabei. Ihre Frömmigkeit beruht nur auf Vorschriften, die Menschen aufgestellt haben.* (Hoffnung für alle) „

Das Herz des Lobpreises ist Hingabe – als wohlgefälliges Opfer

Gottes Herz wird nicht durch die religiöse Tradition und dem musikalischen Lobpreis berührt, sondern durch die Hingabe. Der Lobpreis hat Gläubigen nichts zu bringen. Umgekehrt bringen Gläubige Gott etwas, was sie haben und können. Beim Lobpreis dreht sich alles nur um Gott. Wahre Anbetung – Gott ein Wohlgefallen zu sein – passiert dann wenn Christen / Gläubige sich komplett Gott ausliefern: sich ergeben, hingeben, nachgeben und selbst aufgeben. Um das geht es bei Gott – Lobpreis ist nicht eine Gabe von Musik sondern das Geschenk oder die Gabe des Selbst (Römer 12:1-2):

> *„Weil ihr Gottes Barmherzigkeit erfahren habt, fordere ich euch auf, liebe Brüder, mit Leib und Leben für Gott dazusein. Seid ein lebendiges und heiliges Opfer, das Gott gefällt. Einen solchen Gottesdienst erwartet er von euch. Nehmt nicht die Forderungen dieser Welt zum Maßstab, sondern ändert euch, indem ihr euch an Gottes Maßstäben orientiert. Nur dann könnt ihr beurteilen, was Gottes Wille ist, was gut und vollkommen ist und was ihm gefällt.“*

Gott – der Vater hat die Menschen auserwählt, um heilig und tadellos vor ihm zu sein, er hat Menschen vorherbestimmt zur Sohnschaft durch Jesus Christus, er hat den Menschen reichlich Gnade gegeben, und er hat den Menschen Einsicht in seine Pläne gegeben. In Jesus Christus haben die Menschen Erlösung durch sein Blut, die Menschen haben Sündenvergebung, ein Erbteil erlangt, und die Besiegelung durch den Heiligen Geist erhalten (Epheser 1:3-14, Gute Nachricht Bibel):

---

[18] Hasselgren 2003: 1-2.

*Gepriesen sei unser Gott, der Gott und Vater unseres Herrn Jesus Christus! Denn durch Christus hat er uns Anteil gegeben an der Fülle der Gaben seines Geistes in der himmlischen Welt. Schon bevor er die Welt erschuf, hat er uns vor Augen gehabt als Menschen, die zu Christus gehören; in ihm hat er uns dazu erwählt, dass wir heilig und fehlerlos vor ihm stehen. Aus Liebe hat er uns dazu bestimmt, seine Söhne und Töchter zu werden - durch Jesus Christus und im Blick auf ihn. Das war sein Wille und so gefiel es ihm, damit der **Lobpreis** seiner Herrlichkeit erklingt: der **Lobpreis** der Gnade, die er uns erwiesen hat durch Jesus Christus, seinen geliebten Sohn. Durch dessen Blut sind wir erlöst: Unsere ganze Schuld ist uns vergeben. So zeigte Gott uns den Reichtum seiner Gnade. In seiner überströmenden Güte schenkte er uns Einsicht und ließ uns seine Wege erkennen. Er hielt sein Geheimnis vor allen verborgen; niemand erfuhr etwas von seinem Plan, den er durch Christus ausführen wollte. Uns aber hat er bekannt gemacht, wie er nach seiner Absicht die Zeiten zur Erfüllung bringt: Alles im Himmel und auf der Erde wollte er zur Einheit zusammenführen unter Christus als dem Haupt. Durch Christus haben wir Anteil bekommen am künftigen Heil. Dazu hat Gott uns von Anfang an bestimmt nach seinem Plan und Willen - er, der alle Dinge bewirkt. Denn ein **Lobpreis** seiner Herrlichkeit sollen wir sein - wir alle, die wir durch Christus von Hoffnung erfüllt sind! Durch Christus hat Gott auch euch sein Siegel aufgedrückt: Er hat euch den Heiligen Geist gegeben, den er den Seinen versprochen hatte - nachdem ihr zuvor das Wort der Wahrheit gehört hattet, die Gute Nachricht, die euch die Rettung bringt, und ihr zum Glauben gekommen seid. Dieser Geist ist das Angeld dafür, dass wir auch alles andere erhalten, alles, was Gott uns versprochen hat. Gott will uns die Erlösung schenken, das endgültige, volle Heil - und das alles wird geschehen zum **Lobpreis** seiner Herrlichkeit.*

I.1.1.4.3. „Lobpreis - ein Lebensstil"[19]

Es geht nicht um den musikalischen Lobpreis im Gottesdienst oder im Gebetskreis. Gott geht es eindeutig um das Leben.

Lobpreis soll der Lebensstil der Gläubigen / Christen sein, weil Gott seine Kinder so überreich beschenkt, Lobpreis ist wesentlich mehr als Singen von Lobliedern und es ist eigentlich menschliche Bestimmung und Lebenszweck. Gott Vater hat die Menschen in Jesus Christus mit Gnade überschüttet, um Menschen zu tadellosen, Jesus - ähnlichen Menschen zu machen, deren Leben ein einziger Lobpreis der alles überstrahlenden Schönheit und Größe Gottes ist. Lobpreis hat mit dem ganzen menschlichen Leben zu tun, kein Bereich ist davon ausgeschlossen. Lobpreis ist Lebensstil und -haltung, muß nicht immer mit Musik verbunden sein, und kann mehr als Musik und Lieder machen. Alles, was die Gläubigen / Christen jederzeit machen, kann der Lobpreis Gottes sein (Hasselgren 2003: 1-2).

---

[19] Ein ähnlicher Slogan ist wie z.B. „Komm – als ein lebendiger Lobpreis – mit einem Lebensstil des Lobpreises!"

I.1.1.5. Sozio - psychologische Überlegungen
- Definition der menschlichen Aufassung

" [...] Ich will dem Herrn singen, [...] (2. Mose 15:1, Hoffnung für alle)"

Lobpreisgesang hier in dieser Forschung ist heute der Gesang, den die Menschen im christlichen Glauben zu Gott singen, um Gott zu loben, zu preisen und anzubeten. Der Text bezieht sich darauf, wie die Menschen das, was sie zu Gott sagen, wie sie ihm danken, loben, preisen, anbeten usw., ausdrücken wollen. Und die Lobpreislieder können die Menschen zur jeder Zeit wie z.B. im Gottesdienst, im Konzert, im Pub, oder zu Hause singen, wann sie singen wollen.

Der Begriff „Lobpreisgesang" ist aber problematisch, einerseits ist er nicht weltweit so bekannt und wird auch noch nicht sehr genau zu solchem Gesang definiert, und andererseits wird dieser Gesang unter unterschiedlichen Termini in verschiedenen Monographien, verschiedenen Gemeinden, verschiedenen Internet-Homepage usw. in dem deutschsprachigen Raum bezeichnet, wie z.B.: „Lobpreisgesang", „Lobpreismusik", „Christliche Lobpreismusik", „Lobpreis- und Anbetungsgesang", „Lobpreislieder", „Anbetungslieder", „Lobpreis- und Anbetungslieder", „Lobpreis", "Lobpreis und Anbetung", [20] "Lobpreis- und Anbetungsmusik",[21] "Lobgesang" (2. Mose 15:2; 1. Chronik 23:5; Nehemia 11:17; Jesaja 51:3, 61:3, Matthäus 26:30; Markus 14:26, Luther 1984), „Loblieder" (Esra 3:11), „Biblische Loblieder", „Lobmusik", „Christliche Lobmusik"; „Geistliche Musik", „Geistliche Lieder" (Epheser 5:19; Kolosser 3:16, Luther 1984), „Neues geistliches Lied", „Christian Songs", „Christian music", „Christlicher Gesang", „Christliche Lieder",[22] „Populäre geistliche Lieder", „Christliche Musik", „Kirchenlied", „Kirchengesang", „Neue Kirchenlieder", „Neuer Kirchengesang", „Charismatische Lieder", usw. (Abbildung 2 - 3).

---

[20] Michael Coleman u. Ed Lindquist 1989.
[21] Michael Coleman u. Ed Lindquist 1989: 7, 9, und 10.
[22] Greiffenberg 1967, Meding 1998 usw.

Abbildung 3:   Mögliche Kombinationsterminologien bezüglich des Lobpreises

		- Musik	- Lieder (- Lied) - Songs(- Song)	- Gesang
Kirchen-		Kirchenmusik Neue Kirchenmusik	Kirchenlieder (Kirchenlied)	Kirchengesang Neuer Kirchengesang
		Neue Kirchenmusik	Neue Kirchenlieder (Neue Kirchenlied)	Neuer Kirchengesang
Church -		Church Music	Church Songs (Church Song)	Church singing..
Christliche -		Christliche Musik	Christliche Lieder (Christliches Lied)	Christlicher Gesang
		Christliche Lobmusik	Christliche Loblieder Christliches Loblied)	Christlicher Lobgesang
		Christliche Lobpreismusik	Christliche Lobpreislieder (Christliches Lobpreislied)	Christlicher Lobpreisgesang
Christian-		Christian Music	Christian Songs (Christian Song)	Christian singing..
Geistliche-		Geistliche Musik	Geistliche Lieder (Geistliches Lied)	Geistlicher Gesang
Lob-		Lobmusik	Loblieder (Loblied)	Lobgesang
Lobpreis-	Lobpreis	Lobpreismusik	Lobpreislieder (Lobpreislied)	Lobpreigesang
Anbetung-		Anbetungsmusik	Anbetungslieder (Anbetungslied)	Anbetungsgesang
Lobpreis- und Anbetungs-	Lobpreis und Anbetung	Lobpreis- und Anbetungsmusik	Lobpreis- und Anbetungslieder (Lobpreis- und Anbetungslied)	Lobpreis- und Anbetungsgesang
		Anbetungsmusik	Anbetungslieder (Anbetungslied)	Anbetungsgesang
Charismatische -		Charismatische Musik	Charismatische Lieder (Charismatisches Lied)	Charismatischer Gesang
Neue -		Neue Kirchenmusik	Neue Kirchenlieder (Neues Kirchenlied)	Neuer Kirchengesang
		Neue geistliche Musik ...	Neues geistliches Lied ...	Neuer geistlichen Gesang ...
Moderne -		Moderne ... Musik ...	Moderne ... Lieder ...	Moderner ... Gesang ...
Populäre -		Populäre geistliche Musik ...	Populäre geistliche Lieder ...	Populärer geistlichen Gesang ...
Popular-		Popular ... Musik ...	Popular ... Lieder ...	Popular ... Gesang ...
Biblische -		Biblische Musik	(Biblische Lieder) Biblisches Lied	Biblischer Gesang
		Biblische Lobmusik ...	Biblische Loblieder ...	Biblischer Lobgesang ...

Der Fragebogen (Abbildung 4) wurde wie folgend entworfen:[23] Von den gesammelten zahlreichen Termini wurden nur 23 öfters vorkommende Termini als befragte Begriffe ausgewählt. Die Terminologien wurden numerisch bewertet, ob sie zu der Musik passen, und dazu soll jeder Terminus adjektivisch beschrieben werden, wie die Versuchsperson die Wörter empfindet. Außerdem wurden ein paar persönliche Daten wie z.B. Alter, Nationalität und die angehörige Kirche als hypothetische Parameter gefragt .

---

[23] Hofstätter 1973, Osgood 1964, Reise 1970: 235-253, Schulze 2000.

Abbildung 4: Fragebogen zu der Terminologie

Befragung zu der Terminologie

1. Wie alt sind Sie?_____.
2. Wie ist Ihre Nationalität?_____.
3. In welchen Kirchen oder Gemeinden sind Sie zu Hause?_____.

4. **Musikalische Begriffswörter zur Beschreibung von der Musik in den Gemeinden Halbgasse und VCC.**

Auf Deutsch genannte Begriffe	nicht zutreffend zutreffend 1 2 3 4 5 6 7 8 9 (Bitte machen Sie X!)	Adjektivische Anmerkung des Begriffes (1 - 3 adjektivische Wörter oder Sätze) (Bitte beschreiben Sie!)
Hymn Musik		
Gospelmusik		
Christliche Musik		
Kirchenmusik		
Biblische Musik		
Geistliche Musik		
Lobmusik		
Lobpreismusik		
Anbetungsmusik		
Lobpreis- u. Anbetungsmusik		
Charismatische Musik		
Moderne Kirchenmusik		
Moderne christliche Musik		
Moderne geistliche Musik		
Moderne Gospel		
Moderne Hymne		
Popular-Kirchenmusik		
Populäre christliche Musik		
Populäre Hymne		
Neue Kirchenmusik		
Neue christliche Musik		
Neue Lobmusik		
Neue biblische Musik		
Neue Hymne		
Neue Gospel		
Andere?_____		

Die 48 Versuchspersonen (Abbildung 5) sind Personen, die Gläubige sind, das heißt, daß sie die christliche Sprache kennen; die schon einmal an einer solchen sogenannten „Lobpreis" - musikalischen Veranstaltung im Gottesdienst teilgenommen haben, damit sie eine Ahnung haben, wie der Lobpreis läuft; und die die Sprache – Deutsch – kennen, damit sie den Fragebogen verstehen können. Alle Fragebögen wurden begleitet beantwortet.

Abbildung 5: Prozentuelle Aufteilung der befragten Versuchspersonen

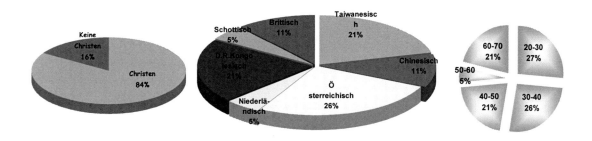

Die Ergebnisse zeigen, daß das Alter, die Nationalität oder die angehörige Kirche in dem Parameter keine Rolle spielen, und daß bei nicht identischen Ergebnissen die persönlichen subjektiven Meinungen gezeigt wurden.

Identische Ergebnisse ergeben sich bei z:B. „Hymn Musik", die schon zu einer bestimmten Musikgattung gehört und im ersten Eindruck hier als nicht zutreffend bewertet wird; und bei den Begriffen, die mit „Modern-", „Popular-" und „neu-" bezeichnet sind, als zutreffend empfunden werden. Aber genau hier gibt es auch ganz extreme Gegenmeinungen; die Versuchspersonen, die an dieser Stelle „nicht zutreffend" angekreuzt haben, meinen, daß es für Gott kein Altes oder Neues gibt. „Lobpreis", „Anbetung" und „Lobpreis und Anbetung" werden meistens zutreffend gewählt. Nicht identische Ergebnisse zeigen sich bei „Gospel", „Kirchenmusik", „Biblische Musik" und „Geistliche Musik", hier zeigen die Versuchspersonen auch unterschiedliche Meinungen (Abbildung 6 und 7).

Abbildung 6: Statistisches Ergebnis: Zwei Darstellungen zu der Terminologie -1.

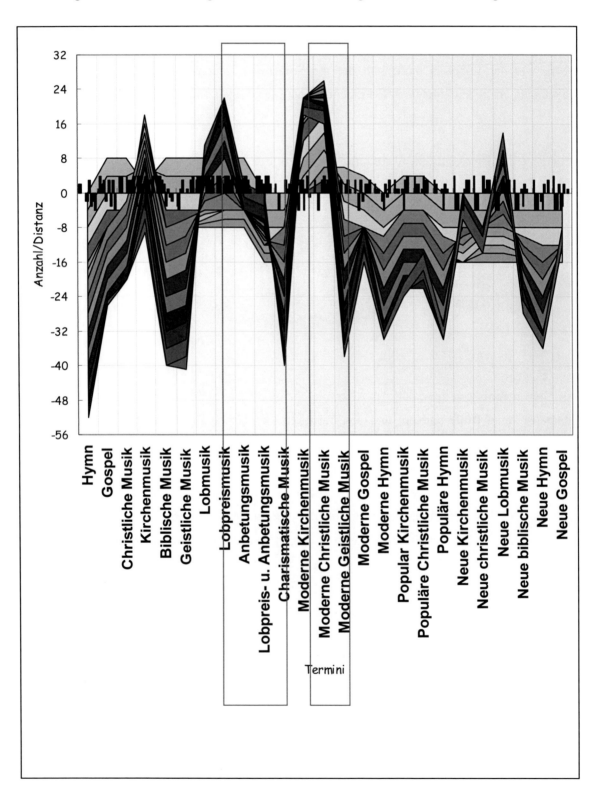

Abbildung 7: Statistisches Ergebnis: Zwei Darstellungen zu der Terminologie -2.

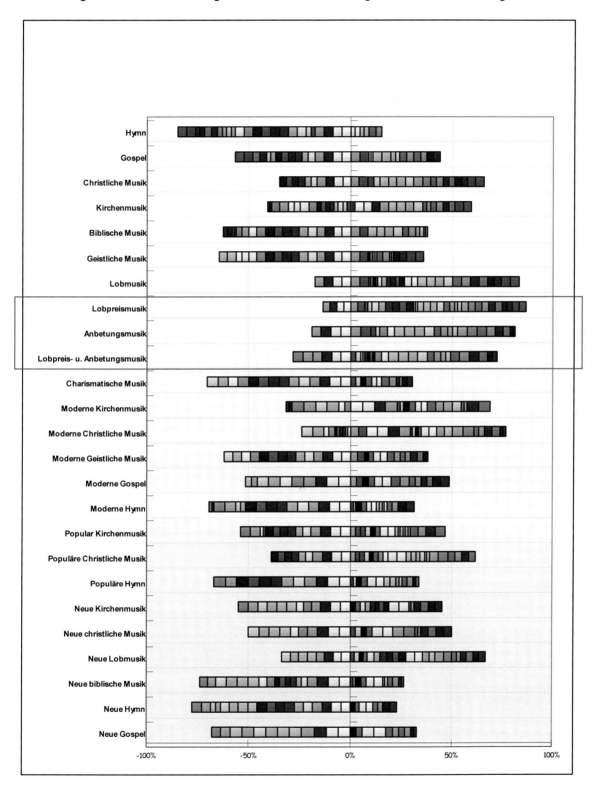

Mit der Hilfe von den adjektivischen Beschreibungen kann man schon erfahren, daß manche Begriffe mehr negativ empfunden werden. Und allgemein gesehen wurde schon gezeigt, daß der terminologische Änderungsprozeß auf eine Assoziations- und Empfindungstendenz hinweist (Abbildung 8).

Abbildung 8: Adjektivische Beschreibungen der Terminologien

uf Deutsch genannte Begriffe	Adjektivische Anmerkung des Begriffes (1-3 adjektivische Wörter oder Sätze) (Bitte beschreiben Sie!)
Hymn Musik	traditional, ruhig, respektvoll; ohne Begleitung; Jetzt gibt's so was in der Gemeinde selten.; erhebend; heilig, ernsthaft; Text ist schön und Melodie ist himmlisch, Trost; heilig, frieden; Bibel, rhythmisch ...
Gospelmusik	lebendig, expressiv; selten in der Gemeinde; primitiv; Trost; Evangelium mitzuteilen; kommt von der Geschichte in der Bibel ...
Christliche Musik	modern, bedeutungsvoll; Musik ist wertneutral, und es gibt keine spezielle „christliche Musik"; christliche Themen; froh, friedlich, aber manchmal sehr schwer ...
Kirchenmusik	traditional; Orgelmusik; schwer, tragend; Orgel + Chor; langweilig, ernsthaft, heilig; Chor(us) ...
Biblische Musik	bedeutungsvoll; Worte und Texte direkt aus der Bibel; jüdische Musik; selbt vertonte Bibelverse; Bibel beziehend; sehr Bibel beziehend ...
Geistliche Musik	nachdenklich; guter Geist oder schlechter Geist?; europäische Klassische Musik; religiöse Vorgänge begleitend; verstehe ich unter Hymnen; wiederholt, ernsthaft; formlich ...
Lobmusik	expressiv; Was ist das?; anpreisend, fröhlich; fröhlich; wiederholt, klassisch; Gott zu loben und preisen ...
Lobpreismusik	expressiv; laut; Melodie ist kurz und einfach zu singen um die Liebe, Loben und Preisen zu Gott auszüdrucken; nicht solches Lied wie „Amazing Grace"; lebendig, fröhlich, klassisch; Gott zu loben und preisen ...
Anbetungsmusik	respektvoll; gefühlvoll, devot; gloria; Melodie ist kurz einfach zu singen um die Liebe, Loben und Preisen zu Gott auszudrücken; nicht solches Lied wie „Amazing Grace"; rhythmisch, klassisch, die Harmonie ist schön; Gott zu loben und preisen, ähnlich wie Lobpreismusik ...
Lobpreis- und Anbetungsmusik	lebendig, ruhig; strahlend; wie Fest; Melodie ist kurz einfach zu singen um die Liebe, das Loben und Preisen zu Gott auszudrücken; nicht solches Lied wie „Amazing Grace"; rhythmisch, die Harmonie ist schön; emotionsvoll ...
Charismatische Musik	lebendig; Gibt es so was?; bezaubernd; lebendig, charakteristisch; emotionsvoll
Moderne Kirchenmusik	Keyboardmusik allgemein; christlicher Inhalt und modern komponiert; hängt von verschiedenen Kulturen und ethnischen Gruppen ab+heutige populäre Musikinstrumente; heutigen modernen musikalischen Elemente verbunden ...
Moderne christliche Musik	einfache moderne Lieder; christlicher Inhalt und modern komponiert; frei, modern; mit heutigen modernen musikalischen Elementen verbunden ...
Moderne geistliche Musik	christlicher Inhalt und modern komponiert; mit heutigen modernen musikalischen Elementen verbunden ...

Moderne Gospel	christlicher Inhalt und modern komponiert; bringt Menschen zu Gott; Mit heutigen modernen musikalischen Elementen verbunden ...
Moderne Hymne	christlicher Inhalt und modern komponiert; Text ist einfach und einfach zu verstehen; Mit heutigen modernen musikalischen Elementen verbunden ...
Popular - Kirchenmusik	Melodie ist schön; ansteckend ...
Populäre christliche Musik	einfach zu erinnen, stilistisch; Melodie ist schön und leichter zu singen und verstehen ...
Populäre Hymne	Melodie ist schön. ...
Neue Kirchenmusik	für Gott gibt es kein Neues oder Altes!; Orgel + Chor + Stück von 20 Jh.; gibt's ethnische Stile; Viele neue Formen ...
Neue christliche Musik	für Gott gibt es kein Neues oder Altes!; Choral; es gibt ethnische Kultur u. regionale Farbe; Lebendig, schöne Atmosphäre ...
Neue Lobmusik	für Gott gibt es kein Neues oder Altes!; geht ins tägliche Leben; beeindruckend, begeistert ...
Neue biblische Musik	für Gott gibt es kein Neues oder Altes!; biblische Texte in Pop - Musik; Text ist einfach und einfach zu verstehen ...
Neue Hymne	für Gott gibt es kein Neues oder Altes! ...
Neue Gospel	einfach, schön; für Gott gibt es kein Neues oder Altes! ...

I.1.2. Kultureller Parameter
- Wer sind diese Französisch – Afrikaner in Wien?

„Es gibt nicht die Kultur, es gibt (nur) kulturelle Prozeße. (Lipp 1979: 465)"

Der zweite Parameter, der in dem französisch - afrikanischen Lobpreisgesang in Wien eine große Rolle spielt, ist die Kultur und ihre mögliche fremde kulturelle Umgebung[24] (Abbildung 9):

„Kultur ist damit nicht etwas, was endgültig festgelegt ist und Ewigkeitsgeltung in sich trägt. [...] Kultur stellt somit einen dynamischen plurivalenten und lebendigen Prozeß dar [...] . (Han 2000: 334)"

---

[24] Oder Umgebungskulturen.

Kultur, als ein entscheidendes ethnisches Kriterium des Musikschaffens – in diesem Fall die „afrikanischen" Kulturen und vor allem die kongolesische Sing - Kultur, so wie die mögliche fremde kulturelle Umgebung (Umgebungskulturen) als ein „neuer" Einfluß darauf – in diesem Fall die österreichische und auch die internationale globalisierte kulturelle Umgebung, sind nicht mehr nur ein bestimmtes bestehendes geographisches Phänomen, sondern auch ein veränderbares zeitlich kontinuierliches Phänomen, um die Musikkultur einer kollektiven ethnischen Gruppe in einer fremden Kultur zu beeinflußen (Banton 1967: 75, Esser 1980: 123, 173, 213 und 230).

Dies passiert unter den kulturellen Umständen, wenn Menschen „einer Ethnie und Kultur" in eine fremde Kultur zuwandern und / oder in der fremden Kultur leben, hier nämlich die Migrations- und Minderheits- und deren Identitätssituation (Han 2000: 84-90), in diesem Fall die Französisch - Afrikaner (Identität: „afrikanische" Kultur, vor allem die kongolesische Kultur), die nach Wien emigriert und in Wien leben (Identitätssituation: mit der österreichischen und auch internationalen globalisierten kulturellen Umgebung) (Abbildung 9).

Abbildung 9:   Modell der Kultur und kulturellen Umgebung

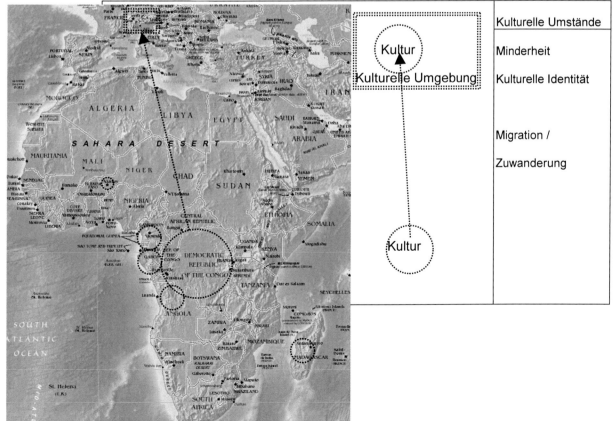

Forschungsidee

Die Idee der Forschung ist es, nicht nur die externen synchronischen Zustände zu messen, sondern auch die diachronischen internen mit der Zeit veränderbaren Situationen zu beobachten und zu analysieren von drei Aspekten her, nämlich: der Migration, des Minderheit / Mehrheit - Verhältnisses und deren kulturellen Identität (Abbildung 10).

Das folgende Modell in der Forshung soll nicht nur den kulturellen Zustand als eine „afrikanische" Kirche außerhalb Afrikas zeigen, sondern auch den Akkulturations- und Adaptionsprozeß als eine französischsprachige „afrikanische" Kirche in Wien zeigen und darstellen (Abbildung 10).

Abbildung 10: Modell der Forschungsidee

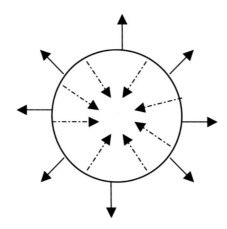

„Französisch-Afrikanische Gemeinschaft"?

Der Forschungsgegenstand dieser Arbeit, die sogenannte „französisch-afrikanische (frankophone afrikanische)[25]" christliche Gemeinschaft[26] in Wien, wurde zuerst von der Kirche - Vienna Christian Center (VCC) auf Französisch *„Eglise Francophone"* oder *„VCC Francophone"* und auf Englisch *"VCC French"* benannt, und wurde auch so auf ihrer Homepage und dem bezüglichen Informationensblatt der Kirche geschrieben. Das heißt, daß

---

[25] Ebermann 2003: 6.
[26] Der Begriff „Gemeinde", der mehr und mehr im deutschsprachigen Raum verwendet, wird um die sogenannte „Kirche" zu bezeichnen, ist gleich dem Englischen „Fellowship".

dies eine französischsprachige Gemeinschaft ist, in der Französisch eine der Hauptsprachen ist und im Gottesdienst gesprochen wird, ungeachtet der Tatsache, daß ihre kulturelle Umgebung ein deutschsprachiger Raum ist (Esser 1980: 194).

VCC, als eine der internationalen Freikirchen, ist eine pfingstliche / charismatische Freikirche (auf Englisch sogenannte „Pentacostal Church"), die von der Assemblies of God in den USA gegründet wurde, und heute als internationaler Zweig der Freien Christengemeinden in Österreich als eingetragene Bekenntnisgemeinschaft anerkannt ist[27]; und sie ist „*a church for all nations*"[28] mit sechs Gottesdiensten an jedem Wochenende in verschiedenen Sprachen wie Deutsch, Englisch, Französisch, Lingala, Tagalog, Persisch, Chinesisch usw.[29]

Im Jahr 2004 wurde diese französischsprachige Gemeinschaft umbenannt und wird auf ihrer Homepage als „*Franz.-Afrikan. Gemeinschaft*"[30] auf Deutsch und „*French African Fellowship*"[31] auf Englisch bezeichnet (Abbildung 11 - 12).

Abbilung 11:   Multi–Identität dieser französisch-afrikanischen Gruppe

- 2003   2004-

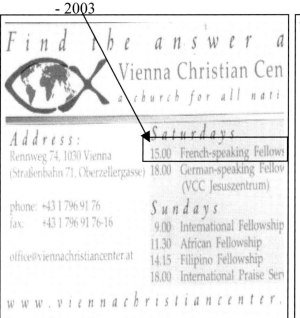

---

[27] http://www.viennachristiancenter.at/jz/, http://www.viennachristiancenter.at/jz/about/wer.asp (14.10.2004).
[28] http://www.viennachristiancenter.at/ (14.10.2004).
[29] http://www.viennachristiancenter.at/jz/schedule/services.asp,   http://www.viennachristiancenter.at/fellowships/ (14.10.2004).
[30] http://www.viennachristiancenter.at/jz/schedule/services.asp (14.10.2004).
[31] http://www.viennachristiancenter.at/fellowships/# (14.10.2004).

In der Benennung dieser Gemeinschaft zeigt sich nicht nur ihre französischsprachige Erwartungszielgruppe von der Kirche und die absichtliche französische Sprache - Identität der Gemeinschaft, sondern auch der gemeinschaftliche französischsprachige afrikanische ethnische Tatsache, das ethnische kulturelle Mehrheiten / Minderheiten - Verhältnis und deren unabsichtliche afrikanische (vor allem die kongolesische) kulturelle Identität (Abbildung 11 - 12). Interessanterweise bleibt diese französischsprachige Gemeinschaft auf ihrem monatlichen Informationsblatt weiterhin „*Eglise Francophone*" benannt.

Abbildung 12: Multi–Identität dieser multi–ethnischen französisch-afrikanischen Gruppe

	Nach Sprachen, die in der Kirche meistens gesprochen werden	**Nach ethnischen Gruppen, die in die Kirche kommen**			
Wurde so benannt:	**Französisch (-sprechende)**				- 2003
War	**Französisch und Lingala Sprechende**	**Afrikanische**	Kongolesen, Leute aus Nordangola, R. Kamerum usw.		- 2002
Wird auch so genannt:	**Französisch (-sprechende)**	**Afrikanische**		**Christliche Gemeinschaft**	2004
Ist eigentlich eine	**Französisch (+Lingala) (- sprechende)**	**Afrikanische**	Mehrheit: Leute aus D.R.Kongo Minderheit: Leute aus R.Kongo, Nordangola, R.Kamerum, R.Togo, Madagaskar, Frankreich usw.		2003 -

I.1.2.1. Ethnischer Aspekt
- Wer sind diese Französisch - Afrikaner in Wien?

Ethnie[32]

Sind diese Französisch - Afrikaner französischsprechende oder französischsprachige Afrikaner (oder frankophone Afrikaner)? Zwei zeitlich - unterschiedliche statistische und methodische Bewertungen und Beschreibungen der verschiedenen Volksverteilung der Teilnehmer sollen sowohl die komplexe multi - ethnische kulturelle Tatsache (Esser 1980: 65, Gordon 1964: 3, 1975, Han 2000: 329-32) als auch die unfixierbare Mobilität der verschiedenen ethnischen Teilnehmer mit der Zeit zeigen (Abbildung 11 - 13).[33]

Eine genauere durchschnittliche Statistik vom Jahr 2002 - 2003 wurde wie folgend bewertet: Die Nationalitäten der Teilnehmer sind ca. 48.38% Kongolesen aus der Demokratischen Republik Kongo, die Lingala[34] und/oder Französisch[35] sprechen und/oder verstehen können; ca. 9.68% aus der Republik Angola, die Lingala, Portugiesisch[36] und/oder Französisch sprechen und/oder verstehen können; ca. 4.84% aus der Republik Kamerun, die Französisch[37] und/oder Lingala sprechen und/oder verstehen können; ca. 1.61% aus der Republik Kongo, die Lingala und/oder Französisch[38] sprechen / verstehen können; ca. 1.61% aus der Republik Togo, die Französisch[39] können; ca. 4.84% aus Madagaskar, die Französisch[40] kön-

---

[32] Unter die Ethnie, auch Ethnos, wird in der Ethnologie / Anthropologie eine Gruppe von Menschen bezeichnet, die derselben Kultur angehören und sich dessen auch bewußt sind. Die Ethnie wird meist synonym zu dem Volk, dem Stamm oder der Nation verwendet und ein Volk oder eine Nation kann aus verschiedenen Ethnien bestehen (Esser 1980: 38 und 118).

[33] Esser 1980: 134, 150, 170-1, 250-2, Han 2000: 219-21, 227 und 335.

[34] Lingala ist als Verkehrs- und Handelssprache entlang des Kongo-Flusses (in der nordwestlichen Provinz Equateur) entstanden. Grammatisch gehört es zu der Familie der „Bantu - Sprachen", die in Ost- und Zentralafrika sowie im südlichen Afrika gesprochen werden. Der Wortschatz entwickelte sich auf der Grundlage dieser Sprachen. Besonders aus dem Französischen, aber auch aus dem Swahili wurden einige Lehnwörter in die Sprache aufgenommen (Murray 1998: 165-9).

[35] Ihre ehemalige Kolonialsprache und immer noch eine der jetzigen Nationalsprachen und ein wesentliches Kommunikationsmedium der höheren Bildung (Ebermann 2003: 5-6, Murray 1998: 166-8).

[36] Ihre ehemalige Kolonialsprache und immer noch eine der jetzigen Nationalsprachen und ein wesentliches Kommunikationsmedium der höheren Bildung (Ebermann 2003: 5-6, Murray 1998: 168-70).

[37] Ihre ehemalige Kolonialsprache und immer noch eine der jetzigen Nationalsprachen und ein wesentliches Kommunikationsmedium der höheren Bildung (Ebermann 2003: 5-6, Murray 1998: 148-50).

[38] Ihre ehemalige Kolonialsprache und immer noch eine der jetzigen Nationalsprachen und ein wesentliches Kommunikationsmedium der höheren Bildung (Ebermann 2003: 5-6, Murray 1998: 164-6).

[39] Ihre ehemalige Kolonialsprache und immer noch eine der jetzigen Nationalsprachen und ein wesentliches Kommunikationsmedium der höheren Bildung (Ebermann 2003: 5-6, Murray 1998: 144-6).

[40] Ihre ehemalige Kolonialsprache und immer noch eine der jetzigen Nationalsprachen und ein wesentliches Kommunikationsmedium der höheren Bildung (Ebermann 2003: 5-6, Murray 1998: 216-7).

nen; ca. 22.58% in Wien geborene „afrikanische" Kinder, die Lingala und/oder Französisch verstehen und/oder sprechen können; ca. 1.62% aus anderen verschiedenen Ländern in Afrika, die mindestens Französisch können oder auch nicht können; und ca. 4.84% aus Frankreich, Wien, Europa und Asien, die Französisch können oder auch nicht können (Abbildung 13).

Unter den Nationalitätsunterschieden gibt es dann noch ethnisch kulturelle Unterschiede, wie z.B. ca. 52% Kongolesen gehören zu mehr als elf kongolesischen lokalen ethnischen Gruppen, ca. 15% aus mehr als zwei verschiedenen ethnischen Gruppen der Republik Angola usw.[41]

Im Vergleich des quantitativen Verhältnisses unter allen diesen Teilnehmer ist es leicht zu sehen, daß die französischsprachigen Teilnehmer aus den afrikanischen Ländern quantitativ die absolute Mehrheit sind, vor allem die afrikanischen französisch Sprechenden Afrikaner. Dies ist ein Grund, weshalb diese Gruppe hier in dieser Forschungsarbeit statt „französisch- (oder französischsprachige)" „französisch-afrikanisch- (oder französischsprachig afrikanisch-)" genannt wird.

Unter denen sind die Kongolesen aus der D. R. Kongo nationalistisch quantitativ die absolute Mehrheit (Abbildung 13). Um ihre multi – (afrikanische) - ethnische Gruppe zu zeigen, wird diese Gruppe bei diesem Punkt in diesem Kapitel zwar nicht besonders „kongolesisch-" bezeichnet, aber das multi - afrikanische - ethnische Minderheit / Mehrheit - Verhältnis und seine Beziehung zu der musikalischen Praxis, vor allem der gesanglichen Praxis wird in weiteren musikalischen analytischen Kapiteln untersucht.[42]

Wegen der hohen Mobilität der Teilnehmer[43] in jedem Gottesdienst seit dem Jahr 2004 wird erwähnt, daß die ca. hundert Teilnehmer, die in diese Gemeinschaft in Wien kommen und am Gottesdienst teilnehmen, fast alle Afrikaner aus verschiedenen afrikanischen Ländern sind, in denen Französisch gesprochen wird, und eigentlich kaum Französisch sprechende Europäer, und sie sind meistens Kongolesen aus der Demokratischen Republik Kongo und Republik Kongo, einige Leute aus Nord-Angola, wo Lingala auch als die Hauptmuttersprache gesprochen wird, aus der Republik Kamerun, der Republik Togo, Madagaskar, Frankreich usw. und auch andere Teilnehmer, die Französisch und / oder Lingala sprechen und/oder verstehen

---

[41] Zu diesen afrikanischen Zuwanderern mit afrikanischen Nationalitäten kommen viele Afrikaner, die oft bereits seit vielen Jahren in Wien / Österreich leben und zu österreichischen Staatsbürgern geworden sind (Ebermann 2003: 3-5, Murray 1998: 166-70).

[42] s.Kap.II Analytischer Teil.

[43] Die hohe Mobilität der Teilnehmer ist in der Feldforschung eine Problematik eine genauere statistische Volksverteilung der Teilnehmer und komplexen multi - ethnischen kulturellen Zustand zu messen ist äußert schwierig.

können oder auch nicht können (Abbildung 13).

Die Teilnehmer Zahl ist ca. Hundert, aber die Mobilität der Teilnehmer ist groß. Das heißt, es gibt Personen, die jedes Mal in den Gottesdienst kommen; es gibt aber auch Personen, die aus verschiedenen Gründen nicht regelmäßig kommen oder kommen können; es gibt ein paar Personen, die nur manchmal kommen; es gibt Gast - Teilnehmer, die nur wegen ihres Besuches der Teilnehmer ein oder zwei Mal in Wien sind und deswegen auch in den Gottesdienst kommen usw.; und es gibt außerdem auch noch mehr und mehr Teilnehmer bzw. Familienmitglieder der Teilnehmer, die von französischsprachigen afrikanischen Ländern nacheinander neu kommen (Abbildung 13).

Wegen der hohen Mobilität der Teilnehmer mit ihren verschiedensten afrikanischen Nationalitäten, wird die komplexe ethnische Situationen (Volksverteilung) statt absolut bewertet relativ überblickt und beschrieben.

Zwar außer der problematischen statistischen Volkszählung und Bewertung ist es hier sehr wichtig, trotzdem eine relative Volksverteilung der Teilnehmer zu demonstrieren, denn es gibt keine einheitliche afrikanische Musikkultur, sondern es gibt nur unterschiedliche afrikanische Musikkulturen, und die Teilnehmer mit ihren verschiedensten Musikkulturen ermöglichen ihre möglichen Gesänge, ihr Lieder - Repertoire, ihre musikalischen Interpretationen usf.

Abbildung 13: Modell einer unfixbaren ethnischen Situation der Teilnehmer

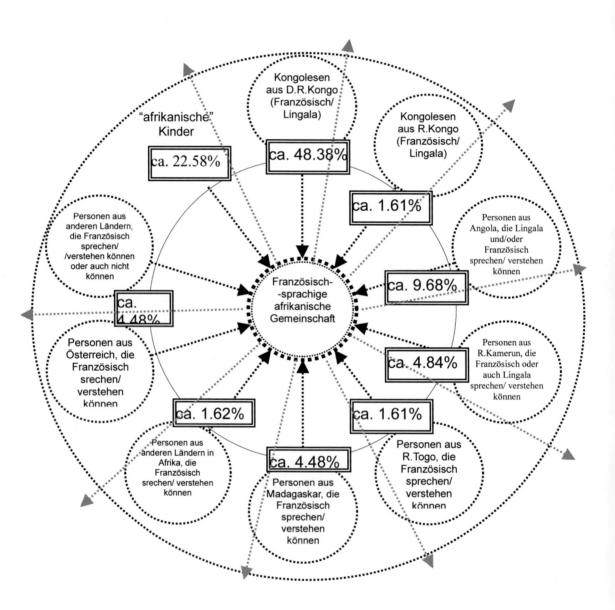

Migration / Zuwanderung

Die christliche Botschaft wurde von Missionaren nach Afrika und auch in das Gebiet des heutigen Kongo gebracht (Abbildung 15). [44] Vor ungefähr zwanzig Jahren emigrierten hintereinander Kongolesen und Afrikaner aus verschiedenen französischsprachigen afrikanischen Ländern aus unterschiedlichen Gründen nach Wien, um hier zu arbeiten, studieren (Han 2000: 91-5), weiterzuleben usw. (Abbildung 14). [45]

Die Migrationssituation dieser französischsprachigen Afrikaner in Wien wird in der Abbildung 14 in grauen Farbe gezeigt.

Abbildung 14: Migrationssituation der Französisch - Afrikaner in Wien[46]

Dimension	Räumlich		Zeitlich		Motivational[47]		Quantitativ	
Erläuterung	Geographische Distanz[48] Zielrichtung		Dauerhaftigkeit		Beweggründe Aspirationen		Umfang	
Typologie[49]	Binnen Migration	Internationale Migration	Begrenzte Migration	Dauerhafte Migration	Freiwillige Migration[50]	Gewaltsam Erzwungene Migration[51]	Einzel-Migration	Gruppen-Migration
Migration	Intern	Extern	temporär[52]	Permanent	Freiwillig	Erzwungen	individuell	kollektiv
Beispiel	Land-Stadt-Migration	Kontinentale oder Interkontinentale Migration[56]	Saison-Arbeiter[53]	Immigration Emigration	Arbeits-Migration	Flucht, Vertreibung[54]	Einzelne Person	Familien-Verband[55]

Obwohl sie in Wien sind, leben, kochen, essen, usw., sogar denken sie in ihrer afrikanischen Art und Weise. Und immer wenn sie sich im Gottesdienst oder überhaupt für Gott versammeln, ist Singen für diese Französisch - Afrikaner eine wichtige Sache, um Gott zu loben, preisen und anzubeten.

---

[44] Murray 1998: 32-43 und 58.
[45] Murray 1998: 69-74.
[46] Esser 1980: 11 - 226; Hemetel 2001: 88 - 100, Han 2000: 6 - 221 und Treibel 1999: 20.
[47] Esser 1980: 261.
[48] Esser 1980: 230.
[49] Esser 1980: 25.
[50] Esser 1980: 25, Han 2000: 8, 25 und 27.
[51] Esser 1980: 25 und 109, Han 2000: 8, 17, 26 - 27.
[52] Han 2000: 9-10 und 12.
[53] Wanderarbeit, Han 2000: 65.
[54] Han 2000: 77 - 84.
[55] Han 2000: 72 - 77.
[56] Esser 1980: 227.

Abbilung 15: Überblick der Missionar – Aktivitäten in Afrika[57]

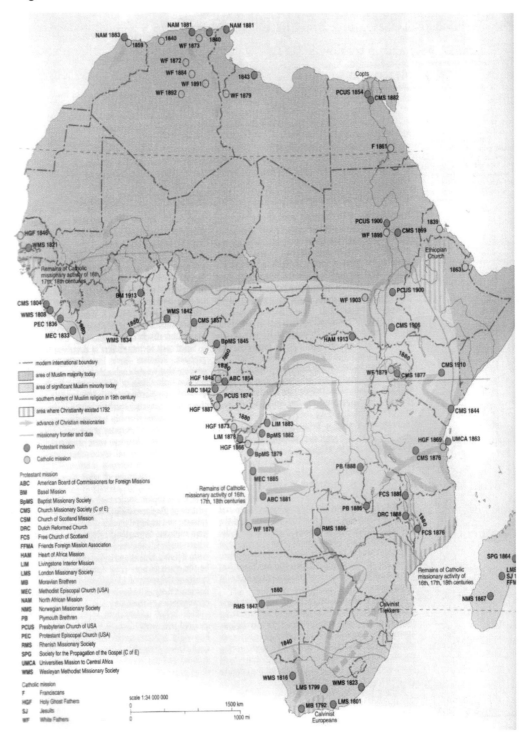

I.1.2.2. Sprachlicher Aspekt
- Sprechen sie Französisch?

> *„Die Sprache sit das wichtigste Kommunikationsmittel. In der sprachlichen Kommunikation tauschen Menschen gegenseitig ihre Erfahrungen, Erlebnisse, Erkenntnisse und Wissensbestände, d.h. ihre Bewußtseinsinhalte, aus, die aus ihren mehr oder minder gemeinsamen gesellschaftlichen Lebensbedingungen und sozialen Erfahrungen resultieren. Sie fühlen sich dabei als Repräsentanten einer gemeinsamen Sprache und entwickeln ein gemeinsames Zugehörigkeitsgefühl, das sie nicht nur miteinander verbindet, sondern auch soziale Sicherheit gibt. Vor diesem Hintergrund stellt dieb Migranten faktisch aus ihrer Sprachgemeinschaft heraustreten. Dies schließt natürlich Ausnahmen nicht aus, in denen die Sprache der Migranten unverändert bleibt, [...] obwohl auch hier die lokale Entwicklung der Sprache zu berücksichtigen ist. (Han 200: 184)"*

Sprache als eine Kommunikationsform der Menschheit, ist eine entscheidende soziale Kriteriumspraxis, in und mit der Identität hergestellt wird, um erklären und verstehen zu können, weshalb so eine Menschen - Gruppe beisammen ist und auch gebildet ist (Esser 1980: 57). In dieser Perspektive ist die Sprache kulturell und kulturhistorisch gebunden, sie macht einerseits kulturelle Differenz unmittelbar erfahrbar und sie ist andererseits ein Mittel zur Schaffung neuer Kulturräume in zwischenmenschlichen Beziehungen (Han 2000: 182-4).

In der Zuwanderung, brachten diese französisch – afrikanischen Emigranten gleichzeitig auch ihren Glauben, Religion und sogar ihre Sprachen und Musik nach Wien. Zur Zeit findet in Wien so ein französisch - afrikanischer Gottesdienst an jedem Wochenende im VCC statt. Französisch und Lingala sind zwei Hauptsprachen im Gottesdienst, obwohl mehr als fünfzehn lokale Sprachen insgesamt in der Kirche gesprochen werden (Abbildung 16).[58]

---

[58] Murry 1998: 25-32.

Abbildung 16: Überblick einer Sprachen - Verteilung der Teilnehmer im Jahr 2002 - 2003

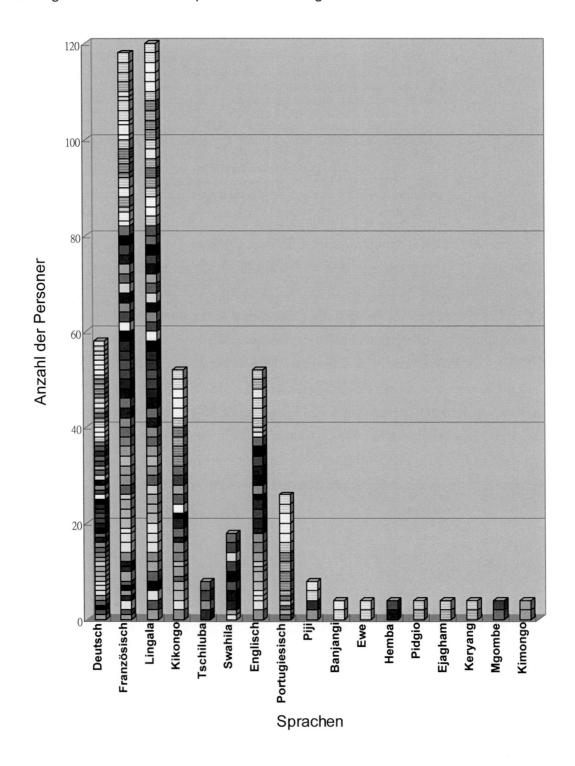

Sprache ist nicht nur ein Kriterium, weshalb in einer Kirche – VCC – verschiedene Gemeinschaften in verschiedenen Sprachen gebildet wurden, sondern auch der absolute Grund, weshalb es eine französisch - afrikanische Gemeinschaft überhaupt in der Kirche VCC in Wien gibt. Während vieler Interviews mit Pastor John - Peter Kalambay, meinte er:

1. Es ist eine Kirche – VCC und in der gibt es eine gemeinsame Vision, obwohl sie aus vielen verschiedenen Gemeinschaften und auch ihren eigenen Pastoren besteht.

2. Absolut wegen der Sprache – Französisch – wurde diese französischsprachige Gemeinschaft gegründet (Esser 1980: 52, 57, 75, 89, 120, 194, 203 und 249). Keine Kommentare dazu, ob dies eine französisch - afrikanische Gemeinschaft ist, aber: Es gibt mehr und mehr Kongolesen und andere Französisch - Afrikaner in Wien. Sie sind Gläubige oder auch nicht, aber weil sie außer Französisch, Lingala und andere eigene lokale Muttersprachen überhaupt kein Deutsch oder Englisch sprechen können, können sie in keine andere Kirche gehen, eben weil sie die Sprache nicht verstehen können. Das ist ein Problem für sie, deswegen wurde eine Gemeinschaft in einer ihnen gemeinsamen ehemaligen Kolonialsprachen – Französisch – gegrundet. Französisch und Lingala sind zwei Hauptsprachen und sie werden im Gottesdienst gesprochen. Das heißt, entweder wird im Gottesdienst auf Französisch gepredigt und in Lingala übersetzt oder es wird auf Lingala gepredigt und in Französisch übersetzt.

3. Aber unter dieser französisch - afrikanischen Gemeinschaft ist wieder die Sprache eine schwer lösbare große Problematik, weil die gesprochene sprechliche Situation noch vielfältiger und komplexer ist. Obwohl Französisch die ehemalige Kolonialsprache und jetzige Nationalsprache von D. R. Kongo, R. Kongo, Togo, Kamerun, Madagaskar usw. und so auch die sogenannte gemeinsame Sprache ist, gibt es Personen, die z.B. aus D. R. Kongo kommen aber weder Französisch noch Lingala sondern nur Kikongo, Tschiluba oder Swahili verstehen können;[59] es gibt Teilnehmer, die aus Nord - Angola kommen, die nur Portugiesisch und Lingala können aber kein Französisch usw. Wegen sowohl der verschiedenen afrikanischen Nationalitäten und Ethnien als auch der unterschiedlichen Muttersprachen innerhalb einer afrikanischen Ethnie, einem Kultur- und geographischen Raum, kommen verschiedenen gesprochene Ergebnisse vor (Murry 1998: 25-32).

---

[59] Murray 1998: 165-9.

I.1.2.3. Ein Beispiel:
- Als die Madegassischen Christen den kongolesischen Christen begegneten ...

> *„[...] Je nach „Offenheit" des Aufnahmesystems und je nach den Möglichkeiten einer innerethnischen Zielerreichung (z.B. bei ethnischen Gemeinden) ist auch bei großen kulturell unähnlichen Gruppen eine Assimilation möglich bzw. wird eine ethnische Differenzierung wahrscheinlich. [...] (Esser1980: 118)"*

Hintergrund

Ist die christliche Musik kulturspezifisch? Was sind für die französisch - afrikanischen Gläubigen / Christen die sogenannten christlichen Lieder? Was für eine Musik ist für sie eigentlich die christliche Musik? Ist die christliche Musik eine Musikgattung und gibt es bei der christlichen Musik ihren eigenen Stil? Oder, von einem anderen Gesichtspunkt aus, was für eine Musik wünscht Gott von den französisch - afrikanischen Menschen oder gefällt Gott? Nämlich, wie soll französisch - afrikanische christliche Musik sein? Innerhalb des Beziehungsnetzes zwischen Gott, dem gesungenen christlichen Gesang und den Menschen spielt die kulturelle Identität[60] in dem Lobpreisgesang bei der französisch - afrikanischen Immigration und Minderheit in Wien eine sehr große Rolle.

Wie zeigen diese Französisch - Afrikaner bewußt und auch unbewußt ihre kulturelle Identität in der Minderheitssituation durch das Singen zu Gott? Kulturelle Identität spielt innerhalb des Christentums eine sehr große Rolle, vor allem der christliche Gesang, hier nämlich der sogenannte Lobpreisgesang. Es ist leicht und ganz natürlich für diese französisch - afrikanischen Gläubigen sowohl mit ihren ethnischen kulturellen Muttersprachen als auch durch ihren eigenen Gesang, eigenen musikalischen Melodien, Singweisen usw. Gott zu loben und anzubeten, denn die Musik, inklusive ihres melodischen Stils, Rhythmus', ihrer Interpretation, Ausdrucksweisen usf., „steckt ihnen im Blut" und bringt ihnen auch das Gefühl und die Emotion, wenn sie zu Gott kommen und damit beten.

Der französisch - afrikanische Lobpreisgesang zeigt in diesem Fall ihre kulturelle Identität noch deutlicher, gerade weil sie in Wien wohnen und eine absolute Minderheit sind. Die kulturelle Identität in der Minderheitssituation bei dem französisch - afrikanischen Lobpreisgesang

---

[60] Han 2000: 334.

in Wien setzt sich zusammen nicht nur aus der sozialen, initiativen, kreativen, melodisch stilistischen Identität, sondern auch aus der kohärenten, inneren, unbewußten, natürlichen, psychoakustischen musikalischen Interpretationsidentität (Han 2000: 337):

> *„Die Idee der multikulturellen Gesellschaft hat das friedliche Zusammenleben der Menschen unterschiedlicher Kulturen zum Ziel. Indem sie jedoch von einer Fiktion der Unveränderbarkeit nationaler und kultureller Identitäten ausgeht und deren Konservierung als zwingend notwendig suggeriert, führt sie kontraproduktive Auswirkungen herbei, weil dadurch indirekt die Unterschiede und Gesätzebzwischen den Kulturen verstärkt werden. Sie erinnert Menschen an ihre kulturelle Herkunft [...]"*

Forschungidee

Nach der Forschungsidee (Abbildung 10) wird sowohl der externe synchronische Zustand der im Gottesdienst gesungenen Lieder überblickt, als auch die diachronische interne, mit der Zeit veränderbare Situation des Gesangs und der gewählten gesungenen Lieder beobachtet und analysiert.

Nicht nur der kulturelle Zustand als eine französisch - afrikanische Kirche außerhalb Afrikas wird gezeigt, sondern auch der Akkulturations- und Adaptionsprozeß als eine französischsprachige afrikanische multi - ethnische und multi - kulturelle Kirche in Wien wird dargestellt.

Externe Identität

Was sind die sogenannten „Französisch - afrikanischen christlichen Lieder" in Wien? Wenn die Lobpreislieder klassifiziert werden, die gemischt in Medley im Gottesdienst gesungen werden, zeigt sich: sie singen ziemlich viele, von abendländischen Missionaren nach Afrika und auch in das Gebiet des heutigen Kongo gebrachte **Hymnen** vom 19. und 20. Jahrhundert, die schon seit langem in verschiedene afrikanische und kongolesische lokale Sprachen übersetzt wurden. Sie singen sehr viele kongolesische sogenannte **Gottes Lieder** in verschiedenen kongolesischen lokalen Sprachen, die im Lingala sprachigen Raum, nämlich dem heutigen politischen Kongo Gebiet und Nordangola usw., überall gesungen werden. Dann singen sie auch noch mehr und mehr neue moderne populär in Abendländern viel gesungene sogenannte **Lobpreislieder**, die nomalerweise in Französisch übersetzt wurden und werden.[61]

Interne Identität
- Als die Madegassischen Christen den kongolesischen Christen begegneten ...

Was passiert, wenn Madegassinnen Kongolesen in der Kirche begegnen (Abbildung 17)?

---

[61] s.Kap. II.1. Versuch einer Klassifikation.

Was für Lieder singen sie gemeinsam? Haben sie gemeinsame sogenannte afrikanische christliche Lieder?

Abbildung 17: Als die Madegassischen Christen den kongolesischen Christen begegneten

Als die Madegassischen Christen den kongolesischen Christen begegneten in der Probe

Als die Madegassischen Christen den kongolesischen Christen begegneten im Gottesidenst

Sehr spannend ist es auch noch bei einer solchen Migrationskirchen, die unterschiedlichen kulturellen Begegnungen im Lieder–Repertoire und Gesang dieser französisch–afrikanischen Kirche zu betrachten.

Diese Feldforschung wurden im Oktober 2002 begonnen. Am Anfang, wie erwähnt, war die musikalische Situation relativ einfacher. Sie sangen ältere Missionar Hymnen / Gospeln und auch sogenannte kongolesische Gottes Lieder in verschiedenen lokalen Sprachen aus dem Lingala sprachigen Gebiet, die fast alle Teilnehmer in der Kirche kennen und mitsingen, weil die aus dem sogenannten Lingala sprachigen Gebiet kommen, oder zumindest Familienangehörige von Leuten des Lingala sprachigen Gebiets sind (Han 2000: 329-32).

Im März 2004 sind unvermutet hintereinander drei bis fünf Madegassinnen in die Kirche gekommen, die an dem Gottesdienst regelmässig teilnehmen. Es wurde sofort bemerkt, sowohl von Seiten der Forschung (teilnehmende Beobachtung) als auch vom Leiter des Lobpreisteams und der Gemeinschaft (Pastor), daß sie viele Lieder nicht mitsingen konnten, weil sie die Lieder überhaupt nicht kannten und auch die Melodie für sie ganz fremd war, obwohl sie alle aus Afrika kommen (Han 2000: 329-32).

Unter dem „synchronic" und externen Identitätsumstand gibt es noch die „diachronic" Identitätssituation innerhalb dieser Gemeinschaft zu beobachten. Einerseits können wir herausfinden, daß fast alle „afrikanisch" klingenden Lobpreislieder, die im Gottesdienst gesungen werden, kongolesische sogenannte Gottes Lieder sind, oder bestimmte Hymnen, die von Missionaren ins Kongo Gebiet gebracht wurden. Jedoch die afrikanischen Teilnehmer in dieser Kirche kommen nicht nur aus dem politischen Kongo Gebiet, sondern auch aus anderen verschiedenen französischsprachigen afrikanischen Ländern und komischerweise sprechen sie auch Lingala und singen sie auch die kongolesischen Gottes Lieder, denn die meisten von ihnen sind kongolesische Familienmitglieder (Abbildung 18); oder sie kommen aus dem Norden von Angola, wo Lingala auch geprochen wird. Also, sieht man, daß die ethnischen Minderheiten anscheinend in die stärkere kongolesische Musikkultur und Sing – Kultur assimiliert werden (Esser 1980: 38). Andererseits kann man am Lieder – Repertoire, das im Gottesdienst gesungen wird, sehen, daß etwas sich irgendwie langsam und kontinuierlich ändert. Als eine externe fremde sowohl kulturelle als auch religiöse Gruppe in Wien, ist es leicht möglich, daß sich ihre interne kulturelle Situation ändert. Als eine christliche Gruppe haben diese „Kongolesen" eigentlich nicht die Absicht initiativ ihre kongolesische kulturelle Identität in Wien zu zeigen, sondern sie öffnen ihre Tür, lassen verschiedene ethnische Leute kommen und gleichzeitig nehmen sie auch andere verschiedene christliche Musikkulturen an (Esser 1980: 72-3, 118, 155, 250-2).

Abbildung 18: Französisch – afrikanische multi – kulturelle Kombination

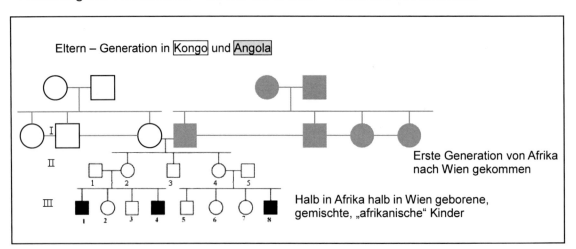

Nun sind eines Tages die drei französisch sprechenden Christinnen aus Madagaskar in den Gottesdienst gekommen. Auf den Video – Aufnahmen während des Gottesdiensts kann man sehen, wie diese drei Madegassinnen einfach da gestanden sind. Sie konnten weder mitsingen und mittanzen wie die anderen Leute, noch haben sie eines der Lobpreislieder, die da gesungen wurden, gekannt und sie konnten auch nicht wirklich verstehen, was da passiert ist. Sie sind aber wieder und wieder in die Gottesdienste gekommen. Es kann weiter beobachtet werden, daß sie allmählich zur Musik mitklatschen konnten, und manchmal gelächelten und sogar die Musik genießen konnten, aber sie konnten immer noch nicht mitsingen. Dies haben die Kongolesen auch bemerkt. Dann, nach ein paar Wochen wurden diese drei madegassischen Christen eingeladen in dem Lobpreisteam und der wöchentliche Probe mitzulernen und mitzusingen.

Was ist dann passiert? Sie haben einfach versucht, herauszufinden, welche christlichen Lieder und Melodien sie gemeinsam singen können. Es ist sehr wichtig für alle, daß jeder mit seiner eigenen Art und Weise zu Gott singen, tanzen und anbeten kann. Zuerst sind da natürlich die von Missionaren einmal nach Afrika gebrachten Hymnen. Das Problem ist nur, es gibt zahlreiche Gesangsbücher mit verschiedensten Hymnen von verschiedenen Konfessionen der Missionare, die unterschiedlich an verschiedene Orte in Afrika gebracht wurden. Und deswegen kennen sie auch nicht alle dieselben Hymnen. Es gibt Hymnen, die alle kennen, sowohl ihre Melodien als auch ihre Texte, und die sie gemeinsam singen können. Es gibt Hymnen, die sie vielleicht in denselben Melodien aber in verschiedenen oder sprachlich unterschiedlichen Texten kennen. Dann haben sie so wie folgendes arrangiert: Sie singen z.B. ein Lied mehr als einmal in einer anderen Sprachen und mit anderem Text. Oder sie lernen voneinander neue

Texte und auch einfache verschiedensprachige Texte und singen zusammen. Oder sie versuchen auch neue Hymnen voneinander zu lernen.

Zweitens sind dann die populär kongolesischen sogenannten Gottes Lieder. Einerseits, weil Kongolesen eine stärkere Sing - Kultur und christlichen Glauben in Afrika haben, haben sie auch ein größeres Repertoire von den sogenannten Gottes Lieder entwickelt. Manche dieser christlichen Lieder sind so populär, daß sie einfach überall in Afrika verbreitet sind, sehr beliebt sind, bekannt sind, viel gesungen werden und sogar diese drei Madegassinnen kannten sie. Diese kongolesischen Gottes Lieder sind heutige sogenannte Lobpreislieder und werden nomalerweise mit schnellerem Tempo gesungen wie z.B. das Lied „*Yesu azali awa*" auf Lingala Sprache und bedeutet „Jesus ist hier mit uns" (Abbildung 19). Andererseits gibt es sehr viele schöne kongolesische Gotteslieder, die sie versucht haben, den Madegassinnen beizubringen. Sie haben folgendes zu arrangieren versucht: Die Madegassinnen lernen die kongolesischen Lieder, Melodien und auch ihre Texte mit verschiedenen kongolesischen lokalen Sprachen, und sie singen gemeinsam. Oder, sie nehmen kongolesische Melodien von den Gottes Liedern und lassen die Madegassinnen neue Texte in Madagasy mit demselben Inhalt zu den Melodien geben, und dann lernen und singen sie mehr als einmal gemeinsam.

Manche kongolesischen Gottes Lieder, ihre Melodien und Texte sind eigentlich sehr einfach, so daß alle sofort im Gottesdienst gemeinsam mitsingen können ohne extra zu lernen und zu üben, wie z.B. ein sogenanntes Anbetungslied, das nomalerweise vor dem Gebet gesungen wird ist „*Amina lele*", was Halleluja in Tschiluba Sprache bedeutet.

Die Musik und ihre kulturelle Identitätssituation hier sind deswegen sehr spannend, gerade weil sie nicht in einem bestimmen Repertoire, in einem bestimmten Genre, einem bestimmen musikalischen Stil usw. fixiert werden. Sie können deswegen nicht fixiert werden, weil diese singenden Leute in einer anderen fremden Kultur leben. Und sie werden auch nicht fixiert werden können, weil nur Gott weiß, wer noch in diese Kirche kommen wird.

Abbildung 19: Ein in Afrika überall verbreitetes kongolesisches Gottes Lied – Yesu azali awa.

Das Lied heißt „*Yesu azali awa*" in Lingala Sprache und bedeutet „Jesus ist hier". Ein kongolesisches sogenannten Gottes Lied, das überall in Afrika verbreitet, bekannt ist und viel gesungen wird, und jetzt hier von diesen Französisch - Afrikanern nach Wien gebracht und in Wien gesungen wird. Die Notation wurde in Deutschland aufgeschrieben, als sich dieses Lied auch nach Deutschland verbreitete.[62]

---

[62] http://www.abadabukileyo.be/muziek/YesuAzaliAwa.pdf (13.10.2004).

I.2. Funktion

I.2.1. Funktion und Motivation
- Warum singen sie eigentlich?

„Hört her, ihr Könige, gebt acht, ihr Herrscher: Für den Herrn will ich singen, ja, singen und musizieren will ich für den Herrn, den Gott Israels! " (Richter 5:3, Hoffnung für alle)

I.2.1.1. Motivationspsychologischer Sinn

Motivation spielt eine große Rolle im alltäglichen Leben; sie bezeichnet die Beweggründe oder Bereitsschaft für bestimmtes, konkretes Verhalten oder Handlungen aus den Identitäten heraus und sogar aus Dauerhaftigkeit, und ist abhängig von der inneren Situation in Verbindung mit entsprechenden inneren oder äußeren Reizen, die die Motivationen und weiteres Verhalten auslösen (Krüger 2002: 255-6 und Cofer 1975: 7-188):

„Motivation, im psychologischen Sinne die aus beobachtbarem Verhalten erschlossene Handlungsbereitschaft, ein Bedürfnis zu befriedigen oder ein Ziel, das der Organismus anstrebt, zu erreichen. Die Motivation bestimmt gemeinsam mit äußeren Reizen, Wahrnehmungs- und Lernvorgängen so wie gewissen Fähigkeiten oder Voraussetzungen das menschliche Verhalten und ist daher als Produkt einer Wechselwirkung zwischen personenspezifischen und situationsspezifischen Merkmalen aufzufassen."

Darum kann man feststellen, es muß Motivationsgründe dahinter geben, warum sie eigentlich singen.

I.2.1.2. Funktion

Die zu Gott orientierte religiöse Funktion[63] spielt eine große Rolle in dem Lobpreisgesang. Diese Funktion umfaßt nicht nur *zum einen die von den Produzenten beabsichtigten und in dem jeweiligen Musikstück objektivierten Zwecksetzungen* (Heister 1984, 1992a, und 1998), in diesem Fall das Lobpreislied als ein musikalisches Stück, sondern auch *die sich tatsächlich ergebenden Zwecke des gesamten Musikprozesses von der Produktion über die Vermittlung bis hin zur Rezeption* (Heister 1984, 1992a und 1998), in diesem Fall der Lobpreisgesang als die persönliche Proklamation seiner religiösen Identität. Dies umfaßt *die psychisch - sozialen Motivationen zu dem Musikmachen ebenso wie zu dem Musikhören und Rezipieren* und steht dann auch *in einem direkten Wechselverhältnis mit beabsichtigten und verwirklichen Zwecken bzw. Funktion von Musik* (Eggebrcht 1973 und Radocy & Rösing 1988: 23).

I.2.1.3. Biblische Aussage und Beschreibung
- Zweckmässige Singmotivationen - Zu Ehren Gottes

„Damals sangen Mose und die Israeliten dieses Lied **zu Ehren des Herrn***: «Ich will dem Herrn singen, denn er ist mächtig und erhaben, Pferde und Reiter warf er ins Meer! "* (2. Mose 15:1., Hoffnung für alle)

„ [...] Singt dem Herrn, **denn er ist mächtig und erhaben***! [...] "* (2. Mose 15:21, Hoffnung für alle)

„Ich singe und musiziere **zu deiner Ehre***, du höchster Gott! [...] "* (Psalm 9:3, Hoffnung für alle)

„ [...] **Zu deiner Ehre** *will ich singen."* (2. Samuel 22:50, Psalm 18:50, Hoffnung für alle)

„Herr, zeige ihnen deine Macht! Wir wollen deine großen Siege besingen und dich preisen." (Psalm 21:14, Hoffnung für alle)

„Tagsüber seufze ich: «Herr, schenke mir doch wieder deine Gnade!» Und nachts singe und bete ich zu Gott; er allein kann mir das Leben wieder geben." (Psalm 42:9, Hoffnung für alle)

---

[63] "Zweckbestimmung" und "Bedürfnis" (Heister 1998:208-9).

„*Denn Gott ist König über die ganze Welt, singt ihm ein neues Lied!*" (Psalm 47:8, Hoffnung für alle)

„*Jubelt Gott zu, all ihr Menschen auf der Erde! Singt und musiziert **zu seiner Ehre**, stimmt ein Loblied an auf seine Größe und Pracht!*" (Psalm 66:2, Hoffnung für alle)

„*Singt **zur Ehre Gottes**, spielt für ihn auf euren Instrumenten,*" (Psalm 68:33, Hoffnung für alle)

- Extrinsische[64] Singmotivationen

„**Der Herr hat mir Kraft gegeben und mich froh gemacht***; nun kann ich wieder singen. Er hat mich gerettet! Er ist mein Gott, ihn will ich preisen! Er ist der Gott meines Vaters, ihn allein will ich ehren.*" (2. Mose 15:2, Hoffnung für alle)

„**Dem Sterbenden stand ich bei, er wünschte mir Segen; der Witwe half ich, und sie konnte wieder fröhlich** *singen.*" (Hiob 29:13, Hoffnung für alle)

„*Den Herrn will ich loben, **denn er sorgt für mein Recht**. Ihm, dem höchsten Gott, will ich ein Danklied singen!*" (Psalm 7:18, Hoffnung für alle)

„*Herr, jetzt habe ich allen Grund, dir vor der großen Gemeinde ein Loblied zu singen. Was ich in meiner Not versprochen habe, löse ich jetzt ein; alle, die dich ehren, sind meine Zeugen.*" (Psalm 22:26, Hoffnung für alle)

„*Singt dem Herrn eure Lieder, alle, die ihr seine Gnade erfahren habt! Dankt ihm und bezeugt: Er ist der heilige Gott!*" (Psalm 30:5, Hoffnung für alle)

„**Mein Herz ist von Freude erfüllt***, ein schönes Lied will ich für den König singen.*" (Psalm 45:2, Hoffnung für alle)

„*Gott, jetzt habe ich neuen Mut gefaßt, voller Vertrauen blicke ich in die Zukunft. Darum will ich singen und dir danken, Herr.*" (Psalm 57:8, Hoffnung für alle)

---

[64] Bei der „extrinsischen Motivation" ist *die Ausführung der Handlung an äußerliche Belohnungen geknüpft. [...] a - Handlung und Handlungsfolge andersthematisch sind und die Handlung auf Fremdbekräftigung zielt oder die Handlung zwar auf Selbstbekräftigung zielt, aber eine Motivthematik ganz im Dienst der anderen steht oder b – Handlung und Handlungsfolge zwar gleichthematisch sind, die Handlung aber überwiegend auf Fremdbekräftigung gerichtet ist* (Joswig 1995: 30). Extrinsische Motivation wird im Gegensatz zu Instrinsischen Motivation von externen Belohnungsquellen genäht. Das bedeutet, daß sie durch „äußere" Anreize geschaffen wird (Fischer 1997: 96).

- Intrinsische[65] und Gott orientierte Singmotivationen

„Auf, Debora, auf, sing ein Lied! Steh auf, Barak, du Sohn Abinoams, und führe die Gefangenen fort!" (Richter 5:12, Hoffnung für alle)

*" [...] **Ich freue mich über dich** und juble dir zu."* (Psalm 9:3, Hoffnung für alle)

„Bei dir bin ich in Sicherheit; du läßt nicht zu, daß ich vor Angst und Not umkomme. Ich singe und juble: «Du hast mich befreit!»" (Psalm 32:7, Hoffnung für alle)

„Freut euch an ihm und jubelt laut, die ihr zum Herrn gehört! Singt vor Freude, die ihr Gott gehorcht!" (Psalm 32:11, Hoffnung für alle)

„Singt zu Gottes Ehre, singt! Singt zur Ehre unseres Königs! Spielt auf allen Instrumenten!" (Psalm 47:7, Hoffnung für alle)

„Ich aber singe von deiner Macht. Früh am Morgen juble ich dir zu, weil du so gnädig bist. Du bietest mir Schutz wie eine sichere Burg; zu dir kann ich fliehen, wenn ich weder aus noch ein weiß." (Psalm 59:17, Hoffnung für alle)

„Ja, dir will ich singen und musizieren, denn du bist meine Stärke." (Psalm 59:18, Hoffnung für alle)

„Dann will ich dich allezeit besingen und deinen Namen preisen. Tag für Tag werde ich erfüllen, was ich dir versprochen habe." (Psalm 61:9, Hoffnung für alle)

„Auf dem Berg Zion kann man dir, o Gott, begegnen: wenn man dich still anbetet, dir Loblieder singt und das einlöst, was man dir versprochen hat." (Psalm 65:2, Hoffnung für alle)

„Darum will ich dir mit dem Spiel auf der Harfe danken. Ich lobe deine Treue, du, mein Gott! Zur Laute will ich dir singen, dir, dem heiligen Gott Israels!" (Psalm 71:22, Hoffnung für alle)

„Ich juble vor Freude, wenn ich von dir singe, denn du hast mich errettet." (Psalm 71:23, Hoffnung für alle)

---

[65] Bei der „intrinsischen Motivation" ist *die Ausführung der Handlung aus sich heraus Belohnung genug. [...] a - Handlung und Handlungsfolge gleichthematisch sind und die Handlung auf Selbstbekräftigung zieht oder die Handlung zwar auf Fremdbekräftigung zieht, diese aber als Information für Selbstbekräftigung dient oder b – Handlung und Handlungserfolg zwar andersthematisch sind, beide jedoch eng miteinander verbunden und auf Selbstbekräftigung gerichtet sind* (Joswig 1995: 30). Bei Instrinscher Motivation liegt die Belohnung im Verhalten selbst, es wird ihr daher eine höhere Effizienz und eine niedrigere Sättigungstendenz zugeschrieben (Fischer 1997: 96).

- Proklamation- und Evangelisierungs- Singmotivation

> *„Darum will ich dich loben, Herr. **Alle Völker sollen es hören!** Zu deiner Ehre will ich singen."* (2. Samuel 22:50, Psalm 18:50, Hoffnung für alle)

> *„Singt und musiziert zu seiner Ehre, **macht alle seine Wunder bekannt!** "* (1. Chronik 16:9 Hoffnung für alle)

> *„Singt dem Herrn, alle Bewohner der Erde! **Verkündet** jeden Tag: Gott ist ein Gott, der rettet! "* (1. Chronik 16:23, Hoffnung für alle)

> *„Herr, von deiner Gnade will ich singen ohne Ende; allen kommenden Generationen will ich erzählen, wie treu du bist."* (Pslam 89:2, Hoffnung für alle)

- Dankbarkeit – Singmotivation

> *„ [...] **dankbar** will ich für den Herrn singen und auf der Harfe spielen."* (Psalm 27:6, Hoffnung für alle)

> *„Herr, ich will dir **danken** vor den Völkern, vor allen Menschen will ich dir singen."* (Psalm 57:10, Hoffnung für alle)

Feldbeobachtung

Diese Französisch - Afrikaner singen viel und gerne. Ihre Kinder, die die zweite Generation in Wien (Abbildung 18) sind und noch in den kulturellen Überlieferungen der Einwanderer der ersten Generation sozialisiert werden (Esser 1980: 40), lernen die Lieder von den Eltern und der Sing - Umgebung,[66] und singen auch ebenso viel und gerne (Abbildung 20).

Sie singen fast jederzeit, und nicht nur, wenn immer sie sich im Gottesdienst oder überhaupt für Gott versammeln, wie im wöchentlichen Gebetskreis, evangelischen Konzert, evangelischen Seminar usw., ist Singen für sie eine der absolut wichtigen Sachen, sondern sie singen fast immer bei allen Gelegenheiten bei jeder Beschäftigung, wie z.B. in der beruflichen Arbeit und häuslichen Beschäftigung, beim Kochen und Essen, beim Fahren und Gehen auf der Straße usw.[67] Sie singen wann immer sie singen wollen und können.

---

[66] Sie haben kein echtes Lieder - Lernen wie in der Schule. Die Kinder hören das Singen und singen einfach mit (s. „Mündliche Überlieferung" im Kap. II.).

[67] Die bezügliche Ausdrucksweise wird in zweiten Kapitel präsentiert.

Abbildung 19: Nicht schriftlicher musikalischer Überlieferungsprozeß
- Singen und Musikmachen der Französisch-afrikanischen Kinder-Christen

Singen und Musikmachen in der Probe
(Feldfoto in 2003)

Singen während des Gottesdiensts
(Feldfoto in 2004)

Singen in der Probe
(Feldfoto in 2003)

Singen und Gebet vor dem Frühstück (Feldfoto in 2004)

Und die Lieder, die sie immer singen, sind nichts anderes als christliche Lieder, nämlich die in Kongo sogenannten Gottes Lieder und Lobpreislieder.[68]

Eines Tages sah ich zufällig die zehn jährige Isabelle allein in der Küche, wie sie mit voller Freude und Emotion sang. Von der Melodie her dachte ich, daß sie eine sogenannte „irdische" moderne Popularmusik sang. Aber dann erkannte ich erst, daß sie ein neu komponiertes kongolesischen Gottes Lied sang.

---

[68] Genaues Lieder - Repertoire, s.Kapite II.l. „Versuch einer Lieder - Klassifikation".

Singen des Lobpreises ist für diese Französisch - Afrikaner nicht nur eine alltägliche Beschäftigung, sondern Teil ihres Lebens und ihres Lebensstils[69]:

- „ ... *Ich singe jeden Zeit zu Gott, wenn ich an ihn denke oder wenn ich ihn loben, preisen und anbeten wollte. ...* ", sagte die Sängerin Anna.
- „ ... *Singen ist mein lebenslanger „Job". Ich kann nicht ohne zu Gott Singen leben. ...*", sagte einer der Vorsänger Geoguy.
- „ ... *Ich will einfach zu Gott singen, kein warum. ...* ", sagte die Sängerin Nene.
- „ ... *Ich will zu Gott singen, weil er für mich viel getan hat! ...* "
- ....

Überlegung - Fragestellung

Weshalb singen sie eigentlich? Zu wem (Gott?) singen sie? Ist es überhaupt wichtig oder notwendig zu singen? Weshalb ist das Singen für sie wichtig? Wie wichtig oder notwendig ist es zu singen?

Singen sie, weil sie musizierende Afrikaner sind? Oder singen sie, weil sie Gläubige / Christen sind?

Singen sie zu Gott für ihre persönliche Beziehung zu Gott? Oder singen sie zu Gott wegen ihrer Religion?

I.2.1.4. Eine empirische Befragung - Motivation des Singens zu Gott

Fragestellung[70]

„Weshalb singen sie eigentlich?" ist die Funktion- und Motivationsfrage, zu der eine Zykluskette, Funktion / Motivation – Ausdruck / Emotion – Aktivierung, in der Forschung festgestellt wird. Weitere Fragestellungen bezüglich der Motivation sind: Zu wem singen sie eigentlich? Weshalb sollen und / oder müssen sie singen? Weshalb wollen / möchten sie singen? Usf.

---

[69] s.Kap. I.1.1.4. „Lehre des Lobpreises in der Kirche".
[70] Hofstätter 1973, Osgood 1964, Reise 1970: 235-253, Schulze 2000.

Hypothese[71]

Es muß einen Grund und eine Motivation geben, weshalb sie jede Woche in die Kirche kommen, sich für zweieinhalb Stunden bis manchmal zu mehr als fünf Studenen im Gottesdienst versammeln und singen; mindestens ein Mal in der Woche in den Gebetskreis kommen und singen; und sogar jeden Tag Zeit mit Gott nehmen, nicht nur beten, sondern auch singen ohne Zuhörer.

Dazu wurden nicht nur ihre musikalische Ausdrucksweise, die Atmosphäre, Emotion, und die Aktivierung im musikalischen Teil der Veranstaltungen und ihr Verhalten im Feld[72] beobachtet, gefilmt, sondern auch ein empirischer Motivation - Fragebogen durchgeführt.

Strategie und Methoden des Fragebogens[73]

Zwei Hauptmotivationskriterien wurden überlegt, um den Fragebogen zu entwickeln:

- Erstens: Singen sie wegen Gott? (z.B.: Ich will einfach zu Gott singen.), oder singen sie wegen dieser Religion? (z.B.: Ich muß in der Religion singen.);
- und zweitens: Singen sie nur wegen des Singens? (z.B.: Ich will / möchte singen.), oder singen sie wegen ihrer religiösen sozialen Umgebung? (z.B.: Ich soll / muß singen.) (Abbildung 18).

Bei dieser Motivationsforschung werden „wegen Gott" und „wegen Religion" separat sogar als Gegenkriterien gefragt (Abbildung 20).[74]

Die Subkriterien werden dann noch verzahnt gestellt, und ähnliche Kriterien werden mehrmals gestellt, um das zu bestätigen.

Die Kriterien werden von der „ich" - Seite gestellt und selbst gefragt.

Die Skalen der Antworten setzen sich wie folgend zusammen: „stimme stark zu", „stimme zu", „neutral oder weiß nicht", „lehne ab" und „lehne stark ab".

---

[71] Hofstätter 1973, Osgood 1964, Reise 1970: 235-253, Schulze 2000.
[72] Das Feld ist in diesem Fall innerhalb und auch außerhalb der Kirche, wo die Gottesdienste und Gebetskreise stattfinden.
[73] Hofstätter 1973, Osgood 1964, Schulze 2000.
[74] Osgood 1964, Reise 1970: 235-253.

Abbildung 20: Modell der zweidimensionalen Kriterien zu der Konstruktion des
Motivationsfragebogens

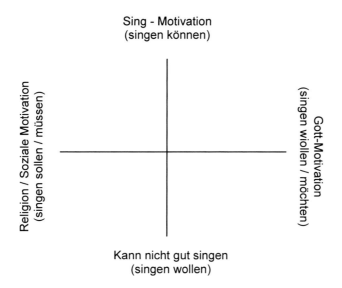

Außerdem wurde nach ein paar persönlichen Daten gefragt wie Geschlecht, Alter, Nationalität, die angehörige Kirche, wie lange sie ungefähr jede Woche Lobpreis singen, ob sie gut singen können, ob sie die Lobpreislieder gut und ob sie viele kennen usw. als mögliche Hilfsparameter (Abbildung 21).

Abbildung 21: Fragebogen zur Motivation des Singens zu Gott

<u>Fragebogen zur Motivation des Lobpreissingens</u>

1. Geschlecht: ○ männlich   ○ weiblich
2. Wie alt sind Sie? _____Jahre alt.
3. Wie ist Ihre Nationalität?_____.
4. In welcher Gemeinde sind Sie?_____

5. Wieviel Zeit pro Woche singen Sie Lobpreis außerhalb des Gottesdienstes?_____
    ○ weniger als 1 Stunde   ○ mehr als 1 Stunde   ○ mehr als 2 Stunden

6. Können Sie sehr gut singen?   ○ ja   ○ nein   ○ weiß nicht   ○ will nicht sagen

7. Kennen Sie die Lobpreislieder sehr gut?   ○ ja   ○ nein   ○ weiß nicht   ○ will nicht sagen

8. Warum singen Sie Lobpreis eigentlich?
   Bitte kreuzen Sie an, inwieweit Sie den folgenden Aussagen zustimmen bzw. sie ablehnen.

	stimme stark zu	stimme zu	neutral/ weiß nicht	lehne ab	lehne stark ab
Ich singe Lobpreis, weil ich gerne singe.	○	○	○	○	○
Ich singe Lobpreis wegen Gott.	○	○	○	○	○
Ich singe Lobpreis, weil es mich beruhigt.	○	○	○	○	○
Ich singe Lobpreis, weil ich meine Zeit gerne mit Gott verbringen will.	○	○	○	○	○
Ich singe Lobpreis zur Entspannung.	○	○	○	○	○
Ich singe Lobpreis, weil es mich tröstet.	○	○	○	○	○
Ich singe Lobpreis, weil ich Gott loben will.	○	○	○	○	○
Ich singe Lobpreis, weil ich gerne in einem Team bin.	○	○	○	○	○
Ich singe Lobpreis, weil es mir Freude macht.	○	○	○	○	○
Ich singe Lobpreis, weil ich Gott preisen will.	○	○	○	○	○
Ich singe Lobpreis, weil meine Freunde auch Lobpreis singen.	○	○	○	○	○
Ich singe Lobpreis, weil es mir Mut macht.	○	○	○	○	○
Ich singe Lobpreis, weil ich Gott anbeten will.	○	○	○	○	○
Ich singe Lobpreis, um besser singen zu können.	○	○	○	○	○
Ich singe Lobpreis, dadurch spüre ich, daß Gott bei mir ist.	○	○	○	○	○
Ich singe Lobpreis, weil ich Gott ehren will.	○	○	○	○	○
Ich singe Lobpreis, weil ich besser als andere singen kann.	○	○	○	○	○
Ich singe Lobpreis, weil ich dadurch keine Angst habe.	○	○	○	○	○
Ich singe Lobpreis, weil ich Gott liebe.	○	○	○	○	○
Ich singe Lobpreis um meine Sing-Fähigkeit zu zeigen.	○	○	○	○	○
Ich singe Lobpreis, weil ich mit Gott kommunizieren will.	○	○	○	○	○
Ich singe Lobpreis, um Gottes Liebe zu erleben.	○	○	○	○	○
Ich singe Lobpreis, um Gott zu danken.	○	○	○	○	○
Ich singe Lobpreis, weil ich zu Gott singen will.	○	○	○	○	○
Ich singe Lobpreis, weil ich Gott etwas gebe, was ich kann.	○	○	○	○	○
Ich singe Lobpreis, weil ich dadurch bekannt werde.	○	○	○	○	○
Ich singe Lobpreis, weil ich gerne musiziere.	○	○	○	○	○
Ich singe Lobpreis, weil meine Familie und meine Freunde es wünschen.	○	○	○	○	○
Ich singe Lobpreis, weil es der Pastor will.	○	○	○	○	○
Ich singe Lobpreis, weil das die Regel v. dieser Religion ist.	○	○	○	○	○
Ich singe Lobpreis, auch wenn ich in einer schlechten Zeit bin.	○	○	○	○	○
Ich singen Lobpreis, nur weil ich schon daran gewöhnt bin.	○	○	○	○	○
Ich singe Lobpreis, weil Gott mich dazu gerufen hat.	○	○	○	○	○

Die vierzig Versuchspersonen sind alle Gläubige, die regelmäßig in die Gemeinde kommen und am Lobpreis teilnehmen, und sind größtenteils Afrikaner.

Mit Hilfe von drei gläubigen Übersetzerinnen, welche je zweisprachig aufgewachsen sind, wurde der Fragebogen in Englisch, Französisch, und Portugiesisch übersetzt.

Alle Fragebögen wurden begleitet beantwortet.

Resultat

Das Ergebnis scheint sehr identisch zu sein:

- Es gibt Gläubige, die sowohl wegen Gott singen als auch gerne singen;
- es gibt Gläubige, die wegen Gott singen, obwohl sie nicht so gut singen können;
- es gibt aber kaum Gläubige, die wegen der Religion, der Regeln von der Religion oder vielleicht der Verordnung des Pastors usw. singen.

Und die Gläubigen, die wegen Gott singen wollen, singen einerseits einfach initiativ kommunikativ zu Gott, um sowohl Gottes Präsenz zu spüren als auch um Gott zu loben, preisen und anzubeten, weil sie eine enge persönliche Beziehung zu Gott haben, und andererseits um durch Singen Freude, Trost, Mut, Entspannung usw. als positive Erfrischung zu bekommen.

Viele Gläubige-Versuchspersonen finden diese Befragung sehr interessant und mögen den Fragebogen sogar sehr, weil die Kriterien sie einfach sehr ansprechen:

- „Sehr interessant ! “
- „Ich bin schon gewohnt zu Gott zu singen, und dies ist ein sehr geeigneter Fragebogen für mich als ein Gläubiger noch Mal zu überdenken, warum ich eigentlich singe.“
- … usw.

und die überhaupt nicht zustimmenden Kriterien sie sogar oft zum Lachen bringen:

- „Ach, natürlich nicht!“
- „Ach, gibt es auch noch solche Gläubige, die nicht wegen Gott singen? “
- „Es gibt keine Regel, nach der Gläubige singen müssen, sondern es gibt nur Wollen und Möchten, nach dem die Gläubigen zu Gott singen! “
- … usw.

I.2.2. Ausdruck und Emotion
-„Psychologischer Emotionseffekt" während des Lobpreises

*„Freut euch und **klatscht in die Hände**, alle Völker! Lobt Gott mit lauten **Jubelrufen!** Denn der Herr ist der Höchste, ein großer König über die ganze Welt. Alle müssen vor ihm erzittern! Er gab uns den Sieg über fremde Völker, und nun herrschen wir über sie. Er wählte für uns das Land, in dem wir leben, und wir sind stolz darauf. Wir sind Gottes Volk, und er liebt uns. Gott, der Herr, ist auf seinen Thron gestiegen, begleitet von Trompeten und dem **Jubelgeschrei** seines Volkes."* (Psalm 47:2-6).

Der Ausdruck und die Emotion des französisch – afrikanischen Lobpreisgesangs in diesem Kapitel werden einerseits von drei entscheidenden Forschungsaspekten betrachtet, nämlich dem psychologischen Aspekt, dem Musik Aspekt und dem kulturellen Aspekt; und andererseits werden unterschiedliche vokale Aktivitäten während des Lobpreisgesangs, nämlich das Singen, die Animation, das Geschrei, das Brüllen, das Jauchzen, das Rufen, das Hurrarufen, das Trillieren, das Ululieren, das Pfeifen und andere bezügliche dazugehörige körperliche Aktivitäten wie in die Hände Klatschen analysiert (Abbildung 22)

Abbildung 22: Forschungsmodell

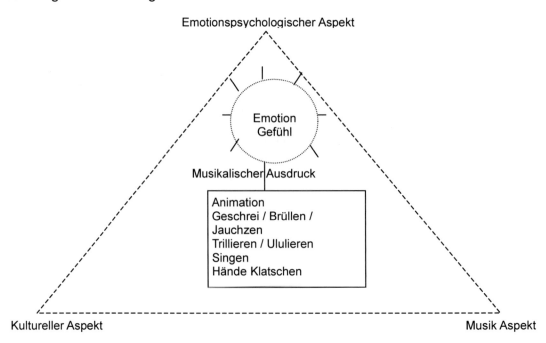

I.2.2.1. Drei Forschungsaspekte
- Emotionspsychologischer Aspekt, Musik Aspekt
und kultureller Aspekt

I.2.2.1.1. Emotionspsychologischer Aspekt[75]

> *„Eine **Emotion** ist ein qualitativ näher beschreibbarer Zustand, der mit Veränderungen auf einer oder mehreren der folgenden Ebenen einhergeht: Gefühl, körperlicher Zustand und **Ausdruck** (Schmidt - Atzert 1996, S. 21), und ist globaler (William McDougall 1923).“*

Die Motivation und ihr bewirktes Gefühl und Emotion selber kann nicht konkretisiert werden und spürbar sein, sobald es eine bestimmte konkrete spürbare Darstellung (Ausdruck) gibt, um sie auszudrücken (Cofer 1975: 7-108).

> *„Ich habe vorgeschlagen, den Ausdruck Gefühl für die private, mentale Erfahrung einer Emotion zu reservieren, während der Ausdruck Emotion dazu dienen sollte, all jene Reaktionen zu bezeichnen, die grösstenteils öffentlich zu beobachten sind. Praktisch heisst das, daß Sie bei jemand anders kein Gefühl beobachten können, wohl aber bei sich selbst, wenn Sie als bewusstes Wesen Ihre eigenen emotionalen Zustände wahrnehmen. Entsprechend kann niemand Ihre eigenen Gefühle beobachten, während jedoch einige Aspekte der Emotionen, die Ihre Gefühle hervorrufen, für andere offen zu Tage liegen.“* (Damasio 2000)

Wenn man zu Gott singt (- Ausdruck), um Gott persönlich zu loben, preisen und anzubeten (- Motivation), ist das Singen hier, die Motivation des persönlichen Denkens, des Glaubens, des Gefühls und der Emotion an Gott zu zeigen und auszudrücken. In dem Fall ist und hat die Motivation und Emotion nicht das Singen an sich, denn in dieser religiösen Praxis kann der Wert abgesehen vom Singen noch in vielen anderen musikalischen oder auch unmusikalischen Möglichkeiten ausdrückt werden.[76]

Jede Darstellungsweise einer formalen Darstellung, die einen bestimmten Wert ausdrückt, wird als ein Ausdruck bezeichnet. Ein Ausdruck ist in diesem Fall ein Teil eines Lobpreisliedes mit einer Melodie und einem bestimmten Text, der, gemäß des religiösen Inhalts, einen bestimmten religiösen Wert repräsentiert. Der Wert des Ausdrucks ist bereits durch den Ausdruck selber, also durch seinen Text, bestimmt.

---

[75] Cofer 1975.

[76] s.Kap. I.1.4. und I.2.1.

I.2.2.1.2. Musik Aspekt

Die Musik ermöglicht es, aufgrund ihrer Struktur, Beschaffenheit, Formen, Aufführungspraxis usw. Emotionen hervorzurufen und auszudrücken, die auf inneren, intuitiven Bewertungen und Interpretationen beruhen (Motte - Haber 1960).

Zwei Vorgänge sollen hier unterschieden werden: Einerseits kann die Musik zuerst anregen und führt durch das Gehör und das Musikerleben zum Ausdruck einer Emotion (Motte - Haber 1960); andererseits kann die Emotion vorerst anregen und führt durch das Musizieren zum Ausdruck. Denn hier in dieser Forschung liegt die Konzentration darauf, wie die Emotionen und Gefühle zu Gott durch das Musizieren – in diesem Fall durch den verschiedenen Gesang der Singenden ausgedrückt werden. Über die bezügliche Emotion des Musikerlebens und des Gehörs während und nach dem Singen wird in dieser Forschung hier als die Aktivierung im nächsten Kapitel diskutiert.

Die körperliche physische Erregung zu der Musik ist sekundär und bestimmt die Wärme, Heftigkeit und Intensität des gesamten Emotionserlebens. Musik als eine Art des Gefühls setzt die Verschränkung des Eindrucks und des Ausdrucks voraus.

I.2.2.1.3. Kultureller Aspekt[77]

Die Verbindung eines Gefühls und einer Emotion mit einem Ereignis erfolgt teilweise spontan und teilweise ist sie von den Kulturen erlernt, sowohl von der eigenen Kultur, natürlich als auch heutzutage möglicherweise von verschiedenen anderen Kulturen.

Die Kultur der Menschen spielt eine große Rolle in der Reaktion, dem Benehmen und dem Ausdruck verschiedener Emotionen.

Die Komponenten des Bewertungsprozesses kommen zwar in allen Kulturen vor, je nach Kultur führen gleiche Situationen aber zu unterschiedlichen Ergebnissen in einzelnen Bewertungen (Scherer 1994).

Zum Beispiel: Während der Predigt des französisch – afrikanischen Gottesdiensts in Wien hören die Teilnehmer, nicht nur dem Pastor zu, sondern, wenn sie die momentane Predigt anspricht (- Emotion), reagieren sie nicht nur im inneren, unsichtbaren Herzen, sondern sie sagen Halleluja, sie klatschen in die Hände, sie schreien, sie rufen ein donnerndes Hurra, sie brüllen, sie jauchzen, sie pfeifen, sie trillieren, sie ululieren, sie hüpfen sogar von ihren Sitzen und tanzen usw. (- Ausdruck).

---

[77] Cofer 1975: 59-85, LaBarre 1947: 49-68, Schulze 2000.

Außer dem durchschnittlichen kollektivierenden Emotionsausdruck, gibt es natürlich auch die individualistischen Reaktionsweisen und Emotionsausdrücke. Außerdem ist es notwendig einen Vergleich unter verschiedenen Kulturen durchzuführen, um die Unterschiedlichkeit der Reaktionen klar zu unterscheiden und zeigen. Aber diese zwei Dimensionen werden nicht in dieser Forschung durchgeführt.

Die Aufgabe der folgenden Forschung ist die musikalischen Emotionsausdrücke dieser Französisch - Afrikaner während des Lobpreises im Gottesdienst mit dem entsprechenden biblischen ideologischen hintergründigen Gedanken als Unterstützung zu zeigen.

I.2.2.2. Phänomen: „Psychologischer Emotionseffekt"

Während des Lobpreisgesangs kommt immer wieder der emotionale Stimmungsmoment vor, der hier in der Forschung als einer der psychologischen Emotionseffekte betrachtet und genannt wird.

I.2.2.2.1. Ein Muster der Lobpreis – Musik Praxis

Der französisch – afrikanische Gottesdienst setzt sich nomalerweise mindestens aus zwei Lobpreisteilen zusammen, einer findet ganz am Anfang des Gottesdiensts vor der Predigt statt, einer findet nach der Predigt am Ende des Gottesdiensts statt, und jeder dauert ca. eine halbe bis eine Stunde (Abbildung 23).

Der Lobpreisteil besteht nomalerweiser aus zwei musikalischen Teilen, einer ist der Lobpreis – Teil mit dem Lobpreisgesang, in dem die sogenannten Lobpreislieder schneller gesungen werden, und der andere ist der Anbetungsteil mit dem Anbetungsgesang, in dem die sogenannten Anbetungslieder langsamer gesungen werden (Abbildung 23).

In jedem musikalischen Teil ist das Medley das Gestaltungsmittel, in dem viele homogene Lieder ausgewählt, zusammengesetzt, und entweder ununterbrochen oder auch noch mit dem Beten dazwischen gesungen werden (Abbildung 23).[78]

---

[78] s.Kap. II.2.2. Reicht eine melodische Analyse?.

Abbildung 23: Muster der gesanglichen Teile im Gottesdienst – 1.

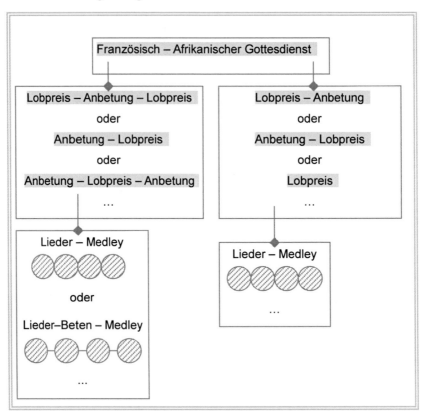

I.2.2.2.2. Während der Anbetung

Beim Anbetungsteil des Lobpreisgesangs fängt nomalerweise der/die Vorsänger/-in an zu singen, die Teilnehmer beten zuerst leise oder laut mit allen möglichen Stimmungen wie Freude oder Traurigkeit usw., und singen langsam als Chor während der Wiederholungspräsentation der Anbetungslieder mit. Wegen der verschiedenen Persönlichkeiten machen manche Teilnehmer nur das Gebet während des Anbetungsteils, manche beten zuerst und singen langsam mit, manche singen einfach mit und beten und singen spontan abwechselnd, manche konzentrieren sich auf das Gebet während andere sich auf Singen zu Gott konzentrieren. Dann kommt immer wieder allmählich der emotionale Stimmungsmoment vor, daß sie nicht nur singen und mehr und mehr Teilnehmer zusammen mitsingen, lauter und lauter beten, lauter und lauter Gott anrufen, lauter und lauter singen, sondern daß sie sogar pfeiffen, trillern, ululieren, schreien, brüllen, jauchzen usw.

Dies passiert oft während des Medley – Singens; und auch während des Singens innerhalb eines eigenen kongolesischen Liedes oder eines fremden abendländischen aber bekannten und ansprechenden Liedes; sowie während des Singens eines ansprechenden Texts usw.

I.2.2.2.3. Während des Lobpreises

Beim Lobpreisteil, kommt der emotionale Stimmungsmoment schneller vor: Den Gesang leitet auch immer der/die Vorsänger/-in. Wenn die Lieder ihnen sehr bekannt sind, vor allem diejenigen in verschiedenen kongolesischen lokalen Sprachen wie Lingala, Kikongo, Tschiluba usf., dann fängt der emotionale Stimmungsmoment nomalerweise beim ersten Chor – Gesang an, daß sie auf einmal alle zusammen singen, lauter und lauter singen, polyrythmisch in die Hände klatschen, Animation machen,[79] Gott anrufen, ausrufen, und sogar pfeiffen, trillern, ululieren, schreien, brüllen, jauchzen usw.

Dies passiert nicht nur schon am Anfang, sondern es hält auch länger an, manchmal sogar bis zum Ende des Gesangs.

Einerseits ist das Singen für die Französisch - Afrikaner in Wien eine sehr wichtige Ausdrucksweise, wenn sie wegen Gott zusammenkommen, um gemeinsam Gott zu loben; andererseits beten, und singen sie zu Gott, tanzen, pfeifen, rufen und sogar schreien, brüllen, jauchzen, trillieren und ululieren zu Gott, rufen Slogans mit allen bedeutungsvollen und sinnlosen Wörtern zu Gott aus, usw., und benötigen alle musikalischen und vokalen Möglichkeiten, um ihre Dankbarkeit, ihren Lobpreis, ihre Gefühle um so ihre persönlichen Bedürfnisse auszudrücken.

---

[79] s.Kap. I.2.2.3.1. Animation.

I.2.2.3. Musikalische Vokale Praxis
- „Animation", „Geschrei" und anderes

I.2.2.3.1. „Animation"

„Animation" ist eine der häufigsten vokalen Formen außerhalb des eigentlichen Singens, die die Französisch – Afrikaner im Gottesdienst verwenden, um während des musikalischen Lobpreises und der Anbetung im Gottesdienst ihre Emotion auszudrücken.

Der Begriff „Animation" ist im musikwissenschaftlichen Bereich noch nicht eingeordnet, er ist einer der französisch – afrikanischen einheimischen Termini innerhalb der Kirche in Wien, und wurde während der Feldforschung entwickelt. Auf die Frage nach ein paar kleinen kurzen Liedern und ihren Textinhalten war die Antwort dieser Französisch – Afrikaner: *„Die sind nicht Lieder, sondern nur Animation"*.

Für diese Französisch – Afrikaner ist die musikalische Animation nicht Musik, weil die musikalische Formen „zu" kurz sind, weil die musikalische Form die sogenannte Animation und das Geschrei, das Anrufen, das Ausrufen, das Pfeiffen, das Trillern, das Ululieren, das Brüllen, das Jauchzen usw. ist, obwohl es aus kontinuierlichen musikalischen Phänomen, der melodischen Kontur und Rythmus besteht (Abbildung 24 - 27).

Abbildung 24: Musikalischer Charakter der Animation

		vokal	singend	musikalisch	Melodisch	rhythmisch, strukturell, kontinuierlich
	Lobpreislieder – Singen	X	X	X	X	X
Animation	„Zu kurze" Lieder – Singen	X	X	X	X	X
	Trillern / Ululieren / Pfeiffen	X	X	X	X	X
	Slogan – Ausrufen	X	X	X	X	X
	Schreien / Brüllen / Jauchzen	X	X	X	X	X
	Beten	X			X	

I.2.2.3.2. „Geschrei"

Das Geschrei, das Brüllen, das Jauchzen usw. sind physische, psychische, kognitive, soziale und kommunikative Teile des Lebens.

Physisch, psychisch und sozial gesehen, ist das Schreien wohl die erste kommunikative Lautäußerung der Menschen, es stellt eine wichtige Stufe in der Entwicklung der Menschen dar; es erfüllt kommunikative Zwecke und ist zunächst die Möglichkeit zum Ausdruck von sowohl negativen Gefühlen, Stimmungen, Emotionen usw. wie Unmut, Unbehaglichkeit, Hunger, Schmerz usw., als auch von positiven, fröhlichen, feierlichen Gefühlen, Stimmungen, Emotionen usw. wie in dem Glauben.

Es gibt unterschiedliche Arten des Schreiens, die sich in der klanglichen Intensitätssteigerung, der Vergrößerung der Lautstärke, der Intonationsveränderung und der Steigerung der Stimmlage unterscheiden. Das Schreien dient dazu, die Aufmerksamkeit zu erwecken oder Gefühle auszudrücken. Außerdem dient es der Kräftigung der Stimmorgane. Oft ist das Schreien auch von Weinen, Lachen, Freude und typischer Mimik begleitet.

Bei größeren Kindern und Erwachsenen ist das Schreien eine laute nachdrucksvolle Äußerung von Worten oder Lauten. Das Schreien dient dann zum Beispiel der Erlangung der Dominanz, der Einschüchterung der Verteidigung usw. Auch eine intensive Aufforderung zum Handeln kann durch das Schreien geäußert werden.

Klanglich gesehen, bedeutet das Schreien den Ruf mit einer sehr viel lauteren Stimme; das Brüllen ist sowohl das Sprechen, Weinen oder Lachen mit einer sehr lauten, heftigen oder vollen, sogar erhobenen Stimme ähnlich dem Schreien, als auch das Produzieren lauter, hoher erhobener Töne ohne Wörter, und ähnlich dem Schreien; das Jauchzen ist das Jubeln mit lauter oder hoher Stimme, aber immer mit Freude.

„Geschrei" in der Bibel

Das Schreien in der Bibel wird in drei Arten wie folgend angewendet -

Schrei der Freude – Das Geschrei als ein Ausdruck der Freude:

„Als die Bauleute den Grundstein für den Tempel des Herrn legten, standen die Priester in ihren Gewändern daneben und bliesen die Trompeten. Die Leviten aus der Sippe Asaf schlugen die Zimbeln und lobten den Herrn. So hatte es schon David, der König von Israel, angeordnet.

*Sie priesen Gott und sangen im Wechsel das Lied: «Wie gut ist Gott zu uns! Seine Liebe zu Israel hört niemals auf!» Als der Grundstein für den Tempel des Herrn gelegt war und die Loblieder erklangen, brach das ganze Volk in Jubel aus. Doch während die einen vor Freude jubelten, weinten die älteren Priester, Leviten und Sippenoberhäupter laut, denn sie hatten den ersten Tempel noch gekannt. Man konnte die **Freudenschreie** vom Weinen kaum unterscheiden. Der Lärm war so groß, daß er noch in der Ferne zu hören war"* (Esra 3:13, Hoffnung für alle).*

*„Himmel und Erde, jubelt, ihr Berge, brecht in **Freudenschreie** aus! Denn der Herr hat sein Volk getröstet. Voll Erbarmen nimmt er sich der leidenden Menschen an (Jesaja 49: 13).Und nun will ich Jerusalem trösten. Noch liegt die Stadt in Trümmern, doch ich werde mich über sie erbarmen und das ganze Land wieder aufblühen lassen. Ich werde diese Wildnis in einen blühenden Garten verwandeln, schön und prächtig wie der Garten Eden. **Freudenschreie** und lauten Jubel wird man dort hören und Lieder, mit denen die Menschen mir danken"* (Jesaja 51:3, Hoffnung für alle).*

*Ein Lied für den Dankgottesdienst. **Jubelt** dem Herrn zu, ihr Völker der Erde! Dient ihm voll Freude, kommt zu ihm mit fröhlichen Liedern"* (Psalm 100:1-2, Hoffnung für alle)!*

Schrei des Preises – Das Geschrei als ein Ausdruck des Lobens und Preisens Gottes:

*„Halleluja - **Preist** den Herrn! Rühmt Gott in seinem Heiligtum! **Lobt** Gott, den Mächtigen im Himmel! **Lobt** Gott, denn er tut Wunder, seine Macht hat keine Grenzen! [...] Alles, was atmet, soll den Herrn **rühmen**! **Preist** den Herrn - Halleluja!"* (Psalm 150:1-2, 6, Gute Nachricht Bibel)!*

*„Ihr Einwohner von Jerusalem, **jubelt** und singt, denn groß und mächtig ist der heilige Gott Israels, der mitten unter euch wohnt"* (Jesaja 12:6, Hoffnung für alle).*

Schrei um die Hilfe – Das Geschrei als ein Ausdruck der möglichen Bedürfnisse:

*„Ja, ich habe die **Hilfeschreie** der Israeliten gehört; ich habe gesehen, wie die Ägypter sie quälen (2. Mose 3: 9).   Wenn ihr es doch tut und sie zu mir um Hilfe **schreien**, werde ich sie ganz sicher erhören"* (2. Mose 22:22, Hoffnung für alle).*

*„Morgen um diese Zeit werde ich einen Mann aus dem Gebiet Benjamin zu dir schicken. Ihn sollst du zum König über mein Volk salben. Er wird Israel von den Philistern befreien, denn ich habe die Not meines Volkes gesehen und seine **Hilfeschreie** gehört. (1. Samuel 9:16)»   In äußerster Verzweiflung schrie ich zum Herrn. Ja, zu meinem Gott rief ich um Hilfe. Da hörte er mich in seinem Tempel, mein **Notschrei** drang durch bis an sein Ohr (2. Samuel 22:7). Wenn uns ein Unglück trifft, wenn Krieg, Pest, Hungersnot oder ein anderes Strafgericht über uns hereinbricht, dann wird der Herr uns erhören, wenn wir in diesem Tempel vor ihn treten und zu ihm um Hilfe **schreien**. Er wird uns retten, denn er wohnt in diesem Tempel."* (2. Chronik 20:9, Hoffnung für alle)*

*Darum stieg der **Hilfeschrei** der Armen zu ihm empor - und er hörte ihn* (Hiob 34:28, Hoffnung für alle)*!*

*In äußerster Verzweiflung schrie ich zum Herrn. Ja, zu meinem Gott rief ich um Hilfe. Da hörte er mich in seinem Tempel, mein **Notschrei** drang durch bis an sein Ohr* (Psalm 18:7). *Lobt den Herrn, denn er hat meinen **Hilfeschrei** gehört* (Psalm 28:6)*! Höre mein Gebet, Herr, und achte auf meinen **Hilfeschrei*** (Psalm 39:13)*! Voll Zuversicht hoffte ich auf den Herrn, und er wandte sich mir zu und hörte meinen **Hilfeschrei*** (Psalm 40:2). *Höre, Gott, meinen **Hilfeschrei** und achte auf mein Gebet* (Psalm 61:2)*! Herr, ich **schreie** zu dir um Hilfe. Schon früh am Morgen klage ich dir mein Leid* (Psalm 88:14). *Höre mein Gebet, Herr, und achte auf meinen **Hilfeschrei*** (Psalm 102:2)*! Doch als Gott ihre verzweifelte Lage sah und ihre **Hilfeschreie** hörte* (Psalm 106:44), *Schon vor Tagesanbruch **schreie** ich zu dir um Hilfe, ich setze alle meine Hoffnung auf dein Wort* (Psalm 119:147); *Höre auf meinen **Hilfeschrei**, denn ich bin völlig verzweifelt! Rette mich vor meinen Verfolgern, denn ich bin ihnen hilflos ausgeliefert!* (Psalm 142:7) *Er geht auf die Wünsche derer ein, die voll Ehrfurcht zu ihm kommen. Er hört ihren **Hilfeschrei** und rettet sie* (Psalm 145:19, Hoffnung für alle).

*Doch ich, der Herr, antworte auf ihre **Hilfeschreie**. Ich bin der Gott Israels und lasse mein Volk nicht im Stich* (Jesaja 47:17). *Wenn ihr dann zu mir ruft, werde ich euch antworten. Wenn ihr um Hilfe **schreit**, werde ich sagen: 'Ja, hier bin ich* (Jesaja 58:9, Hoffnung für alle).

*"und alle Soldaten stimmten ein lautes **Kriegsgeschrei** an. Da griff Gott ein: Mit seiner Hilfe schlugen Abija und die Judäer Jerobeams Heer."* (2.Chronik 13:15, Hoffnung für alle)

„Geschrei" im musikalischen Sinn

Im musikwissenschaftlichen, vor allem im ethnomusikologischen und vergleichenden musikwissenschaftlichen Sinn, ist das „Schreien" das sogenannte „Ululieren" und „Trillern" (Abbildung 24 -27).

Abbildung 25: Muster der gesanglichen Teile im Gottesdienst – 2.

Gottesdienst						
Lobpreis- und Anbetungsteil			**Predigt**	**Lobpreisteil**		
Lobpreis ● ● ● ● ●	Anbetung ● ● ● ● ●	Begrüßung ● ●	● ●	Lobpreis	Bericht	Lobpreis
Lobpreis ● ● ● ● ●	Begrüßung ●	Anbetung ● ● ● ● ●	● ●	Lobpreis	Bericht	Lobpreis
Lobpreis ● ● ● ● ●	Begrüßung ●	Anbetung ● ● ● ● ●	●	Bericht	Lobpreis	
Begrüßung ● ●	Lobpreis ● ● ● ● ●	Anbetung ● ● ● ● ●	● ●	Bericht	Lobpreis	
Begrüßung ● ●	Anbetung ● ● ● ● ●	Lobpreis ● ● ● ● ●	●	Bericht	Lobpreis	
...				...		

(Spaltenbeschriftung links: Mögliche Kombinationen)

☐ Gesang und musikalischer Teil
● Gebete der Teilnehmer innerhalb des Gottesdiensts

Abbildung 26: Überblick des Animationsgesangs: Zwei Beispiele

Beispiel 1.

	05"–2'17"	2'17"–3'11"	3'11"–4'18"	4'18-4'54"	4'54–5'45"|6'14"	6'14"–7'35"	7'36"–8'17"	8'17"–8'20"|8'23"|8'38|8'43""	8'44"–9'|9'12"|9'46"|9'11""|9'42"|9'45"|10'11"|10'20"|10'23"
Lobpreislieder – Singen	•	•			•				• • • • • • •
„zu kurze" Lieder – Singen		•	•	•		•	•		• • • • • • •
Slogan – Ausrufen			•	•	•	•	•	• •	
Trillern / Ululieren, Pfeiffen		•			•			•	•
Schreien / Brüllen / Jauchzen	•	•	•	•	•	•	•	• •	
Instrumentale Musik	•	•	•	•	•	•	•	• •	• • • • • • •
Hände klatschen	•	•	•	•	•	•	•	• •	• • • • • • •

Beispiel 2.

	0'06"	1'08"	1'22"	2'11"	2'28"	2'42"	3'01"	3'26"	3'29"	3'48"	4'40"	4'41"	4'49"	5'05"	6'06"	6'36"	6'52"	7'01"	7'05"
Lobpreislieder – Singen	•	•																	
„zu kurze" Lieder – Singen	•	•	•	•	•	•	•	•	•	•									
Slogan – Ausrufen											•	•		•	•	•		•	•
Trillern / Ululieren, Pfeiffen																	•		
Schreien / Brüllen / Jauchzen												•	•		•	•	•		
Instrumentale Musik	•	•	•	•	•	•	•	•	•	•		•	•	•	•	•	•	•	•
Hände klatschen	•	•	•	•	•	•	•	•	•	•									

Abbildung 27: Transkription und Analyse des Animationsgesangs

EmapSon - Son: 0,8m14.3741s_8m30.5399s 4096 von Beispiel 1.

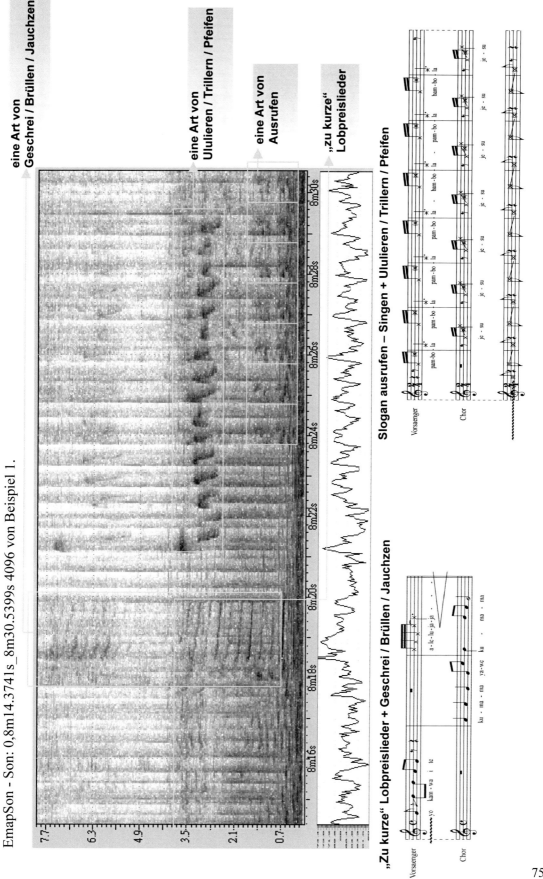

I.2.2.3.3. Zusätzliche Merkmale
- Singen und in die Hände klatschen

Mündliches Preisen - Singen

Singen ist eigentlich der Hauptbestandteil des Lobpreises und der Anbetung. Durch das Singen von auf den Glauben aufbauenden Liedern können die Menschen in die Gegenwart Gottes kommen und seinen Namen erheben usw. Das Singen ist nicht nur der Ausdruck eines fröhlichen Herzens, sondern es ist auch ein Lobpreisopfer an den Herrn.

Menschen können mit ihrem eigenen Verständnis die Lieder, die sie kennen, singen, und können den Herrn in Zeiten des freien Gesangs[80] anbeten, wobei sie zum Herrn ohne eine bestimmte festgesetzte Melodie oder Wörter singen (1. Korinther 14:15):

> „ [...] Ich will ein Loblied singen, wie es mir der Heilige Geist schenkt, aber ich will auch so singen, daß alle es verstehen. [...] "

Gebrauch der Hände

Die Hände können oft ausdrücken, was im Herzen ist, und teilen anderen auch noch die evangelischen Gedanken und Gefühle mit. In der Anbetung können die Hände gebraucht werden, um die Liebe zu Jesus in einer klaren und biblischen Art und Weise zu zeigen.

--- Hände erheben

Durch das Erheben der Hände können Menschen Gott in seiner Herrlichkeit und Allmacht erhöhen, vermehren, groß machen, proklamieren und erheben:

> „ [...] Mose antwortete: «Sobald ich die Stadt verlassen habe, will ich **meine Hände erheben** und zum Herrn beten. Dann werden Donner und Hagel aufhören. So sollst du erkennen, daß die Erde dem Herrn allein gehört. [...] (2. Mose 9:29, Hoffnung für alle)"

> „ [...] Laß als Rauchopfer vor dir stehen mein Gebet, **das Erheben meiner Hände** als Speisopfer am Abend. [...] (Psalm 141:2, Rev. Elberfelder)"

> „ [...] Ihm wollen wir unsere Herzen öffnen, zu ihm, der im Himmel wohnt, **die Hände erheben** und beten [...] (Klagelieder 3:41, Hoffnung für alle)"

---

[80] Der „*freie Gesang*" wird oft auch „*Singen im Geist*" genannt.

Das Erheben der Hände in Gebetszeiten oder während des Preisens muß mit reinem Herzen getan werden (1. Thimotheus 2:8, Neues Leben):

„ [...] Überall, wo ihr euch versammelt, möchte ich nun, dass die Männer, wenn sie beten, ihre Hände rein zu Gott erheben. Sie sollen nicht von Zorn und Streit beschmutzt sein. [...] "

--- In die Hände klatschen

In die Hände klatschen kann auch einer der überschwänglichen Ausdrücke des Preises mit Freude und der Liebeausdrücke Gott gegenüber sein. Jeder Mensch drückt Liebe anders aus und man wird auch nicht alles verstehen können, aber Gott versteht das sehr gut (Abbildung 25):

*„ [...] Freut euch und **klatscht in die Hände**, alle Völker! Lobt Gott mit lauten Jubelrufen! Denn der Herr ist der Höchste, ein großer König über die ganze Welt. Alle müssen vor ihm erzittern! Er gab uns den Sieg über fremde Völker, und nun herrschen wir über sie. Er wählte für uns das Land, in dem wir leben, und wir sind stolz darauf. Wir sind Gottes Volk, und er liebt uns. Gott, der Herr, ist auf seinen Thron gestiegen, begleitet von Trompeten und dem Jubelgeschrei seines Volkes. Singt zu Gottes Ehre, singt! Singt zur Ehre unseres Königs! Spielt auf allen Instrumenten! Denn Gott ist König über die ganze Welt, singt ihm ein neues Lied! Ja, Gott ist König über alle Völker, er sitzt auf seinem heiligen Thron. Die Mächtigen der Erde versammeln sich mit dem Volk, das sich zu dem Gott Abrahams bekennt. Denn der Herr ist mächtiger als alle Könige, er allein ist hoch erhaben! (Psalm 47:1-9, Hoffnung für alle)"*

*„ [...] Ihr werdet voller Freude das Land eurer Gefangenschaft verlassen und wohlbehütet in eure Heimat zurückkehren. Berge und Hügel brechen in Jubel aus, und die Bäume am Weg **klatschen in die Hände**. [...] (Jesaja 55,12, Hoffnung für alle)"*

Die Art und Weise des Lobpreises und der Anbetung ist so persönlich, daß Menschen es nicht zulassen sollen, daß irgendjemand oder irgendetwas dazwischen steht. Das ist nur zwischen Gott und dem Menschen selbst.

I.2.3. Aktivierung

„Jede Untersuchung der Funktionen und Wirkungen von Musik in menschlichen Gesellschaftsverbänden wird zum Ergebnis kommen, daß ihre Fähigkeit, Emotion zu wecken, aufzuschaukeln, kathartisch abzureagieren und vielleicht sogar zu lencken, zu ihren entscheidenden Merkmalen gehört [...] Sinnvoll ist auch die Annahme, daß die Codierung von Emotionen in Musik eine größere Rolle spielt als in der Sprache. (Knepler 1977: 30 und 38)“

Die Aktivierung, auch die Aktivation, wird in der Psychologie die physiologische Erregung der Hirnrinde bzw. die Erregung von neuralen, und ihren psychischen Prozeßen verstanden. Die Aktivierung ist gleichzeitig die Gesamterregung des Organismus im Sinne von Energiemobilisierung für bevorstehende Handlungen (Bergius 1994):

„Aktivierung läßt sich fassen, als Erregung von neuralen und psychischen Prozessen durch innere und äußere Reize, die Aktionen vorausgeht, diese begleitet und meßbar ist.“

Eine Aktivierung wird durch äußere Anlässe wie neuartige Reize oder innere Prozesse wie Gefühle usw. ausgelöst. Der physiologische Mechanismus der Aktivierung ist für unterschiedliche Erregbarkeit, Gefühlsreaktionen, Gefühle usf. mitverantwortlich.

Methodische Überlegung[81]

Eine Aktivierung läßt sich in der Psycho - Physiologie z.B. durch das Messen hirnelektrischer Wellen (EEG) feststellen, und auch an der Beschleunigung der Herztätigkeit (EKG), der Atemtätigkeit, der Atmung, sowie an anderen körperlichen Vorgängen.

Hier in dieser Forschung wird die Aktivierung durch zwei andere Methoden, nämlich die Befragungen und den Gesichtsausdruck bzw. das körperliche Verhalten, gemessen und analysiert.

---

[81] Hofstätter 1973, Schulze 2000.

I.2.3.1.   Empirische Befragung

> *„Musik besitzt eine physiologische Wirkung; obwohl sich nicht genau voraussagen läßt, wie diese im einzelnen ausschaut, ist Musikhören mit einem Anstieg derAktivierung verbunden. Musikalische Faktoren werden dabei [...] aber auch Bedingungen, die der Hörer mitbringt. [...] Es ist offensichtlich nur sinnvoll, Musik, die der physiologischen Stimulierung dienen soll, am musikalischen Gewohnten auszurichten [...], wenn man bedenkt, was das musikalisch Vertraute darstellt. [...]* (Motte – Haber 1972: 125-6)"[82]

Fragebogen[83]

Ein Fragebogen wurde in drei Teilen (Abbildung 28), und zwei Richtungen der Fragestellung entworfen, wobei die hypothetischen Überlegungen folgende sind:

- Glauben ist der Weg zur positiven Aktivierung

> *„ [...] Jesus erwiderte: «Wenn ihr wirklich glaubt und nicht zweifelt, könnt ihr nicht nur dies tun, sondern noch größere Wunder. Ihr könnt sogar zu diesem Berg sagen: 'Hebe dich von der Stelle und stürze dich ins Meer!' Es wird geschehen. [...]* (Matthäus 21:21, Hoffnung für alle)"

Ob die alltäglichen Launen mit den lobpreisgesanglichen Aktivitäten in ihrer Religion zu tun haben; warum sie nicht nur beten, sondern auch singen, welche Ideologien dahinter stehen; was für Lieder sie zu guten und schlechten Launen singen, ob sie, wie die bereits in der Musikpsychologie geforschten Gesetze (Harrer 1997: 588-99, Rösing 1997: 579-588), das schnellere Lieder – Repertoire singen, wenn sie fröhliche Stimmungen haben, und das langsamere Lieder – Repertoire, wenn sie traurige Stimmungen haben, oder ob es auch umgekehrt ausnahmsweise möglich ist; ob die Launen das Tempo wie auch die Lautstärke und die Stimmlagen beim Singen beeinflußen, und ob es dafür einen anderen Grund gibt.[84]

- vom Musikgeschmack zur positiven Aktivierung[85]

Die Fragestellung ist, ob ihr Lobpreisgesang sehr eng mit dem alltäglichen Leben zusammenhängt, ob sie sehr viel singen, oder vielleicht nur im Gottesdienst singen; welche Musik sie sich zu Hause anhören, ob solche Hörgewohnheit ihr Lieder – Repertoire im Gottesdienst beeinflußt; ob sie viel Musik von ihrer kulturellen Umgebung annehmen und sich

---

[82] Farnsworth 1969, Lundin 1967.
[83] Hofstätter 1973, Osgood 1964, Reise 1970: 235 - 253, Schulze 2000.
[84] s.Kap. I.2.3.1. Erste Befragung.
[85] Motte – Haber 1985: 194-204, der Einfluß steigender Vertrautheit; Behne 1997: 339-353.

davon beeinflußen lassen; ob die musikkulturelle Annahme, Akkulturation, Intergration, Assimilation usf. in der Aktivierung funktioniert, usw.[86]

Mit Hilfe der drei oben erwähnten gläubigen Übersetzerinnen, wurde der Fragebogen in Englisch, Französisch, und Portugiesisch übersetzt.

---

[86] s.Kap. I.2.3.2. Zweite Befragung und I.2.3.3. Dritte Befragung.

Abbildung 28: Befragung zur Aktivierung

1. Bist Du **jetzt** froh, oder nicht?   ○ **sehr froh**   ○ **froh**   ○ **nicht froh**   1.3.04

2. Was **möchtest** Du folgendes jetzt machen? Warum?
   2.1. ○ **Beten**   ○ **Lobpreis singen**   ○ **anderes** _____
   2.2. Warum? _____

3. Was für Lieder willst Du jetzt singen? (1-3 Lobpreislieder)   3.1. _____
   3.2. _____
   3.3. _____

4. Willst Du **jetzt** laut oder leise singen? Warum?
   4.1. ○ **laut**   ○ **leise**   4.1. Warum? _____

---

1. Wenn Du **froh** bist, was für ein Lopreislied willst Du singen?
   1.1. ○ **schnelleres Lopreislied**   ○ **langsameres Lopreislied**
   1.2. ○ **sehr hoch singen**   ○ **sehr tief singen**
   1.3. ein Beispiel Lied: _____

2. Wenn Du **traurig** bist, was für ein Lopreislied willst Du singen?
   2.1. ○ **schnelleres Lopreislied**   ○ **langsameres Lopreislied**
   2.2. ○ **sehr hoch singen**   ○ **sehr tief singen**
   2.3. ein Beispiel Lied: _____

3. Wenn Du **nicht froh** bist, was für ein Lopreislied willst Du singen?
   3.1. ○ **schnelleres Lopreislied**   ○ **langsameres Lopreislied**
   3.2. ○ **sehr hoch singen**   ○ **sehr tief singen**
   3.3. ein Beispiel Lied: _____

1.1. Gibt es Unterschiede eigentlich **vor** dem Lobpreissingen **u. nach** dem Lobpreissingen?
   ○ **Ja**   ○ **Nein**

1.1. Wenn **ja**, welche Unterschiede gibt es?
   ○ **Danach bin ich froher.**   ○ **Danach bin ich getröstet.**   ○ **Danach fühle ich mich besser.**
   ○ **Danach bin ich trauriger.**   ○ **Danach bin ich eigentlich überhaupt nicht getröstet.**   ○ **Danach fühle ich mich schlechter.**   ○ **anderes** _____

1.3. Was bringt die Unterschiede hervor?
   ○ **Lobpreismelodie**   ○ **Die Texte der Lobpreislieder**   ○ **anderes** _____

---

1. Wie oft u. wie lang ungefähr hören Sie Musik **in einer Woche**? (Bitte nur ein ×)
   ○ 0 Stunde   ○ ca. 1-2 Stunden   ○ ca. 3 Stunden   ○ ca. 4 Stunden   ○ ca. 5 Stunden   ○ ca. 6 Stunden   ○ mehr als 7 Stunden

2. Welche Musik hören Sie zu Hause?
   ○ Europäische klassische Kunstmusik   ○ Kongolesische Popmusik   ○ Kongolesische Rap   ○ Kongolesische Volksmusik   ○ Kongolesische Musik _____
   ○ Kongolesische Lobpreismusik   ○ Lobpreismusik aus Angola   ○ Lobpreismusik aus Nigeria   ○ Deutsche Lobpreismusik   ○ Österreichische Popmusik
   ○ Europäische Popmusik   ○ Amerikanische Popmusik   ○ Österreichische Volksmusik   ○ andere _____

3. Welche Musik mögen Sie am besten? **(Bitte nur ein ×)**
   ○ Europäische klassische Kunstmusik   ○ Kongolesische Popmusik   ○ Kongolesische Rap   ○ Kongolesische Volksmusik   ○ Kongolesische Musik _____
   ○ Kongolesische Lobpreismusik   ○ Lobpreismusik aus Angola   ○ Lobpreismusik aus Nigeria   ○ Deutsche Lobpreismusik   ○ Österreichische Popmusik
   ○ Europäische Popmusik   ○ Amerikanische Popmusik   ○ Österreichische Volksmusik   ○ andere _____

4. Welche Musik mögen Sie **nicht** so sehr?
   ○ Europäische klassische Kunstmusik   ○ Kongolesische Popmusik   ○ Kongolesische Rap   ○ Kongolesische Volksmusik   ○ Kongolesische Musik _____
   ○ Kongolesische Lobpreismusik   ○ Lobpreismusik aus Angola   ○ Lobpreismusik aus Nigeria   ○ Deutsche Lobpreismusik   ○ Österreichische Popmusik
   ○ Europäische Popmusik   ○ Amerikanische Popmusik   ○ Österreichische Volksmusik   ○ andere _____

5. Welche Musik ist für Sie **gute super Musik**?
   ○ Europäische klassische Kunstmusik   ○ Kongolesische Popmusik   ○ Kongolesische Rap   ○ Kongolesische Volksmusik   ○ Kongolesische Musik _____
   ○ Kongolesische Lobpreismusik   ○ Lobpreismusik aus Angola   ○ Lobpreismusik aus Nigeria   ○ Deutsche Lobpreismusik   ○ Österreichische Popmusik
   ○ Europäische Popmusik   ○ Amerikanische Popmusik   ○ Österreichische Volksmusik   ○ andere _____

6. Welche Musik ist für Sie **schlechte Musik**?
   ○ Europäische klassische Kunstmusik   ○ Kongolesische Popmusik   ○ Kongolesische Rap   ○ Kongolesische Volksmusik   ○ Kongolesische Musik _____
   ○ Kongolesische Lobpreismusik   ○ Lobpreismusik aus Angola   ○ Lobpreismusik aus Nigeria   ○ Deutsche Lobpreismusik   ○ Österreichische Popmusik
   ○ Europäische Popmusik   ○ Amerikanische Popmusik   ○ Österreichische Volksmusik   ○ andere _____

---

1. Warum singen Sie Lobpreis eigentlich?
   ○ Gott zu loben   ○ Gott zu preisen   ○ Gott anzubeten   ○ Gott zu ehren
   ○ Pastor hat gesagt   ○ Lass Gott wissen, daß ich ein braver Christ bin.   ○ Sie werden gezwungen zu singen   ○ anderes _____

2. Was für Sprachen kennen Sie?
   ○ Lingala   ○ Französisch   ○ Tschiluba   ○ Swahili   ○ Kikongo   ○ andere kongolesische lokale Sprachen _____
   ○ Deutsch   ○ Poturgiesisch   ○ Englisch   ○ Andere Sprachen _____

3. Was für ein Lobpreislied lieben Sie am meisten?   3.1. _____
   3.2. (Bitte jede nur ein ×)

	Mag sehr	1	2	3	4	5	mag nicht
Dieu tous puissant		○	○	○	○	○	
Quand l'esprit de Dieu		○	○	○	○	○	
Je le loue avec ma voie		○	○	○	○	○	
Jésus est plus haut		○	○	○	○	○	
Jésus s'élever		○	○	○	○	○	
Jusqu'à quand		○	○	○	○	○	
Je vais chante un chant diamoune		○	○	○	○	○	
Celebrons Jésus Celebrons		○	○	○	○	○	
Mon âme mon Dieu		○	○	○	○	○	
Nzambe azali tata		○	○	○	○	○	
Nasemboli		○	○	○	○	○	
Kumisama		○	○	○	○	○	
Oza Nzambe		○	○	○	○	○	
Masiya		○	○	○	○	○	
Yesu elonga na ngai		○	○	○	○	○	
Ayoyo		○	○	○	○	○	
Oyo Azali na kiti ya bokonzi na lola		○	○	○	○	○	
Simba ngai na loboko yesu eh		○	○	○	○	○	
Nkembo Nkembo na yo		○	○	○	○	○	
Elikia na ngai		○	○	○	○	○	
Kimia		○	○	○	○	○	
Kanana		○	○	○	○	○	
Koyimayima te		○	○	○	○	○	
Botika ngai nalanda ye		○	○	○	○	○	
Nzambe ya Bamoyo		○	○	○	○	○	
Ngoma Mgoma		○	○	○	○	○	
Muari Kombo Rere Afrika		○	○	○	○	○	
Nguma Nguma		○	○	○	○	○	
Ni yesu eh		○	○	○	○	○	
Yaya Nowa		○	○	○	○	○	
Eh kiese yaya		○	○	○	○	○	

I.2.3.1.1. Erste Befragung
- Glauben ist der Weg zur positiven Aktivierung

> *„I've been around this singing so long, [...] I always praise, I always thank God for it, because I mention His name in every song; every time I'm in church, I mention His name. Sometimes I sing a song, it's for myself: How I've come through all the hardships, things like that – when my family gets sick. I pray to Him everyday. And it makes you feel good to sing these songs. [...] (Lassiter 2002: 75)"*

Beim ersten Teil werden sieben Hauptfragen gestellt, nämlich (Abbildung 30):[87]

Die erste Frage: Bist Du heute froh oder nicht so sehr? – Die Frage läßt die Befragten nicht theoretisch oberflächlich antworten, sondern ihre persönliche Situation überdenken.

Die zweite Frage: Was für eine Aktivität zu ihrer Stimmung paßt und weshalb. Es wird danach gefragt, wie eng ihr persönliches Leben mit der Religion zusammenhängt, weshalb sie nicht nur beten sondern auch singen, wie das Singen in der Stimmung hilft, weshalb sie beten oder singen.

Die dritte Frage: Welche Lieder sie in guten und schlechten Stimmungen singen. Diese Frage ist eigentlich eine persönliche Frage, um die nächsten vier Fragen zu beweisen und zu unterstützen. Es wäre widersprüchlich und ungültig, wenn die Befragten bei dieser Frage drei schnellere Lieder[88] ausfüllen, wenn sie traurig sind, aber später theoretisch meinen, daß sie nomalerweise langsamere Lieder[89] singen, wenn sie traurig sind.

Die vierte Frage: Ob sie laut oder leise singen, wenn sie in guter oder schlechter Stimmung sind und weshalb. Ob sie lieber leise singen, wenn sie traurig sind und laut singen, wenn sie froh sind; ob es zu solch einer Messung ein natürliches oder religiöses Gesetz gibt (Abbildung 29).[90]

Die fünfte, sechste und siebte Frage in Abbildung 30 Frage 1., 2., 3. Abschnitt zwei: Was für Lieder sie bei den Stimmungen – „froh", „traurig" und „nicht froh" singen, ob sie je nachdem ein schnelles oder langsames Tempo, eine höhere / tiefere Stimmlage singen sollen. Bei jeder Frage sollen sie auch noch ein Lied – Beispiel eintragen, um ihre theoretische Beantwortung zu beweisen und zu bekräftigen.[91]

---

[87] Hofstätter 1973, Osgood 1964, Reise 1970: 235-253, Schulze 2000.
[88] Nämlich die sogenannten Lobpreislieder, s.Kap. I.2.3. und II.1.1.
[89] Nämlich die sogenannten Anbetungslieder, s.Kap. I.2.3. und II.1.1.
[90] Motte – Haber 1972: 50-1.
[91] Motte – Haber 1972: 50-1.

Abbildung 29: Zuordnung akustischer Komponenten zu den Emotionen Freude und Trauer bei Sprache und Musik[92]

	Grund-frequenz/ Tonhöhe	Variabili-tät der Grund-frequenz/ Melodie-variation	(Sprech-) Tempo	Laut-stärke	Ton-höhen-verlauf	Klang-farbe
Freude	hoch	stark	schnell	groß	auf und ab	viele Obertöne
Trauer/ Traurigkeit	tief	gering	langsam	gering	abwärts	weniger Obertöne

---

[92] Rösing 1997: 579-88.

Abbildung 30: Erste Befragung – Glauben ist der Weg zur positiven Aktivierung

1. Bist Du **jetzt** froh, oder nicht?
   ○ **sehr froh**   ○ **froh**   ○ **nicht froh**

2. Was **möchtest** Du folgendes jetzt machen? Warum?
   2.1. ○ **Beten**   ○ **Lobpreis singen**   ○ **andere**_____
   2.2. Warum?_____

3. Welche Lieder willst Du jetzt singen? (1 - 3Lobpreislieder)
   3.1._____
   3.2._____
   3.3._____

4. Willst Du **jetzt** laut oder leise singen? Warum?
   4.1.   ○ **laut**   ○ **leise**
   4.2. Warum? _____

----

1. Wenn Du **froh** bist, was für ein Lopreislied willst Du singen?
   1.1. ○ **schnelleres Lopreislied**   ○ **langsameres Lopreislied**
   1.2. ○ **sehr hoch singen**   ○ **sehr tief singen**
   1.3.   ein Beispiel Lied:_____

2. Wenn Du **traurig** bist, was für ein Lopreislied willst Du singen?
   2.1. ○ **schnelleres Lopreislied**   ○ **langsameres Lopreislied**
   2.2. ○ **sehr hoch singen**   ○ **sehr tief singen**
   2.3.   ein Beispiel Lied:_____

3. Wenn Du **nicht froh** bist, was für ein Lopreislied willst Du singen?
   3.1. ○ **schnelleres Lopreislied**   ○ **langsameres Lopreislied**
   3.2. ○ **sehr hoch singen**   ○ **sehr tief singen**
   3.3.   ein Beispiel Lied:_____

1.1. Gibt es Unterschiede eigentlich **vor** dem Lobpreissingen **und nach** dem Lobpreissingen?
   ○ **Ja**   ○ **Nein**

1.2. Wenn **ja**, welche Unterschiede gibt es?
   ○ **Danach bin ich froher.**   ○ **Danach bin ich getröstet.**
   ○ **Danach fühle ich mich besser.**
   ○ **Danach bin ich trauriger.**
   ○ **Danach bin ich eigentlich überhaupt nicht getröstet.**
   ○ **Danach fühle ich mich schlechter.**   ○ **anderes** _____

1.3. Was bringt die Unterschiede hervor?
   ○ **Lobpreismelodie**   ○ **Die Texte der Lobpreislieder**
   ○ **anderes**

I.2.3.1.2. Zweite Befragung
  - vom Musikgeschmack zur positiven Aktivierung – 1.

Beim zweiten Teil werden sieben Fragen gestellt, nämlich (Abbildung 31):[93]

Die zweite Frage: Wie oft und wie lange sie Musik in der Woche hören – Die Frage wird gestellt um zu wissen, ob die Musik eine große Rolle in ihrem Leben spielt, oder ob die Musik nur religiösen Zweck hat.

Die dritte Frage: Welche Musik sie zu Hause hören. Die Frage ist um herauszufinden, welcher mögliche Akkulturations-, Anpassungs-, Intergrations- oder sogar Assimilationsprozeß in ihren gesanglichen Aktivitäten läuft.

Die vierte und fünfte Frage: Welche Musik sie am liebsten mögen und was für Musik sie nicht „so sehr" mögen. Die Frage soll die zweite Frage bekräftigen, denn sie hören sicher die Musik, die sie mögen. Der Ausdruck „nicht so sehr" läßt sie keine negative Kritisierungsgefühle haben, wenn sie eine Musik als „nicht mögen" ankreuzen.

Die sechste und siebente Frage: Welche Musik für sie gute super Musik und welche Musik für sie schreckliche Musik ist. Diese Frage hat dieselbe Funktion wie die vierte und fünfte Frage um die dritte Frage zu bekräftigen, denn sie hören sicher die Musik, die sie als gute Musik empfinden.

Die Antwortkriterien wurden aus den Musikgattungen, die diese Französisch - Afrikaner umgeben, gewählt.

---

[93] Hofstätter 1973, Osgood 1964, Reise 1970: 235-253, Schulze 2000.

Abbildung 31: Zweite Befragung: Befragungskriterien zum Musikgeschmack – 1.

1. Warum singst Du Lobpreis?
   ○ Gott zu loben   ○ Gott zu preisen   ○ Gott anzubeten   ○ Gott zu ehren
   ○ Pastor hat gesagt   ○ Laß Gott wissen, daß Du ein braver Christ bist
   ○ Du wirst gezwungen zu singen ○ anderes _____

2. Wie oft u. wie lang ungefähr hörst Du Musik in einer Woche?
   ○ 0 - 1Stunde   ○ ca. 2 Stunden   ○ ca. 3 Stunden ○ ca. 4 Stunden
   ○ ca. 5 Stunden ○ ca. 6 Stunden   ○ mehr als 7 Stunden

3. Welche Musik hörst Du zu Hause?
   ○ Europäische klassische Kunstmusik ○ Kongolesische Popmusik
   ○ Kongolesische Rap ○ Kongolesische Volksmusik
   ○ Kongolesische Musik _____ ○ Kongolesische Lobpreismusik
   ○ Deutsche Lobpreismusik ○ Österreichische Popmusik   ○ Europäische Popmusik
   ○ Amerikanische Popmusik ○ Österreichische Volksmusik ○ andere _____

4. Welche Musik magst Du am liebsten?
   ○ Europäische klassische Kunstmusik ○ Kongolesische Popmusik
   ○ Kongolesische Rap ○ Kongolesische Volksmusik
   ○ Kongolesische Musik _____ ○ Kongolesische Lobpreismusik
   ○ Deutsche Lobpreismusik ○ Österreichische Popmusik   ○ Europäische Popmusik
   ○ Amerikanische Popmusik ○ Österreichische Volksmusik ○ andere _____

5. Welche Musik magst Du nicht so sehr?
   ○ Europäische klassische Kunstmusik ○ Kongolesische Popmusik
   ○ Kongolesische Rap ○ Kongolesische Volksmusik
   ○ Kongolesische Musik _____ ○ Kongolesische Lobpreismusik
   ○ Deutsche Lobpreismusik ○ Österreichische Popmusik   ○ Europäische Popmusik
   ○ Amerikanische Popmusik ○ Österreichische Volksmusik ○ andere _____

6. Welche Musik ist für Dich gute super Musik?
   ○ Europäische klassische Kunstmusik ○ Kongolesische Popmusik
   ○ Kongolesische Rap ○ Kongolesische Volksmusik
   ○ Kongolesische Musik _____ ○ Kongolesische Lobpreismusik
   ○ Deutsche Lobpreismusik ○ Österreichische Popmusik   ○ Europäische Popmusik
   ○ Amerikanische Popmusik ○ Österreichische Volksmusik ○ andere _____

7. Welche Musik ist für Dich schlechte Musik?
   ○ Europäische klassische Kunstmusik ○ Kongolesische Popmusik
   ○ Kongolesische Rap ○ Kongolesische Volksmusik
   ○ Kongolesische Musik _____ ○ Kongolesische Lobpreismusik
   ○ Deutsche Lobpreismusik ○ Österreichische Popmusik   ○ Europäische Popmusik
   ○ Amerikanische Popmusik ○ Österreichische Volksmusik ○ andere _____

I.2.3.1.3. Dritte Befragung
- vom Musikgeschmack zur positiven Aktivierung – 2.

Beim dritten Teil ist die Befragung tief in ihre Lobpreislieder hineingegangen (Abbildung 32).[94]

Ein 31 Lieder–Repertoire, das sie im Gottesdienst öfters singen, wird vorgegeben, von dem ein Drittel Missionar Lieder – nämlich die älteren abendländischen Missionar Hymnen und die heutigen abendländischen Lobpreismelodien - ist,[95] und zwei Drittel davon sogenannte kongolesische Gottes Lieder[96] und afrikanische christliche Lieder sind. Das 31 Lieder – Repertoire ist in unterschiedlichen Skalen nummeriert und sie sollen ankreuzen, welche Lieder sie mögen.

Dazu werden noch drei zusätzliche Fragen gestellt, nämlich:

- Warum sie diese Lieder singen. Die Frage ist um den Zweck der Lieder, ihrer gesanglichen Aktivitäten und ihre Motivation[97] noch einmal zu bestätigen.
- Was für Sprachen sie kennen. Die Frage ist ein hypothetischer möglicher Parameter den Lieder - Geschmack zu beeinflußen, wie z.B. wenn sie die Sprachen nicht kennen, können sie den Textinhalt nicht verstehen, so können sie die Lieder wahrscheinlich auch nicht mögen.
- Was für Lieder sie am liebsten mögen. Ein Lied soll hier eingetragen werden, um die Befragung zu ergänzen. Da ihr Lieder–Repertoire viel umfangreicher ist[98] und auch alle alle Lieder kennen, war es problematisch nach allen Liedern zu fragen.

---

[94] Reise 1970: 235-253, Osgood 1964.
[95] s.Kap. I.1. und I.2.1.
[96] s.Kap. I.1. und I.3.
[97] s.Kap. I.2.1. Motivation.
[98] Ihr Lieder – Repertoire besteht aus mehr als drei hundert Liedern.

Abbildung 32: Die dritte Befragung - Befragungskriterien zum Musikgeschmack -2.

1. Warum singst Du Lobpreis?
    ○ Gott zu loben   ○ Gott zu preisen ○ Gott anzubeten   ○ Gott zu ehren
    ○ Pastor hat gesagt   ○ Lass Gott wissen, daß Du ein braver Christ bist
    ○ Du wirst gezwungen zu singen ○anderes _____

2. Was für Sprachen kennst Du?
    ○ Lingala   ○ Französisch   ○ Tschiluba   ○ Swahili   ○ Kikongo
    ○ andere kongolesische lokale Sprachen _____
    ○ Deutsch   ○ Portugiesisch   ○ andere Sprachen _____

3. Welche ein Lobpreislied liebst Du am meisten?
3.1._____

	Mag sehr	1	2	3	4	5	mag nicht
Dieu tous puissant		○	○	○	○	○	
Quand l'esprit de Dieu		○	○	○	○	○	
Je le loue avec ma voie		○	○	○	○	○	
Jésus est plus haut		○	○	○	○	○	
Jésus s'élever		○	○	○	○	○	
Jusqu'à quand		○	○	○	○	○	
Je vais chante un chant diamoune		○	○	○	○	○	
Celebrons Jésus Celebrons		○	○	○	○	○	
Mon âme mon Dieu		○	○	○	○	○	
Nzambe azali tata		○	○	○	○	○	
Nasemboli		○	○	○	○	○	
Kumisama		○	○	○	○	○	
Oza Nzambe		○	○	○	○	○	
Masiya		○	○	○	○	○	
Yesu elonga na ngai		○	○	○	○	○	
Ayoyo		○	○	○	○	○	
Oyo Azali na kiti ya bokonzi na lola		○	○	○	○	○	
Simba ngai na loboko yesu eh		○	○	○	○	○	
Nkembo Nkembo na yo		○	○	○	○	○	
Elikia na ngaÏ		○	○	○	○	○	
Kimia		○	○	○	○	○	
Kanana		○	○	○	○	○	
Koyimayima te		○	○	○	○	○	
Botika ngai nalanda ye		○	○	○	○	○	
Nzambe ya Bamoyo		○	○	○	○	○	
Ngoma Mgoma		○	○	○	○	○	
Muari Kombo Rere Afrika		○	○	○	○	○	
Nguma Nguma		○	○	○	○	○	
Ni yesu eh		○	○	○	○	○	
Yaya Nowa		○	○	○	○	○	
Eh kiese yaya		○	○	○	○	○	

Die Versuchspersonen sind rein französisch – afrikanische Gläubige, die regelmäßig am Gottesdienst teilnehmen, mitsingen und das Lieder – Repertoire gut kennen.

Das Ergebnis scheint sehr identisch zu sein:

- Beim ersten Teil wird gezeigt: Sie sind nomalerweise froh, auch wenn sie in dem Moment viele Probleme haben (Jakobus 1:2-6):

„Liebe Brüder! Ihr braucht nicht zu verzweifeln, wenn euer Glaube immer wieder hart auf die Probe gestellt wird. Im Gegenteil: Freut euch darüber! Denn durch solche Bewährungsproben wird euer Glaube fest und unerschütterlich. Bis zuletzt sollt ihr so unerschütterlich festbleiben, damit ihr in jeder Beziehung zur vollen geistlichen Reife gelangt und niemand euch etwas vorwerfen kann oder etwas an euch zu bemängeln hat. Falls jemand von euch nicht weiß, was der Wille Gottes in einer bestimmten Sache ist, soll er um Weisheit bitten. Ihr wißt doch, wie reich Gott jeden beschenkt und wie gern er allen hilft. Also wird er auch euer Gebet erhören. Betet aber in großer Zuversicht, und zweifelt nicht; denn wer zweifelt, gleicht den Wellen im Meer, die vom Sturm hin- und hergetrieben werden.“

Die meisten dieser Französisch – Afrikaner singen gern, egal ob sie froh oder traurig sind, und die Lieder, die sie zu der Stimmung singen, sind je nach den verschiedenen Persönlichkeiten unterschiedlich. Merkwürdigweise sind es meistens Lieder in ihren eigenen lokalen Muttersprachen wie Lingala usw.

Es gibt Gläubige, die laut singen, egal ob sie guter oder schlechter Stimmung sind; es gibt Gläubige, die schon daran gewohnt sind, leise zu singen, egal in welcher Stimmung; es gibt Gläubige, die genau gemäß musikpsychologischen Gesetzen, laut singen, wenn sie froh sind, und leise singen, wenn sie traurig sind; aber es gibt auch Gläubige, die leise singen, auch wenn sie froh sind, und es gibt auch Gläubige, die laut singen, auch wenn sie traurig sind, weil laut zu singen eine Ermutigung ist, in die positive Aktivierung zu führen (Habakuk 3:17-19, Hoffnung für alle):

„Noch trägt der Feigenbaum keine Blüten, und der Weinstock bringt keinen Ertrag, noch kann man keine Oliven ernten, und auf unseren Feldern wächst kein Getreide; noch fehlen Schafe und Ziegen auf den Weiden, und auch die Viehställe stehen leer. Und doch will ich jubeln, weil Gott mir hilft, der Herr selbst ist der Grund meiner Freude! Ja, Gott, der Herr, macht mich stark; er beflügelt meine Schritte, wie eine Gazelle kann ich über die Berge springen. Dieses Lied soll mit Saiteninstrumenten begleitet werden.“

- Beim zweiten Teil zeigt sich, daß sie zu Hause nomalerweise kongolesische oder manche Personen deutsche Lobpreislieder hören, und daß sie die kongolesischen Lobpreislieder am liebsten mögen. Die Musik, die sie am wenigsten nachvollziehen können, ist aber identisch europäische klassische Musik.

- Beim dritten Teil sind die Lieder, die nomalerweise „nicht mag" gewählt wurden, abendländische Melodien.

I.2.3.2. Gesichtsausdruck bzw. körperliches Verhalten

> *„You know, [...], when I was young, I went to church. [...] We all pray about the same thing, about something in our lives. This one time, this particular time, my wife had gone away. [...] I was really depressed. I was sitting there in the room by myself and thinking about things in my life. Later on, this song came to me. It came to me through the gladness of my heart. I'm glad I sung it because it seemed to life all that deoression off of me.* (Lassiter 2000: 80) "

Die nonverbale Signale und Hinweise wie der Gesichtsausdruck und das köperliches Verhalten usf. sind in vielen Situationen mindestens gleich so wichtig und oft noch viel einflußreicher als die ausgedrückten musikalischen Inhalte, denn die nonverbalen Signale sind meist noch unmittelbarer, unkontrollierter und unzensierter mit der menschlichen tatsächlichen Empfindungen verbunden. Sie sind meist noch ehrlicher, direkter, unverfälschter als das, was uns über die Lippen kommt, und vor allem dann von sehr großem Einfluss, wenn sich nonverbale, gedankliche und musikalische Information entsprechen. Und dies ist im Alltag keineswegs selten, denn die verschiedenen Situationen erfordern mehr oder minder die Beachtung und Einhaltung von sozialen Regeln und Normen, die vielfach ein spontanes Ausleben der Gefühle, Empfindungen nicht zulassen. Nur sieben Prozent aller Informationen, die Menschen aus einem Gespräch gewinnen, holen wir aus den Worten, 38 Prozent beziehen wir aus dem Klang der Stimme und 55 Prozent aus der Körpersprache (Mehrabian 1972).

Die Aktivierung nach dem Singen im Gottesdienst kann man außer dem musikalischen psychologischen Emotionseffekt noch im Gesichtsausdruck und köperlichen Verhalten leicht zufinden (Abbildung 33).

Abbildung 33: Ein Beispiel des Gesichtsausdrucks und des körperlichen Verhaltens

II. Analytischer Teil

Am erstaunlichsten ist die Vielfältigkeit des Lieder - Repertoires, das in der Kirche gesungen wird, und die verschiedensten Musikstile, die sich durch die gesangliche Präsentation ziehen. Bei so einer Migrationsgemeinschaft und -kirche wäre die Vorstellung falsch, daß ihre eigene Musikkultur wegen der sogenannten abendländischen christlichen Religion und durch den Anpassungsprozeß total assimiliert wird, denn die Französisch - Afrikaner haben einen eigenen musikalischen Wahrnehmungs- und Auffassungszugang zu der sogenannten abendländischen Musik (Abbildung 34).

Abbildung 34: Modell des analytischen Teils

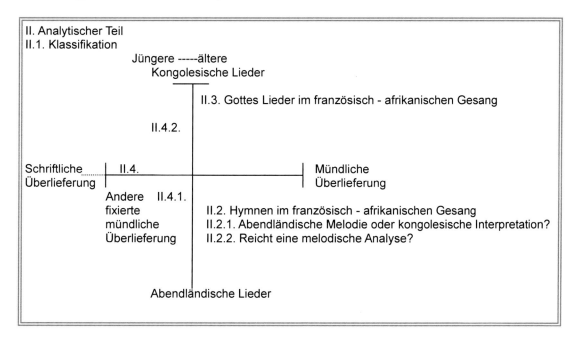

II.1. Versuch einer Lieder – Klassifikation

> *„Verstehen heißt vor allem Zuordnen, und dieses ist auch*
> *unterschwellig und mit unverbalisierten Gestalten wie den*
> *musikalischen möglich.* (Karbusicky 1979: 187)"

Die Klassifikation wird immer wichtiger und spezialisierter in musikalischen Forschungs-bereichen und Standardbegriffen (Elscheková B10667: 549, 581). Daher soll in diesem Sub-kapitel versucht werden, das Lieder – Repertoire, das die Französisch - Afrikaner im Gottesdienst in Wien singen, mit der Klassifikationsmethode zu konstruieren.

> *„Unter Klassifikation verstehen wir jenen Einteilungs-, Einordungsprozeß, der die gegebenen*
> *Phänomene, Einzeldaten in bestimmte Klassen der Systematik einordnet."* (Elscheková
> B10667: 549)

Ziel

Das Ziel dieser systematischen Lieder - Klassifikation ist es, die Beziehung untereinander zwischen objektiv äußerlich dem kirchlichen Wesen und dem musikkulturellen Vermischungszustand, und subjektiv innerlich dem menschlichen initiativen Zugang zu den Liedern durch die geordneten Lieder - Objekte klar zu überblicken, und ihre weitere musikalische Analyse zu ermöglichen.[99] Die Lobpreislieder werden klassifiziert, damit sie von ihrer komplexen heute vermischten (cross – cultural) musikalischen Umwelt[100] besser unterschieden und interpretiert werden, und besser erkannt und verstanden werden können.

Methoden: Klassifikation

Klassifikation bezeichnet -

- sowohl die „Klassifizierung",[101] die Methode (Faktor / Klassifizierungskriterien) zur Einordnung der klassifizierten Objekte (Lieder) in Klassen,
- als auch die „Systematik"[102] oder den „Katalog" (Elscheková B10667: 549-50) - das

---

[99] Weitere musikalische Analyse, s.Kap.II- 2.-4; Goebl 1992: 17-28.

[100] Cross – culture.

[101] Als „Klassifizierung" wird ein Vorgang oder eine Methode (Klassifizierungskriterien) zur Einteilung von klassifizierten Objekten (Lobpreislieder) in Klassen oder Kategorien bezeichnet.

[102] Die Systematik ist die planmäßige Darstellung von Klassen, Kategorien oder Konzepten, welche nach bestimmten Ordnungsprinzipien (Klassifizierungskriterien) gestaltet ist. Die einzelnen Klassen werden in der Regel durch den

Ergebnis einer durch Klassifizieren gewonnenen Einteilung in Klassen.

Vom Grundprinzip lassen sich zwei Klassifikationsstrukturen unterscheiden: Bei einer „Monohierarchie"[103] besitzt jede Klasse nur eine Oberklasse (Faktor / Klassifizierungskriterium), so daß die gesamte Klassifikation eine Baumstruktur besitzt. Bei der „Polyhierarchie"[104], die hier in dieser Klassifikation verwendet wird, kann eine Klasse auch in mehrere Oberklassen (Faktor / Klassifizierungskriterien) untergeordnet werden (Abbildung 35).[105] Fünf Faktoren und Klassifizierungskriterien werden hier in dieser Klassifikation als die oberen Klassen und Möglichkeiten aufgestellt, um die Lieder zu klassifizieren, nämlich textinhaltlicher, zeitlicher, geographischer, sprachlicher und funktionaler Faktor (Abbildung 36 und 37).

Abbildung 35: Modell der Klassifikation

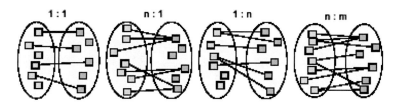

Drei Modelle werden methodisch zur Orientierung der fünf Faktoren und Klassifizierungskriterien herangezogen, nämlich das dynamische Modell, das Objekt Modell, und das funktionale Modell (Abbildung 36 und 37).[106]

Außerdem muß man noch „ethic", die von außen klassifizierte externe Klassifikation und „emic", die interne von innen empfundene Klassifikation unterscheiden (Abbildung 36 und 37).[107]

In Klassifikationssystemen lassen sich zwei Bezeichnungsarten unterscheiden, die beide in

---

Vorgang der Klassifikation, das heißt durch die Einteilungen von Objekten (Lobpreislieder) anhand bestimmter Merkmale, gewonnen und hierarchisch angeordnet. Ihre Anwendung einer Klassifikation auf ein Objekt heißt dann Klassifizierung.

[103] Eine starke Hierarchie bzw. auch Hierarchie mit Einfachvererbung genannt.

[104] Eine schwache Hierarchie bzw. mit Hierarchie mit Mehrfachvererbung genannt.

[105] Eine andere Unterscheidung ist die Analytische Klassifikation (vom Allgemeinen zum Besonderen, auf Präkoordination ausgerichtet) und Synthetische Klassifikation (vom Besonderen zum Allgemeinen, auf Postkoordination ausgerichtet). Die meisten Klassifikationen sind eher analytisch aufgebaut.

[106] Bock 1991: 204-215, 1996: 439-441.

[107] Bock 1991: 208-211, Jung 2001.

dieser Lieder – Klassifikation verwendet werden, nämlich „Verbale Begriffsbezeichnung" als Bezeichnungen aus der natürlichen Sprache, die hier in dieser Forschung mit Anführungszeichen „ " angedeutet werden, und „Künstliche Bezeichnungen" durch eine Notation, die aus Zahlen, Sonderzeichen oder Buchstaben bestehen kann, die in runden Klammern ( ) und fett gedruckt angedeutet werden (Goebl 1992: 171-188).

Abbildung 36: Klassifikationsmodell der Französisch - Afrikanischen Lobpreislieder -1.

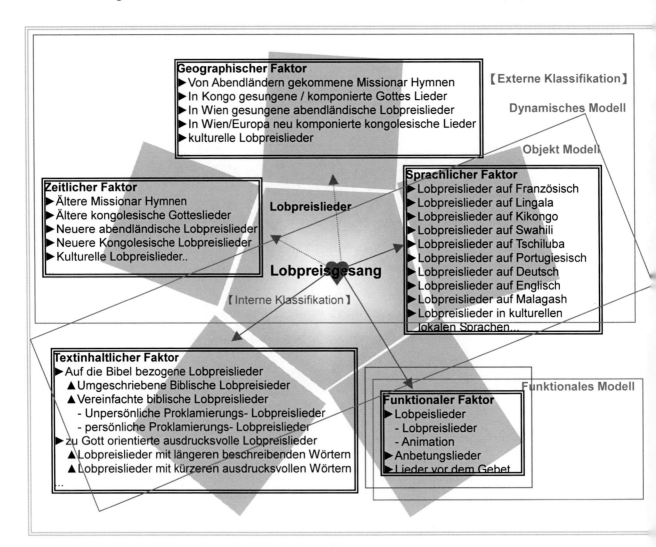

Abbildung 37: Klassifikationsmodell der Französisch - Afrikanischen Lobpreislieder -2.

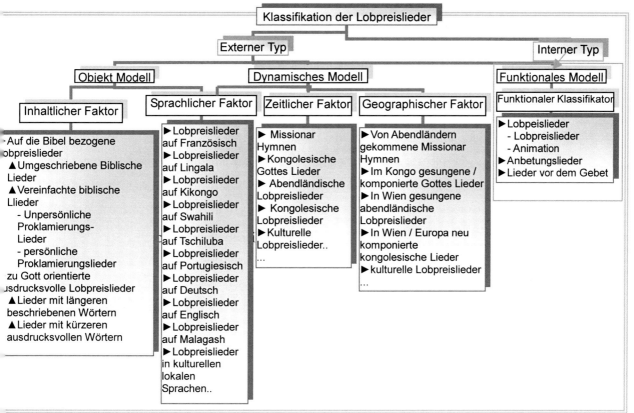

II.1.1.   Objekt Modell der Klassifikation

Im Objekt Modell wird beschrieben und klassifiziert, was sich im System (Lieder - Repertoire) nicht verändern kann. Damit ist die statische und zeitlich, geographisch invariante Struktur der Objekte (Lieder) eines Systems (Lieder - Repertoire) und die Relationen der Objekte zueinander gemeint.[108]

Der Textinhalt, hier als der Hauptfaktor und das Kriterium im Objekt Modell, klassifizieren die Lobpreislieder. Aber zwei Aspekte sind hier noch zu überlegen: Wenn die Lobpreislieder hier als das System betrachtet werden, ist das, was sich im System verändern kann, dann der textinhaltliche Faktor.

Wenn jetzt aber die gesanglichen Aktivitäten als das System betrachtet werden, kann das, was sich in diesem System verändern kann, dann nicht nur die textinhaltliche Verschiedenheit sein, sondern auch die sprachliche Verschiedenheit, sowie die von dem zeitlichen und geographischen Faktor musikalische Verschiedenheit, und noch die funktionale Verschiedenheit. Weil „synchronic" und „diachronic" hier in der Klassifikation als zwei gegenüberliegende Bedeutungsauffassungen gesehen werden, ist der Textinhalt hier im Objekt Modell der einzige Faktor, die Lobpreislieder zu klassifizieren.

II.1.1.1. Textinhaltlicher Faktor

> *„There are songs of thanksgiving, there are songs of sorrow, for people that are down and with sicknesses. We have songs of all kinds. [...] We have songs of all kinds. [...] The words that are put in there, they're for every occasion.... [...] this wide range of songs thus engages a wide range of purposes, helping to clarify and deepen the sentiments associated with any given moment [...] (Lassiter 2000: 75 und 77)"*

Der textliche Inhalt ist ein Schlüsselfaktor, um zu erkennen, ob die Lieder in diesem Fall sogenannte christliche Lieder sind (1. Korinther 8-10, Hoffnung für alle):

> *„Es ist genauso wie bei Musikinstrumenten. Bei einer Flöte etwa oder einer Harfe muß man unterschiedliche Töne hören können, sonst erkennt keiner die Melodie. Wenn der Trompeter nicht ein klares Signal bläst, wird sich kein Soldat auf den Kampf vorbereiten. Es gibt auf der Welt unzählige Sprachen, und jede hat ihren Wert für den, der sie versteht."*

---

[108] Bock 1991: 204-215, 1996: 439-441.

Die Funktion und die Religionsidentität zeigen sich hier auch absolut besonders im Text mehr als im musikalischen Inhalt eines Liedes.

Unter dem textinhaltlichen Klassifikator können die Lieder in zwei Klassen untergeordnet werden, nämlich in die sich auf die Bibel schriftlich beziehenden rationaleren objektiveren Lobpreislieder (**Auf die Bibel bezogene Lieder**) und in die persönlich zu Gott sinnlich orientierten ausdrucksvollen subjektiveren Lobpreislieder (**Zu Gott orientierte Lobpreislieder**).

Diese zwei Klassen können noch weiter in je zwei Sub - Klassen gruppiert werden. Bei der ersten Klasse, erscheinen häufig zwei Formen, nämlich:

- einerseits Bibelverse zu verwenden und umzuschreiben, um sich an die melodische Form anzupassen (**Umgeschriebene biblische Lieder**) wie z.B. *„Eternel tu me sondes"* (Abbildung 38 und 76), *„Juspq'à quand"* usw.
- und andererseits die Behauptung des biblischen Inhalts als Hauptinhalt und Kern mit vereinfachten Wörtern zu proklamieren (**Vereinfachte biblische Lieder**) (Abbildung 39 und 40).

Abbildung 38: Ein umgeschriebenes biblisches Lied *„Eternel tu me sondes"*

	Inhaltlicher Text des Liedes	Originaler biblischer Text
Text	**Eternel! Tu me sondes et tu me connais, Tu sais quand je m'assieds et quand je me lève,** **C'est toi qui as formé mes reins, Qui m'as tissé dans le sein de ma mère,** **Qui c'est à toi que je christ. Sonde moi au saigneur,** **Sonde-moi, saigneur, et connais mon coeur! Éprouve-moi, saigneur, et connais mes pensées! Regarde si je suis sur une mauvaise voie, Et conduis-moi sur la voie de l'éternité!** **Ou pourrai-je faire loin devant toi, conduis-moi sur la voie de l'éternité!**	Au chef des chantres. De David. Psaume. **Éternel! tu me sondes et tu me connais, Tu sais quand je m'assieds et quand je me lève,** Tu pénètres de loin ma pensée; Tu sais quand je marche et quand je me couche, Et tu pénètres toutes mes voies. Car la parole n'est pas sur ma langue, Que déjà, ô Éternel! tu la connais entièrement. Tu m'entoures par derrière et par devant, Et tu mets ta main sur moi. Une science aussi merveilleuse est au-dessus de ma portée, Elle est trop élevée pour que je puisse la saisir. Où irais-je loin de ton esprit, Et où fuirais-je loin de ta face? Si je monte aux cieux, tu y es; Si je me couche au séjour des morts, t'y voilà. Si je prends les ailes de l'aurore, Et que j'aille habiter à l'extrémité de la mer, Là aussi ta main me conduira, Et ta droite me saisira. Si je dis: Au moins les ténèbres me couvriront, La nuit devient lumière autour de moi; Même les ténèbres ne sont pas obscures pour toi, La nuit brille comme le jour, Et les ténèbres comme la lumière. **C'est toi qui as formé mes reins, Qui m'as tissé dans le sein de ma mère.** Je te loue de ce que je suis une créature si merveilleuse. Tes oeuvres sont admirables, Et mon âme le reconnaît bien. Mon corps n'était point caché devant toi, Lorsque j'ai été fait dans un lieu secret, Tissé dans les profondeurs de la terre. Quand je n'étais qu'une masse informe, tes yeux me voyaient; Et sur ton livre étaient tous inscrits Les jours qui m'étaient destinés, Avant qu'aucun d'eux existât. Que tes pensées, ô Dieu, me semblent impénétrables! Que le nombre en est grand! Si je les compte, elles sont plus nombreuses que les grains de sable. Je m'éveille, et je suis encore avec toi. O Dieu, puisses-tu faire mourir le méchant! Hommes de sang, éloignez-vous de moi! Ils parlent de toi d'une manière criminelle, Ils prennent ton nom pour mentir, eux, tes ennemis! Éternel, n'aurais-je pas de la haine pour ceux qui te haïssent, Du dégoût pour ceux qui s'élèvent contre toi? Je les hais d'une parfaite haine; Ils sont pour moi des ennemis. **Sonde - moi, ô Dieu, et connais mon coeur! Éprouve-moi, et connais mes pensées! Regarde si je suis sur une mauvaise voie, Et conduis-moi sur la voie de l'éternité!** (Psaumes 139)

Übersetzung des Textes	**Herr, du durchschaust mich, du kennst mich durch und durch. Ob ich sitze oder stehe - du weißt es, aus der Ferne erkennst du, was ich denke.** **Du hast mich geschaffen - meinen Körper und meine Seele, im Leib meiner Mutter hast du mich gebildet.** **Durchforsche mich, Herr, und sieh mir ins Herz, prüfe meine Gedanken und Gefühle! Sieh, ob ich in Gefahr bin, dir untreu zu werden, dann hol mich zurück auf den Weg, der zum ewigen Leben führt!**	Herr, du durchschaust mich! Ein Lied Davids. Herr, du durchschaust mich, du kennst mich durch und durch. Ob ich sitze oder stehe - du weißt es, aus der Ferne erkennst du, was ich denke. Ob ich gehe oder liege - du siehst mich, mein ganzes Leben ist dir vertraut. Schon bevor ich rede, weißt du, was ich sagen will. Von allen Seiten umgibst du mich und hältst deine schützende Hand über mir. Daß du mich so genau kennst - unbegreiflich ist das, zu hoch, ein unergründliches Geheimnis! Wie könnte ich mich dir entziehen; wohin könnte ich fliehen, ohne daß du mich siehst? Stiege ich in den Himmel hinauf - du bist da! Wollte ich mich im Totenreich verbergen - auch dort bist du! Eilte ich dorthin, wo die Sonne aufgeht, oder versteckte ich mich im äußersten Westen, wo sie untergeht, (Wörtlich: Erhöbe ich die Flügel des Morgenrots, ließe ich mich nieder am äußersten Ende des Meeres.) dann würdest du auch dort mich führen und nicht mehr loslassen. Wünschte ich mir: «Völlige Dunkelheit soll mich umhüllen, das Licht um mich her soll zur Nacht werden!» - (So mit der griechischen Übersetzung. Der hebräische Text lautet: NurFinsternis möge mich zermalmen.) für dich ist auch das Dunkel nicht finster; die Nacht scheint so hell wie der Tag und die Finsternis so strahlend wie das Licht. Du hast mich geschaffen - meinen Körper und meine Seele, im Leib meiner Mutter hast du mich gebildet. Herr, ich danke dir dafür, daß du mich so wunderbar und einzigartig gemacht hast! Großartig ist alles, was du geschaffen hast - das erkenne ich! Schon als ich im Verborgenen Gestalt annahm, unsichtbar noch, kunstvoll gebildet im Leib meiner Mutter, da war ich dir dennoch nicht verborgen. Als ich gerade erst Form annahm, hast du diesen Embryo schon gesehen. Alle Tage meines Lebens hast du in dein Buch geschrieben - noch bevor einer von ihnen begann! Deine Gedanken sind zu schwer für mich, o Gott, es sind so unfaßbar viele! Sie sind zahlreicher als der Sand am Meer; wollte ich sie alle zählen, so käme ich doch nie an ein Ende! (So mit einigen alten Handschriften. Der hebräische Text lautet: ich erwache und bin noch bei dir.) Mein Gott! Wie sehr wünsche ich, daß du alle tötest, die sich dir widersetzen! Ihr Mörder, an euren Händen klebt Blut! Mit euch will ich nichts zu tun haben! Herr, wenn diese Leute von dir reden, tun sie es in böser Absicht, sie mißbrauchen deinen Namen. Herr, wie hasse ich alle, die dich hassen! Wie verabscheue ich alle, die dich bekämpfen! Deine Feinde sind auch meine Feinde. Ich hasse sie mit grenzenlosem Haß! Durchforsche mich, o Gott, und sieh mir ins Herz, prüfe meine Gedanken und Gefühle! Sieh, ob ich in Gefahr bin, dir untreu zu werden, dann hol mich zurück auf den Weg, der zum ewigen Leben führt! (Psalm 139)
Funktionaler Faktor	Anbetungslied	
Text - Inhaltlicher Faktor	Umgeschriebenes biblisches Lied	
Sprachlicher Faktor	Französisch	
Zeitlicher Faktor	Neu komponiertes kongolesisches Lobpreislied	
Geographischer Faktor	In Kongo neu komponiertes populäres Lobpreislied	

Bei dieser zweiten Klassifikation sind noch zwei Unterformen zu unterscheiden, „Unpersönliches Proklamieren" **(Unpersönliche proklamierende biblische Lieder)** (Abbildung 39) und „Persönliches Proklamieren" **(Persönliche proklamierende biblische Lieder)** wie z.B. „*Oza Nzambe*" (Abbildung 40) usf.[109]

---

[109] Hier in der Klassifikation werden unterschiedliche Funktionen des Bibelinhalts nicht weiter ausführlich klassifiziert.

Abbildung 39: Ein unpersönliches proklamierendes vereinfachtes biblische Lied

	Originaler Text	Übersetzung des Textes
Text	Dieu va faie des miracles Des miracles, Dieu va faire accore Il guérir des malades et ressuicites les morts, Il est puissant, pour sauver Il ne change bas Dieu va faie des miracles Des miracles, Dieu va faire accore	Gott hat Wunder getan. Wunder! Gott hat sie schon getan. Er heilt die Kranken lässt die Toden auferstehen. Er ist mächtig, für die Rettung. Er ändert sich nie. Gott hat Wunder getan. Wunder! Gott hat sie schon getan. (Wunder von 4 Evangelien)
Funktionaler Faktor	Lobpreislied	
Text - Inhaltlicher Faktor	Unpersönliches proklamierendes vereinfachtes biblisches Lied	
Sprachlicher Faktor	Französisch	
Zeitlicher Faktor	Kongolesisches Lobpreislied	
Geographischer Faktor	In Kongo gesungenes Lobpreislied	

Abbildung 40: Ein persönliches proklamierendes vereinfachtes biblisches Lied „*Oza Nzambe*"

	Originaler Text	Übersetzung des Textes	Zitierte biblische Versen
Text	Oza nzambe Nkolo na gai Yesu mwina pe bomoi ozana	Du bist der Gott, mein Herr, Du bist das Licht und das Leben, Hosanna!	„.. Ich bin das Licht .. "(Johannes 8:12) „.. ich bin das Leben .. "(Johannes 14:6)
Funktionaler Faktor	Anbetungslied		
Text – Inhaltlicher Faktor	Persönliches proklamierendes vereinfachtes biblisches Lied		
Sprachlicher Faktor	Lingala		
Zeitlicher Faktor	Kongolesisches Lobpreislied		
Geographischer Faktor	In Kongo gesungenes Lobpreislied		

Bei der zweiten Klasse, die persönlich zu Gott sinnlich orientierten ausdrucksvollen subjektiveren Lobpreislieder, erscheinen nomalerweise auch zwei Formen, eine mit längeren beschreibenden Wörtern, wie z.B. „*Dieu tout puissant*" (Abbildung 46 - 47), „*Ich singe Dir ein Liebes Lied (In Deinem liebenden Arm) / Je veux chanter un chant d'amour*" (Abbildung 73), und eine andere mit kürzeren ausdrucksvollen Wörtern (Abbildung 41).

Abbildung 41: Ein zu Gott orientiertes längeres beschreibendes Lobpreislied

	Originaler Text	Übersetzung des Texts
Text auf Lingala (in Kongo)	**Na panda yesu** **wa penda yesu** **wa penda yesu** **alleluia amen** **sifu mungu alleluia,** **sifu mungu amen,** **sifu mungu alleluia,** **sifu mungu amen,**	**Ich liebe Jesus.** **Liebst Du Jesus?** **Wir lieben Jesus,** **Halleluja, A-men.**
Text auf Französisch (in Madagaskar)	**Moi j'aime jesus,** **Tu aimes jesus,** **Nous aimons jesus** **C'est pour cela nous le luons.** **Acclamon jesus, alleluia** **Acclamon jesus, amen**	**Ich liebe Jesus.** **Liebst Du Jesus?** **Wir lieben Jesus,** **Halleluja, A-men.** **Klatschen wir für Jesus, Halleluja.** **Klatschen wir für Jesus, A-men.**
Text auf Englisch (in Madagaskar)	**I love Jesus,** **Do you love Jesus?** **We love Jesus,** **So we praise the lord of lord.**	**Ich liebe Jesus.** **Liebest Du Jesus?** **Wir lieben Jesus,** **deswegen loben wir den Herr der Herrn.**
Funktionaler Faktor	Anbetungslied	
Text – Inhaltlicher Faktor	Zu Gott orientiertes längeres beschreibendes Lobpreislied	
Sprachlicher Faktor	Französisch	
Zeitlicher Faktor	Neues komponiertes populäres abendländisches Lobpreislied	
Geographischer Faktor	In Abendländern neu komponiertes Lobpreislied	

II.1.2. Dynamisches Modell der Klassifikation

Während das Objekt Modell zeitliche Veränderungen unberücksichtigt läßt, beschreibt das dynamische Modell, [110] wann sich etwas ändert. Durch die Spezifizierung von Steuerungsaspekten wie z.B. Ereignisse, Zustände, Transitionen usw., werden die zeitlich veränderlichen Aspekte des Systems, in diesem Fall der zeitliche, geographische und sprachliche Faktor, beschrieben und klassifiziert.

Es ist hier sehr wichtig, dieses Modell als einen Parameter zu sehen, die Lobpreislieder zu unterscheiden, klassifizieren und rekonstruieren, gerade weil die Lieder, der Gesang, bzw. diese musizierenden Menschen an einer kulturellen Kreuzung (Migration) sind, und diese Kreuzung durch die zeitliche Veränderung, geographische Wanderung und ineinandergreifende sprachliche Situation entstanden ist. Dynamisch gesehen beeinflußt diese andauernde Entwicklung dann kreislaufend die Lieder, den Gesang und auch diese Leute (Abbildung 42), und umgekehrt ist die Verschiedenheit der Lobpreislieder in der anhaltenden Entwicklung durch die Klassifikation zu beweisen (Abbildung 43).

In der Abbildung 42 zeigt sich ein Modell des veränderbaren Entwicklungsprozesses des Lieder – Repertoires in den drei Dimensionen des Parameters – Ort, Zeit und Sprachen, und seine Richtung.

In der Abbildung 43 sollen die grauen Punkte die Veränderungsentwicklung der französisch – afrikanischen Lobpreislieder von der möglichen alten Missionar Zeit bis heute (2004), und von dem heutigen Kongo Gebiet bis nach Wien, so wie die verschiedenen Sprachen zeigen.

Abbildung 42: Dynamisches Modell

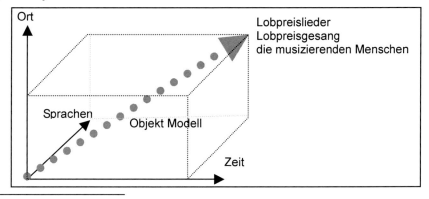

---

[110] Goebl 1992: 69-87, 217-229; Jung 2001.

Abbildung 43: Entwicklungsüberblick der Lobpreislieder

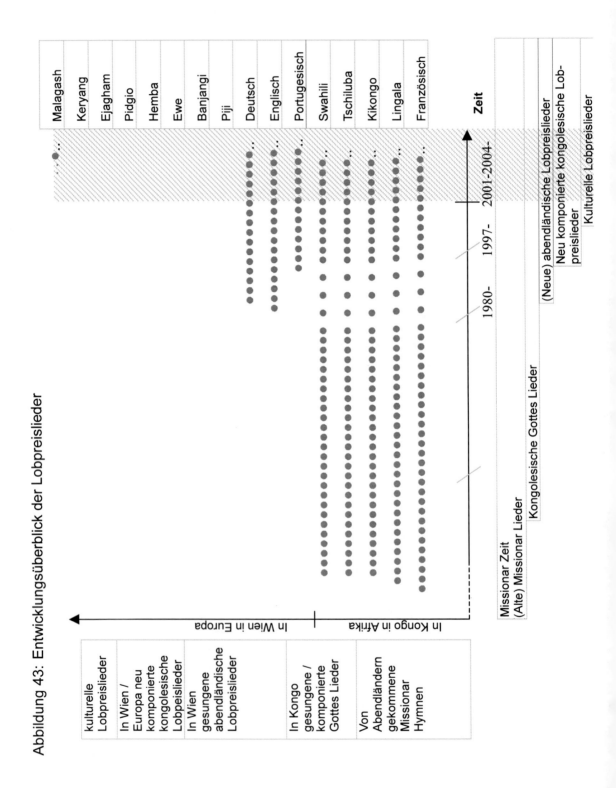

II.1.2.1. Zeitlicher Faktor

Die zeitliche Kontinuität ist ein natürlicher, weiter beweglicher und beobachtbarer Faktor und spielt sichtlich eine große Rolle in der musikalischen Entwicklung, in diesem Fall der Entwicklung der mündlich überlieferten Lieder, die sie heute im Gottesdienst singen.[111]

Die verschiedenen historischen Ereignisse und ihre möglichen kulturellen Veränderungen usw. beeinflußen besonders den musikalischen Inhalt der Lieder, die Melodien, und in diesem Fall besonders die Sprachen des Texts. Die kulturelle Identität und die kulturellen Zustände sind vor allem in der Verwendung der Lieder und der Veränderung der Lieder selbst unter dem zeitlichen Verlauf zu beobachten, zu unterscheiden und zu analysieren.

Nach dem zeitlichen Faktor sind die Lieder in fünf Klassen zu unterscheiden, nämlich:

Missionar Hymnen

„Die älteren im 19. Jahrhundert in Abendländern komponierten und danach von Missionaren in das heutige Kongo Gebiet gebrachten Hymnen" (**Missionar Hymnen**) wie „*Dieu tout puissant*" (Abbildung 46 - 47), „*J'ai soif de ta presence*", „*Je ne sais pourquoi (dans sa grâce)*", „*Jesus est au milieu de nous*", „*Veux – tu briser du peche*", „*A Dieu soit la Groire*", „*Quel Ami Fidele*", „*Les cieux proclament*", „*Beni Soit le Nom du Seigneur*" (Abbildung 53 - 54), „*Gloire (a l'Agneau)*", „*Le Seigneur nous a aimer*", „*Prend Ma Vie*", „*Mon âme soumise*", „*Kati na Maboko na yo*", „*Yesu Ndeko na Bolingo*", „*Nebelema na yo / Mon Dieu, plus pres de toi*" usw. (Abbilung 45), *J'ai l'assurance de mon salut* usw.;[112]

Kongolesische Gottes Lieder

„die im Kongo gesungenen kongolesischen Gottes Lieder" (**Kongolesische Gottes Lieder**) wie „*Oza Nzambe*" (Abbildung 40), „*Moyo bamama moyo*" (Abbildung 62 - 64), „*Kiese yaya*" (Abbildung 66), „*Ni Yesu*", „*Yesu azali awa*" (Abbilung 18) usw.,[113]

Populäre abendländische Lobpreislieder

„die neu in Abendländern komponierten populären stilistischen abendländischen

---

[111] Bock 1996: 439-441.
[112] Weitere muskalische Analyse, s.Kap. II.3.2. und II.3.3.
[113] s.Kap. I.1.2.3. und weitere muskalische Analyse, s.Kap. II.

Lobpreislieder" (**Populäre abendländische Lobpreislieder**) wie z.B. „*Ich singe Dir ein Liebes Lied* (*In Deinem liebenden Arm*) / *Je veux chanter un chant d'amour*" (Abbildung 73) usw.,[114]

Populäre kongolesische Lobpreislieder

„die neu von Kongolesen in Europa bzw. in der Demokratischen Republik Kongo komponierten populären stilistischen kongolesischen Lobpreislieder" (**Populäre kongolesische Lobpreislieder**) wie „*Mon âme mon Dieu*" (Abbildung 53) usw.,[115]

Kulturelle Lobpreislieder

und „die verschiedenen möglicherweise von anderen Kulturen übernommenen Lobpreislieder" (**Kulturelle Lobpreislieder**) wie z.B. „真正好 – 主耶穌真好" auf Taiwanesisch (Abbildung 44).

---

[114] Weitere musikalische Analyse, s.Kap. II.
[115] Weitere musikalische Analyse, s.Kap. II.

Abbildung 44: Ein kulturelles Lobpreislied –„真正好 – 主耶穌真好": Zwei der heutigen überlieferten Notenbeispiele

II.1.2.2. Geographischer Faktor

In der geographischen Verteilung ist der musikkulturelle Unterschied zu unterscheiden, und in der geographischen Veränderung ist die musikkulturelle Veränderung und der Änderungsprozess zu betrachten.[116]

Weil in diesem Fall der geographische Faktor eng abhängig von dem zeitlicher Faktor ist, entspricht die geographische Klassifikation der zeitlichen Klassifikation, und sie laufen parallel, nämlich: „die vom Abendland durch Missionare gekommenen Missionar Lopreislieder" (**Missionar Hymne**), „die im Kongo Gebiet gesungenen bzw. komponierten Lobpreislieder" (**Im Kongo gesungene / komponierte Gottes Lieder**), „die in Wien gesungenen von Abendländern neu komponierten populären abendländischen Lobpreislieder" (**in Wien gesungene abendländische Lobpreislieder**), „die in Europa von Kongolesen neu komponierten populären kongolesischen Lobpreislieder" (**In Europa neu komponierte kongolesische Lobpreislieder**), und „die von anderen Kulturen übernommenen Lobpreislieder" (**Kulturelle Lobpreislieder**).[117]

II.1.2.3. Sprachlicher Faktor

„*Every tribe that we have, they have their own songs.* (Lassiter 2002: 78) "

Sprachen spielen eine große Rolle besonders bei der französisch - afrikanischen Kirche, ihrem Gottesdienst, ihren musikalischen Aktivitäten, ihrem Gesang und auch in den Lobpreisliedern, denn die Teilnehmer kommen von verschiedenen lokalen Subkulturen, in denen je vielfältige lokale Sprachen herrschen.

Für die Gläubigen, ist es besonders ihre Freude, daß sie in ihren eigenen vertrauten Sprachen zu Gott singen;[118] von der Ansicht der Gemeinde ist es auch eine Strategie, verschiedene Menschen zu gewinnen; und von der Forschungsseite ist es ein nachhaltiges

---

[116] Bock 1996: 439-441.
[117] Die bezüglichen Lieder und Noten Beispiele, und die weitere Information s.Kap. II.1.2.1.
[118] s.Kap. I.2. Funktion.

Kriterium, die ganzen sowohl religiösen als auch musikalischen und kulturellen Zustände, Umstände und Situationen klar zu beobachten, zu unterscheiden und zu analysieren.

Innerhalb der ca. hundert Teilnehmer sind bis jetzt acht Länder und achtzehn lokale Sprachen zu unterscheiden,[119] aber in dem Gesang kommen nur acht verschiedene Sprachen vor. Davon nämlich ist die erste Hauptsprache in der Gemeinde – Französisch (ca. 30% ↑[120]) wie *„Je veux chanter un chant d'amour / Ich singe Dir ein Liebes Lied (In Deinem liebenden Arm)"* (Abbildung 73), die zweite Hauptsprache – Lingala (ca. 30% ↓) wie *„Yesu azali awa"* (Abbildung 18), die drei lokalen Sprachen der Demokratischen Republik Kongo – Kikongo (ca. 10% →) wie *„Kiese yaya"*, Tschiluba (ca. 5%→) wie *„Ni Yesu"* und Swahili (ca. 5% →) wie *„a mi na   lele"*, Portugiesisch (ca. 5% →) die koloniale Sprache der Demokratischen Republik Angola, Deutsch (ca. 9% →) die Hauptsprache von Wien, wo sie wohnen, wie *„Ich singe Dir ein Liebes Lied (In Deinem liebenden Arm) / Je veux chanter un chant d'amour"* (Abbildung 73), *„Feiert Jesus, kommt, feiert ihn"* (Abbildung 74), *„Ruf zu dem Herrn"* (Abbildung 75) usw., Englisch (ca. 5% →) die sogenannte internationale Sprache wie *„Celebrate Jesus"* (Abbildung 74), *„I love Jesus"* usw. ; und Malagash, die Muttersprache der Republik Madagaskar (ca. 1% →)

Die Beziehungen in der Klassifikation zwischen dem sprachlichen Faktor und dem parallel laufenden zeitlichen - geographischen Faktoren stehen in einem Winkel zueinander. Das heißt,

- Missionar Hymnen wurden viel in verschiedene einheimische lokale Sprachen übersetzt wie z.B. *„Dieu tout puissant"* auf Französisch (Abbildung 46 - 47), *„Necelema na yo / Mon Dieu plus pres de toi"* auf Lingala und Französisch (Abbildung 45).

- Kongolesische Gottes Lieder und in Europa neu komponierte kongolesische Lobpreislieder wurden in verschiedene kongolesische lokale Sprachen vertont, wie z.B. *„Yesu azali awa"* – Lingala Sprache (Abbildung 18) usw.

- In Wien finden sie abendländische Lobpreislieder nomalerweise in französischen Versionen und singen sie, wie z.B. *„Ich singe Dir ein Liebes Lied (In Deinem liebenden Arm) / Je veux chanter un chant d'amour"* (Abbildung 73).[121]

- Nur bei den kulturellen Lobpreislieder lernen und singen sie in anderen bezüglichen kulturellen Sprachen, wie z.B. „真正好 – 主耶穌真好" auf Taiwanesisch (Abbildung 44).

---

[119] s.Kap. 1.2.2. der zweite Parameter – sprachlicher Faktor.

[120] Die prozentuelle Aufteilung der sprachlichen Verwendung beim Lobpreisgesang ist wegen der wechselhaften Verwendung der Lieder bei jedem Gottesdienst, hier durchschnittlich gerechnet und „cirka" angegeben, und die Pfeile sind nach der prozentuellen Aufteilung angegeben, um die Tendenz anzudeuten.

[121] s.Kap. II.4. Überlieferung im Wandeln – Andere fixierte mündliche Überlieferung.

Abbildung 45: Eine Missionar Hymne, die nach Afrika in das heutige Kongo Gebiet gebracht worden war und die in zwei verschiedenen kongolesischen Sprachen, nämlich Lingala und Französisch übersetzt und aufgeschrieben wurde, und zwei mögliche überlieferte Melodien.

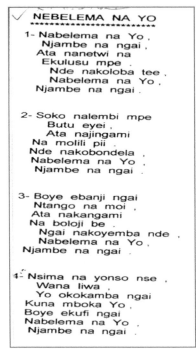

Die Hymne auf Lingala

Die Hymne auf Französisch

Zwei mögliche überlieferte Melodien der Hymne

II.1.3. Funktionales Modell der Klassifikation

Aufgabe des dritten Modells der Analysephase ist die Beschreibung von Datenwerttransformationen, Funktionen und Einschränkungen in dem System. Letztendlich wird also beschrieben, wie sich etwas im System verändert. Das funktionale Modell liefert Datenflußdiagramme. Diese Datenflußdiagramme sind sehr ähnlich den Diagrammen der strukturierten Analyse.

I.1.3.1. Funktionaler Faktor

Unter den „Lobpreisliedern" unterscheidet man noch detaillierter die „Anbetungslieder", die langsameren Lobpeislieder, um Gott anzubeten und die „Lobpreislieder", die schnelleren Lobpreislieder, um Gott zu loben und preisen.[122]

Allgemein werden zwar alle Lieder „Lobpreislieder" genannt, egal ob die Lieder z.B. schon zu einem bestimmten „Hymne" - Repertoire gehören wie *„Dieu tout puissant"* (Abbildung 46 - 47), *„J'ai soif de ta presence"*, *„Je ne sais pourquoi (dans sa grâce)"*, *„Jesus est au milieu de nous"*, *„Veux – tu briser du peche"*, *„A Dieu soit la Groire"*, *„Quel Ami Fidele"*, *„Les cieux proclament"*, *„Beni Soit le Nom du Seigneur"* (Abbildung 53 - 54), *„Gloire (a l'Agneau)"*, *„Le Seigneur nous a aimer"*, *„Prend Ma Vie"*, *„Mon âme soumise"*, *„Kati na Maboko na yo"*, *„Yesu Ndeko na Bolingo"*, *„Nebelema na yo / Mon Dieu, plus pres de toi"* (Abbildung 45) usw.;[123] oder zu einem bestimmten „Gottes Lieder" – Repertoire gehören wie *„Oza Nzambe"* (Abbildung 40), *„Moyo bamama moyo"*, *„Kiese yaya"*, *„Ni Yesu"*, *„Yesu azali awa"* (Abbilung 18), aber auf jeden Fall können die Lobpreislieder noch in „Lobpreislieder" und „Anbetungslieder" weiter unterschieden und auch eingeteilt werden.

Die „Missionar Hymnen" werden fast alle als das Anbetungslieder – Repertoire von den Französisch – Afrikanern gesungen. Das kongolesische „Gottes Lieder" – Repertoire hat mehr

---

[122] Ein praktisches Muster des Lobpreises, sowohl die Ideologie und die musikalische Praxis s.Kap. I.1.1.4.2. und I.2.2.2.1.

[123] Die weitere Klassifikation, Analyse und Diskussion s.Kap. II.2.1.

Lieder mit dem „Lobpreislieder" – Charakter und wird sehr oft schneller als Lobpreislieder gesungen,[124] wie *„Moyo bamama moyo"*, *„Kiese yaya"*, *„Ni Yesu"*, *„Yesu azali awa"* (Abbilung 18).

Unter „Lobpreisliedern", die schneller gesungen werden, unterscheidet man zwischen Lobpreisliedern wie *„Yesu azali awa"* (Abbilung 18) und Lobpreis - Animation.[125] Die Lobpreis - Animation wird hier in dieser Forschungsarbeit als Lieder gesehen, aber sie werden nicht als musikalische Lieder von den singenden Französisch - Afrikanern anerkannt, obwohl es doch noch Rhythmus und kurze Melodien gibt.

---

[124] In diesem Fall haben z.B. die Madegassen ein geringes Lobpreislieder – Repertoire.
[125] s.Kap. I.2.2.

II.2. Hymnen im französisch – afrikanischen Gesang

II.2.1. Fremde abendländische Melodie oder eigene afrikanische - kongolesische Interpretation?

> „ [...] In this way, hymns simultaneously communicate a combination of Christian and tribal-specific experience – pointing us to a deep level of experiential encounter that reaches beyond discrete muicological categories such as sound, structure, performance and use. (Lassiter 2002: 78-79) "

Diese Französisch – afrikanischen Lieder haben außer dem starken kongolesischen musik-kulturellen Einfluß eine musikkulturelle Herausforderung, nämlich die fremden abendländischen christlichen Melodien - Lieder. Dies ist auch ein Punkt, in dem viele Menschen und Wissenschaftler fest behaupten, daß außereuropäische Musikkulturen von der abendländischen Kultur des Christentums und ihrer Musik zerstört worden sind:

> „ [...] Die Entwicklung der [...] Musik Afrikas ist eng verbunden mit der Geschichte der Musikkontakte zur westlichen Welt. In den meisten Gesellschaften Schwarzafrikas waren die christlichen Missione [...]. Es gibt zahlreiche Beispiele der Übernahme europäischer Formen; zum Teil war es eine erzwungene Übernahme. Und es gibt Beispiele der Ausrottung autochthoner Formen, [...]. Die Einschätzung der afrikanischen Musik durch europäische Missionare, Lehrer etc. Als «primitiv» wurde lange Zeit akzeptiert und verinnerlicht. (Schmidhofer 1998: 600) "

Repertoire der fremden abendländischen Lieder

Außer ihren eigenen kongolesischen Gottes Liedern singen sie in Wien tatsächlich auch noch viele abendländische christliche Lieder, nicht nur zeitlich relativ ältere **Missionar Hymnen**, sondern auch relativ neuere **Lobpreislieder** (Abbildung 36 und 37).

Die zwei zeitlich unterschiedlichen abendländischen Liedgattungen sind:

- die ältere Gattung, die im neunzehnten bis in die Mitte des zwanzigsten Jahrhunderts komponierten und von den abendländischen Missionaren überall in die Welt mitgebrachten **Missionar Hymnen** wie:

  ■ *„Dieu tout puissant"* (Abbildung 46 - 47), *„J'ai soif de ta presence"*, *„Je ne sais pourquoi (dans sa grâce)"*, *„Jesus est au milieu de nous"*, *„Veux – tu briser du peche"*,

„*A Dieu soit la Groire*", „*Quel Ami Fidele*", „*Les cieux proclament*", „*Beni Soit le Nom du Seigneur*" (Abbildung 53 - 54), „*Gloire (a l'Agneau)*", „*Le Seigneur nous a aimer*", „*Prend Ma Vie*", „*Mon âme soumise*" usw., die nach Afrika und in das heutige Kongo Gebiet mitgebracht und textlich in die damalige Kolonialsprache – Französisch übersetzt wurden und bis heute gesungen werden;[126]

■ es gibt noch Missionar Hymnen wie z.B.: „*Kati na Maboko na yo*", „*Yesu Ndeko na Bolingo*" usw., die schon vor langem nach Afrika und in das heutige Kongo Gebiet mitgebracht und textlich nicht nur in die damalige Kolonialsprache – Französisch sondern auch in die verschiedenen kongolesischen lokalen Sprachen wie Lingala usw. übersetzt wurden und bis heute gesungen werden;[127]

■ und es gibt auch noch Missionar Hymnen wie „*Nebelema na yo / Mon Dieu, plus pres de toi*" usw. (Abbilung 45), die ebenfalls schon vor langem nach Afrika und in das heutigen Kongo Gebiet gebracht wurden und textlich nicht nur in Französisch sondern auch in die verschiedenen lokalen Sprachen wie Lingala usw. übersetzt wurden,[128] und von denen heute zwei oder noch mehr textliche Versionen abwechselnd im Gottesdienst vorhanden sind und gesungen wurden.

- die jüngere Gattung, die sie im Gottesdienst singen, sind die neu im Abendland komponierten, schnell in die verschiedenen Sprachen der Welt übersetzten und durch die Massenmedien und die musikalischen Massenprodukte überall in die Welt verbreiteten[129] sogenannten **Lobpreislieder** wie:

■ „*Hosanna*", „*Majesté*" usw., die die Französisch - Afrikaner in Wien textlich auf Französisch kennenlernten und im Gottesdienst singen;

■ die neu komponierten abendländischen Lobpreislieder wie z.B.: „*Ich singe Dir ein liebes Lied (In Deinem liebenden Arm) / Je veux chanter un chant d'amour*" (Abbildung 73), „*Feiert Jesus / Celebrez Jesus, Celebrez / Celebrate Jesus (Celebrate)*" (Abbildung 74), „*Ruf zu dem Herrn / Oh! Jesus, mon sauveur*" (Abbildung 75) usw.. Das sind die Lieder, die sie in Wien textlich nicht nur auf Französisch, sondern manchmal sogar erst auf Deutsch oder Englisch kennen lernten und im Gottesdienst textlich in allen Sprachen abwechselnd singen.

---

[126] Lassiter 2000: 77.
[127] Lassiter 2000: 77.
[128] Lassiter 2000: 77.
[129] s.Kap. 4.2. „andere fixierte mündliche Überlieferung".

- die neu komponierten abendländischen Lobpreislieder wie z.B.: *„Vien, ne tarde plus"*, *„Jésus soir le Centre"*, *„Über aller Welt / Dans le monde entier"*, *„Cruvifié"*, *„Mon plus cher desir"* usw.. Diese Lieder wurden später wegen der Zunahme von französischsprachigen afrikanischen Gläubigen gegenüber den aus lingalasprachigen Gebieten kommenden Gläubigen und Teilnehmer besonders auf Französisch gelernt und werden als gemeinsame Lieder im Gottesdienst gesungen.[130]

Überlegung

In der Musikkultur der mündlichen Überlieferung wird eine neu entstandende Melodie, wenn sie nicht von den einheimischen Singenden und Zuhörern akzeptiert wird, entweder vergessen, sie geht vorbei oder verloren, oder sie wird wahrscheinlich irgendwie nach Bedarf und Wunsch verändert, um sich dem einheimischen Musikgeschmack und der Musikästhetik anzupassen (Clemencic und Bruhn 1997: 430). Wenn dies der Vorgang der Melodie ist, ist hier festzustellen, daß eine solche fremde abendländische Melodie später je nach Aspekten eine einheimische eigene neu - entstandene Melodie oder eine eigene Reinterpretation der fremden Melodien wird (Kubik 1994: 179*)*:

> *„Unter dem Eindruck und als Reaktion auf die von Europa aus im 19. und frühen 20. Jh. in weit, auch innerste Regionen Afrikas importierte europäische vokale Kirchenmusik verschiedenster Kongregationen entstanden in vielen afrikanischen Gemeinschaften reinterpretierte Versionen."*

> *„In welcher Weise die Tätigkeit der frühen Missionare, etwa im Königreich Kongo, die dortige Musik beeinflußte, läßt sich – wenn überhaupt – nur sehr schwierig rekonstruieren. Aber der Einfluß aus späterer Zeit, insbesondere des 19. Jh., überlebt an vielen Orten deutlich hörbar in zeitgenössischen Musikformen des 20.Jh. [...] sind vergleichsweise Elemente von Kirchenliedern aus dem späten 19. und frühen 20. Jh. in vielen lokalen Gesängen [...] In anderen Gebieten Afrikas, etwa in Zaïre, Uganda und Tanganyika entwickelte sich [...] "*

Mit dieser Überlegung, werden drei abendländische Missionar Hymnen nach zwei Kriterien, nämlich **der musikalischen Reinterpretation** und **dem melodischen Anpassungsprozeß**, zurückverfolgt.

---

[130] s.Kap. I.1.2.3.

II.2.1.1. Interpretation

> *„ [...] Viele Aspekte des Stils [...] werden erst in der Aufführung*
> *der Musik realisiert. Durch ihre Interpretation erwecken die*
> *Musiker einen Musikstil zum Leben. [...]* (Clemencic und Brun
> 1997: 430)"

Die Interpretation ist einerseits die bestimmte Bedeutung auszulegen und zu deuten, und andererseits den tieferen Sinn zu erläutern und zu erklären. Unter Interpretation wird verstanden, wie
im Sinn der Musik die Musikstücke von jemanden ausgelegt, gesungen oder gespielt werden. Und
ein Interpret ist dann ein Übersetzer oder in diesem Fall die Musizierenden (Tilden 1957):

> *„Eine oder mehrere Personen, die materielle Kultur und menschliche oder natürliche*
> *Phänomene für ein Publikum interaktiv in einer aussagekräftigen, provozierenden und*
> *interessanten Weise in einer historischen oder simulierten Umgebung übersetzen."*

Einerseits ist die Interpretation ein Bildungsprozeß, der - statt nur das Faktenwissen
weiterzugeben - das Enthüllen von den Bedeutungen und Zusammenhängen unter der Nutzung
der originalen Objekte, durch Erfahrungen aus erster Hand und mit veranschaulichenden Mitteln
bezweckt. Andererseits ist die Interpretation ein Kommunikationsprozeß, der gefühlsmäßige
und geistige Verbindungen zwischen den Interessen der Zuhörerschaft und den den
Gegenständen innewohnenden Bedeutungen herstellt (Clemencic und Bruhn 1997: 430):

> *„In den Aufführungen wird diese Musik ganz offenkundig aktuellen Hörerwartungen angepaßt.*
> *Trotz eines erkennbaren Bestrebens nach Authentizität wird die Interpretation zu einer*
> *Adaption für den gegenwärtigen Musikgeschmack – die Werke werden [...] an die modernen*
> *Stimmungssysteme und an die heutigen Aufführungsorte angepaßt."*

Gemeint ist hier tatsächlich im gewissen Sinne der musikalische Dolmetscher, allerdings
nicht für eine Fremdsprache, sondern für die Vergangenheit, die aber in mündlichen
Überlieferungsfunden spricht.

Man versteht unter einem gesanglichen Interpreten vornehmlich jenen Singenden, der ein
Lied singend darstellt und durch die Darstellung deutet. Mit anderen Worten besitzt Interpretation hier auch noch die transformierende Funktion zwischen der Originalmelodie und deren
Wiedergabe. In diesem Fall, weil diese Musikkultur eine mündliche Überlieferung hat, und
keine schriftliche Noten aufgezeichnet werden, haben die Lieder Interpreten große Freiheiten,

ihre persönlichen Gedanken und Emotionen der Originalmelodie zu verleihen.

II.2.1.2. Reinterpretation

> *„ [...] Western hymn not being performed according to Western standards in Africa is not to be considered as a failure on the part of the Africans but rather as a deliberate syncretism [...]* (Grasmuck 2000: 19)"[131]

Das Terminus „Reinterpretation"[132] wurde von Melville Jean Herskovits in den dreißiger und vierziger Jahren in der Kulturwissenschaft und Anthropologie eingefürt, die mit der Kulturbegegnung und dem Kulturzusammentreffen zusammenhängen, und bezieht sich vor allem auf die Elemente, die von einer anderen Kultur akzeptiert und aufgenommen werden und zu denen es eindeutige Bezugspunkte in der empfangenden Kultur gibt (1948: 637):[133]

> *„It is the reactions of individuals to any innovation that determine what will be taken over and what will not, and the forms in which the reinterpretation process will shape innovations. These reactions, however, stem from the cultural conditioning of the individuals who are the agents of change."*

Die fremden kulturellen Elemente werden innerhalb der Kategorien, Wahrnehmungen und Vorstellungen der empfangenden Kultur reinterpretiert (1948: 553):[134]

> *„The process by which old meanings are ascribed to new elements or by which new values change the cultural significance of the old forms. It operates internally, from generation to generation, no less than in integrating a borrowed element into a receiving culture. "*

Die Kulturmerkmale der Fremden werden nicht einfach übernommen, sondern durch Reinterpretation umgeformt.

Die dadurch entstehende Präsentation hat nichts mit einer historischen Wahrheit zu tun, sondern mit einer beständigen Reinterpretation, mit einer narrativen, einer erzählten oder gesungenen Wahrheit zu tun.

---

[131] Axelsson 1981: 2-7, Mthethwa 1988: 34, Hewlett 1886.
[132] Melville Jean Herskovits 1938, 1944..
[133] Kubik 1988: 328-9.
[134] Kubik 1988: 328-9.

II.2.1.3. Originalemelodie?

Um das Abweichungsverhältnis der Reinterpretation zu zeigen, ist die erste Forschungsüberlegung: Was bedeutet eine Originalmelodie in der mündlichen Überlieferung, wenn die Melodie nicht schriftlich fixiert ist? Eine andere Debatte ist: Gibt es in der schriftlichen Überlieferung eigentlich die sogenannte originale Melodie, wenn die Melodie schriftlich in mehr als einer Version vorhanden ist?

Als ein Muster den mündlichen Überlieferungsprozeß zu rekonstruieren wird ein Lied – Beispiel „*Dieu tout puissant*" visuell in der Abbildung 46 angeführt. Dieses Lied wurde melodisch im Abendland komponiert, in den französischsprachigen afrikanischen Kulturen auf Französisch rein mündlich verbreitet und überliefert und schriftlich in den außerafrikanischen Kulturen mehr als ein Mal unterschiedlich aufgezeichnet. Die Abbildung zeigt den „doch aufgeschriebenen" Text und die zwei möglichen zu dem Zeitpunkt in Kongo gelernten – für sie – sogenannten Originalmelodien (Abbildung 47).

Unter der französisch – afrikanischen Kultur in Wien hat „*Dieu tout puissant*" textlich eine schriftliche Fassung, die nur mündlich gelernt, gesungen und später nur für Überlieferung aufgeschrieben wurde (Abbildung 46-1), und die eigentlich nur ganz wenige der Teilnehmer in der Kirche haben. Das heißt, obwohl sie so eine schriftliche Fassung haben, findet der Überlieferungsprozeß mündlich statt.

Die weitere Überlegung der Hypothese ist: Wenn das Lied schon vor langem nach Afrika gebracht aber melodisch nicht fix aufgeschrieben wurde, kann man die damalige Originalmelodie noch wahrlich rekonstruieren? Zu dieser Überlegung werden zwei in den außerafrikanischen Kulturen unterschiedlich aufgeschriebene und bis jetzt überlieferte schriftliche Melodien des Liedes vorgelegt. In der Abbildung ist die möglicherweise damals in Kongo gelernte Originalmelodie des Liedes „*Dieu tout puissant*" in gestricheltem Rahmen angeführt (Abbildung 46-2).

„*Dieu tout puissant*" ist ein beliebtes Lied und wird jede zwei bis drei Wochen im Gottesdienst gesungen. Weil die Präsentationen und Interpretationen dieses Liedes oft stattfinden, ist die Reinterpretation sehr klar erkennbar, deswegen wird sie hier als ein Beispiel der Reinterpretation gezeigt und analysiert.

Abbildung 46: Gelernter und noch aufgeschriebener Text und zwei Rekonstruktionen möglicher gelernter Melodien des Liedes *„Dieu tout puissant“*

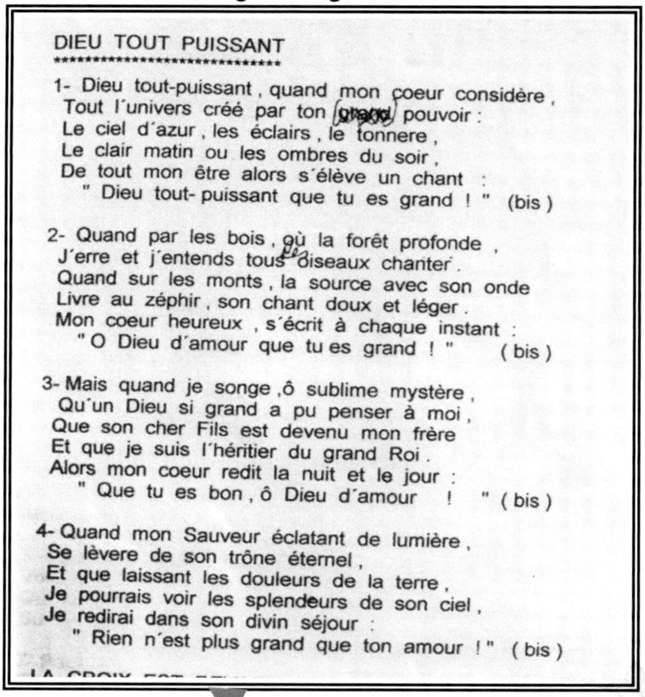

DIEU TOUT PUISSANT

1- Dieu tout-puissant , quand mon coeur considère ,
Tout l´univers créé par ton grand pouvoir :
Le ciel d´azur , les éclairs , le tonnere ,
Le clair matin ou les ombres du soir ,
De tout mon être alors s´élève un chant :
" Dieu tout- puissant que tu es grand ! " (bis)

2- Quand par les bois , où la forêt profonde ,
J´erre et j´entends tous oiseaux chanter .
Quand sur les monts , la source avec son onde
Livre au zéphir , son chant doux et léger .
Mon coeur heureux , s´écrit à chaque instant :
" O Dieu d´amour que tu es grand ! " (bis)

3- Mais quand je songe ,ô sublime mystère ,
Qu´un Dieu si grand a pu penser à moi ,
Que son cher Fils est devenu mon frère
Et que je suis l´héritier du grand Roi .
Alors mon coeur redit la nuit et le jour :
" Que tu es bon , ô Dieu d´amour ! " (bis)

4- Quand mon Sauveur éclatant de lumière ,
Se lèvere de son trône éternel ,
Et que laissant les douleurs de la terre ,
Je pourrais voir les splendeurs de son ciel ,
Je redirai dans son divin séjour :
" Rien n´est plus grand que ton amour ! " (bis)

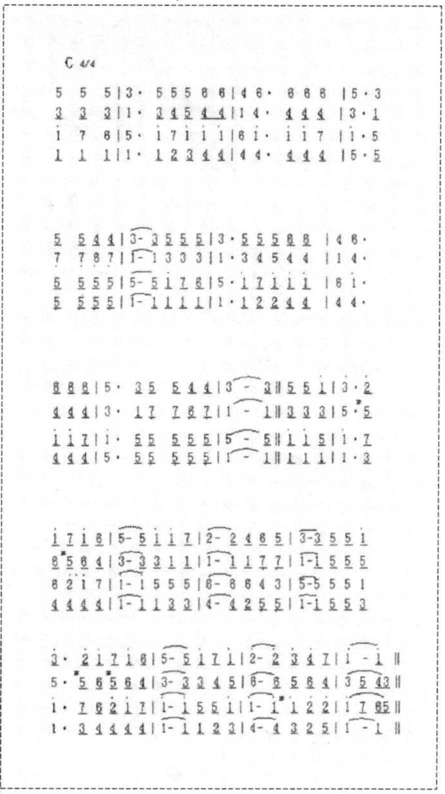

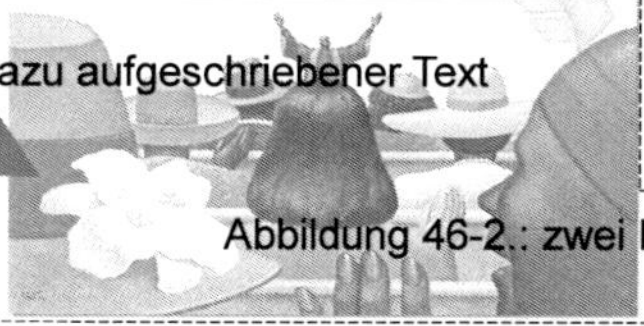

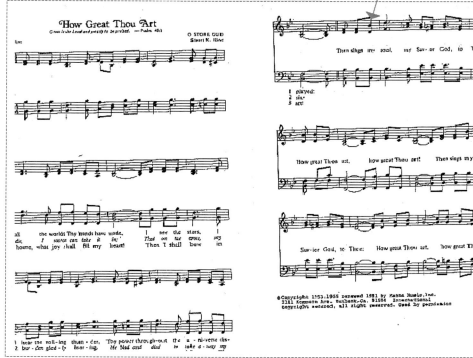

Abbildung 46-1.: Gelernter und noch dazu aufgeschriebener Text

Abbildung 46-2.: zwei Rekonstruktionen möglicher gelernter Melodien

II.2.1.4. Afrikanisierung des Liedes „*Dieu tout puissant*"

„ [...] Die christliche Kirchenmusik [...] unterlag schon früh einem Prozeß der Afrikanisierung. [...] (Schmidhofer 1998: 600) "

Die Melodie des Liedes besteht wie die erste Transkription in der Abbildung 46 aus zwei Teilen, nämlich dem A Teil und dem B Teil - dem Refrain (Abbildung 47 und 48). Und hier weil die Stanze sich aus vier Paragraphen zusammen setzt (Abbildung 45), wird die Melodie immer vier bis fünf Mal in der sogenannten Periodenform[135] wiederholt und auch noch im Ruf – Antwort – Verfahren[136] präsentiert gesungen (Abbildung 48 und 49). Insofern ist hier das Ruf – Antwort – Verfahren (Abbildung 48 - 49) mit einem relativ freieren Rufteil und einem formelhaften Antwortteil (Schmidhofer 1998: 597).

Abbildung 47: Melodie des Liedes „*Dieu tout puissant*"

---

[135] Die Periodenform ist eine strukturelle Form der afrikanischen musikalischen Praxis und ist eines der strukturellen Merkmale und grundsätzlichen Verfahren, die in Afrika sehr weit verbreitet ist (Schmidhofer 1997: 597) .

[136] Das sogenannte „Ruf – Antwort – Verfahren" oder „Vorsänger - Chor" auf Deutsch, auch „call and response" auf Englisch genannt, ist eine charakteristisch afrikanische musikalische Interpretationstechnik und eines der strukturellen Merkmale und grundsätzlichen Verfahren, die in Afrika sehr weit verbreitet ist (Schmidhofer 1997: 597).

Abbildung 48: Zwei gesangliche Präsentationsformen des Liedes „*Dieu tout puissant*"

	A	A	B	B	A A B B A A B B A A B B
	A	A	B	B	
Vorsänger	X	X	(X)	(X)	
Chor		(X)	X	X	

oder

	A	A	B	B	B	A A B B B A A B B B A A B B B A A B B B
	A	A	B	B	B	
Vorsänger	X	X	(X)	(X)	(X)	
Chor		(X)	X	X	X	

oder

...

Durch die Transkription der klanglichen Interpretationspräsentation des Liedes kann man noch schriftlich von den Transkriptionen und Spektrogrammen folgendes heraus finden (Abbildung 48 – 51): Die Singenden machen zwar die sogenannte Wiederholung einer Melodie, aber interpretieren jedes Mal anders. Anders gesagt, die Periodenform, die durch das Aneinanderreihen von Formeln gekennzeichnet ist, wird in ihren Wiederholungen der gesanglichen Praxis vielfach variiert, obwohl sie durch ein Zeitmaß festgelegt ist (Abbildung 48).[137] Diese Phänomen kann man klanglich und verlaufend melodisch noch klarer und ausführlicher im Spektrogramm sehen und finden (Abbildung 49 – 52).

Außer daß die Wiederholung, die Periodenform und das Ruf – Antwort - Verfahren die typische kongolesische gesangliche Interpretations- und Aufführungspraxis sind, sind die Synkopen,[138] die spontane Verlängerung oder Verkürzung der Tondauer, der Akzent und die Betonung bei dem Aufbeat, das Portamento zwischen den melodischen Tönen usf. (Abbildung 49 – 52) der kongolesische gesangliche Charakter, der auch immer noch vorkommt, wenn die Französisch – Afrikaner die älteren abendländischen Missionar Hymnen singen.

---

[137] Schmidhofer 1997: 597.
[138] Es wird auch noch „Synkopation", „off - beat phrasing of melodic accents", und „Phrasierung melodischer Akzente weg vom Beat" genannt (Kubik 1988: 76-79).

Die Transkription zeigt schriftlich die einmalige Reinterpretation des Liedes „*Dieu tout puissant*" innerhalb einer einmaligen Präsentation von den Französisch – Afrikanern in Wien (Abbildung 49).

> „*Change is a constant in human culture. It is, however, always to be studied against a backdrop of cultural stability. Even though changes may a[ear to be far reaching to the members of a society where they occur, they seldom affect more than a relatively small part of the total body of custom by which a people live. The problems of cultural dynamics thus are seen to take on a positive and at the same time a negative aspect. Change, that is, must always be considered in relation to resistance to change.* (Herskovits 1948: 635)"

Abbildung 49: Mögliche originale Melodie und Vergleich der Reinterpretation vom A Teil des Liedes „Dieu tout puissant"

Mit Hilfe der Spektrogramm – Analyse kann man den gesanglichen melodisch detaillierten Verlauf visuell noch besser als in der Transkription mit fünf Linien Noten System erkennen, verfolgen und messen, besonders die genaue Länge der Synkopen oder die Verlängerung und Verkürzung der Tonlänge, des Betonungsteils (Abbildung 50 und 51), die Form und den Winkel der Schleife des Portamentos usf. (Abbildung 50 – 52).

Abbildung 50: Spektrogramm der ersten Strophe des A Teils

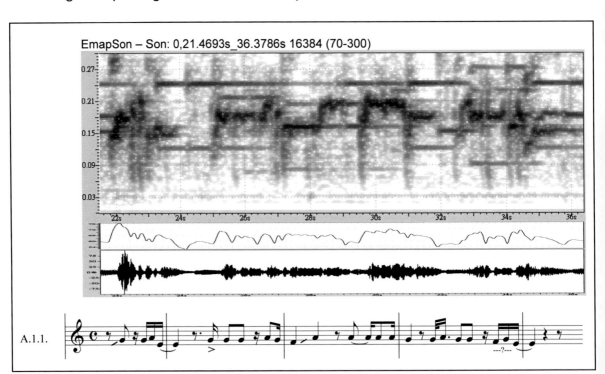

Ein anderes Beispiel der Interpretation und Reinterpretation der abendländischen Missionar Lieder und des französisch – afrikanischen Gesangs ist wie „*Benit soie le nom*" (Abbildung 53 -54).

Abbildung 51: Spektrogramm und Vergleich der ersten Strophe des A Teils

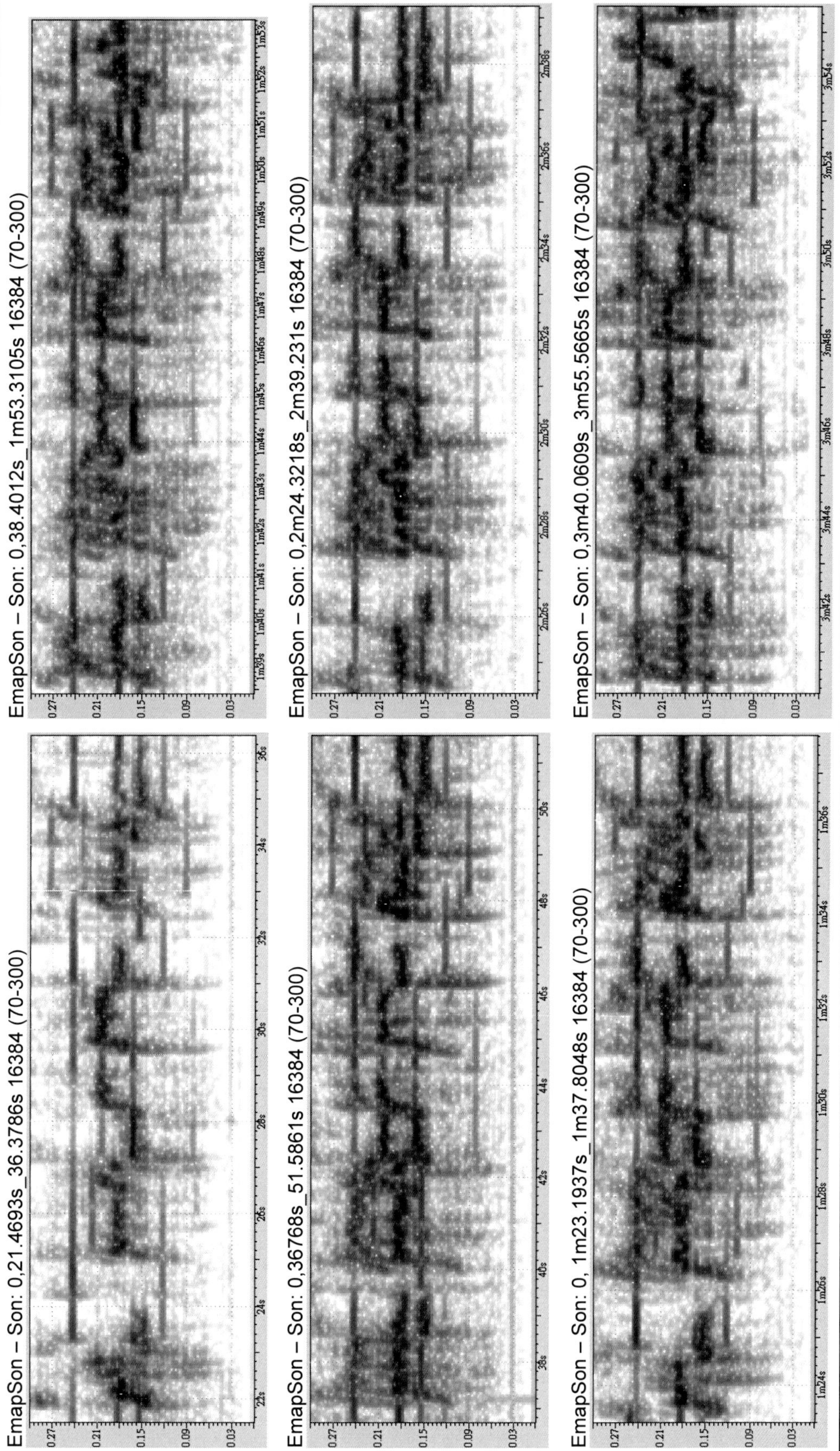

EmapSon – Son: 0,38.4012s_1m53.3105s 16384 (70-300)

EmapSon – Son: 0,2m24.3218s_2m39.231s 16384 (70-300)

EmapSon – Son: 0,3m40.0609s_3m55.5665s 16384 (70-300)

EmapSon – Son: 0,21.4693s_36.3786s 16384 (70-300)

EmapSon – Son: 0,36768s_51.5861s 16384 (70-300)

EmapSon – Son: 0, 1m23.1937s_1m37.8048s 16384 (70-300)

125

Abbildung 52: Portamento „ / " beim Anfang der ersten Strophe

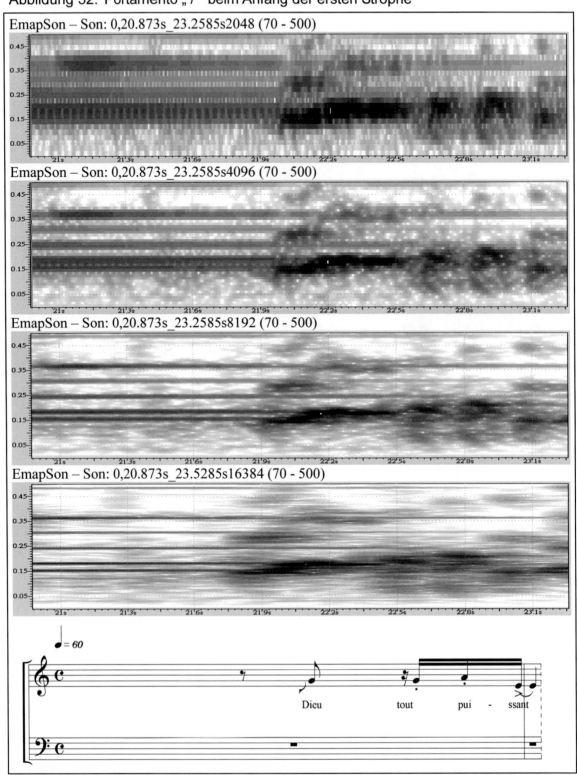

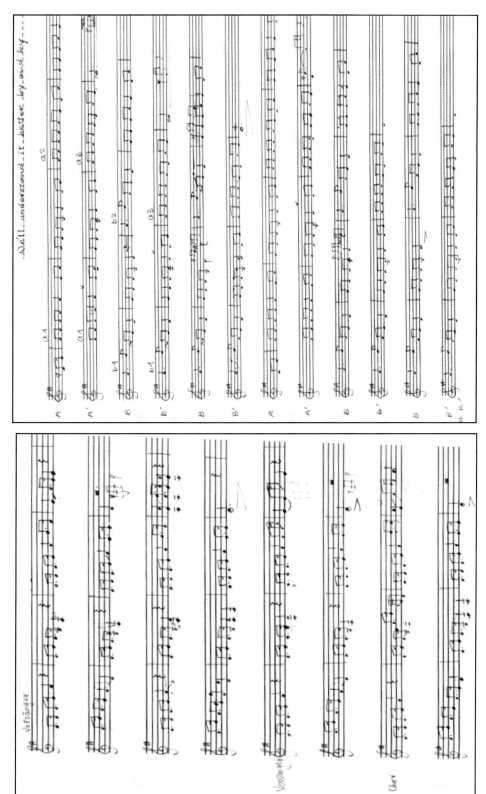

Abbildung 53: Interpretation und Reinterpretation zweier anderer Missionar Hymnen

Abbildung 54: Interpretation und Reinterpretation zweier anderer Missionar Hymnen „*Benit soit le nom*"

II.2.2. Reicht eine melodische Analyse?

„ [...] for many songs have similar „starts" [...] (Lassiter 2002: 78)"

Ergibt sich wirklich aus dem Vergleich verschiedener melodischer Darstellungen, daß es kulturelle Unterschiede gibt? Kann man überhaupt von der Melodie den kulturellen Stil feststellen?

II.2.2.1. Abendländisch klingende kongolesische Lieder - *„Mon âme mon Dieu"*

Einmal zeigte der Lobpreisleiter mir ein Lied und sagte: *„Das ist eines meiner Lieder –* *„Mon âme mon Dieu" auf Französisch, das ich in Kongo komponiert habe, als ich noch in Kongo war."* Nachdem ich das Lied gehört hatte, war ich einem Moment sprachlos, denn es Klang für mich abendländisch.

Die Frage ist: Wenn ein französisch – afrikanisches Lied abendländisch klingt und von einem Kongolesen komponiert wurde, ist das Lied dann ein abendländisches Lied oder ein kongolesisches Lied? Reicht ein melodischer Vergleich in dieser Ideologie, um kulturellen Stile zu unterscheiden?

Dieses Lied wird harmonisch weiter mit Absicht arrangiert und harmonisch abendländisiert (Abbildung 55). In der Transkription kann man sehen, daß bei solchen mit Absicht harmonisch arrangierten abendländisch klingenden Lieder die Singenden zuerst einstimmig die Hauptmelodie singen, und langsam sie auf die harmonische Struktur kommen. Weil dieser kongolesischen Gesang mehr melodisch orientiert ist, deswegen kommt es sehr oft vor, daß die eigentlich drei arrangierten harmonischen gedachten Melodien während des Gesangs manchmal von nur zwei Stimmen oder einer Stimme abwechselnd präsentiert werden. Die unbewußte oder sozusagen frei interpretierte Stimmkreuzung und Polyphone kommen auch immer vor (Abbildung 55).

Die extra makierten Linien in der Transkription sollen den spontanen melodisch orientierten charakteristischen kongolesischen gesanglichen Interpretationsverlauf in den geplanten harmonischen dreistimmigen Melodien zeigen (Abbildung 55).

Bei solchen Lieder wird das Arrangement nicht „Call and response"[139] verteilt präsentiert, sondern sie singen zusammen wie Tutti, aber das gesangliche „Vorsänger - Chor" – Phänomen sickert am Anfang des Liedes durch (Abbildung 55).

Zusätzliche melodische und rythmische Intepretation wird mit der Klammer angedeutet (Abbildung 55).

---

[139] „Vorsänger – Chor".

Abbildung 55: „Mon âme mon Dieu": Der melodische Verlauf und Text

Mon âme mon Dieu
Music & Text: Guy Ndongala

1. Mon âme mon Dieu
   Oh je voudrai qu'elle soit sauvée
2. Dans la détresse   uh
   Oh je voudrai qu'elle soit sauvée
Ref. Je te l'a confié, qu'elle soit sauvée
   Mon âme mon Dieu
   Qu'elle soit sauvée
3. Au dernier jour ...

II.2.2.2. Einfache kongolesische Lieder – Die Lieder ohne Titel

Während dieser Forschungsarbeit, kommentierten bereits viele Musikwissenschaftler und Europäer, daß viele dieser französisch – afrikanischen Lobpreislieder und –melodien offensichtlich abendländisch sind. Die Frage ist: Wie ist es damit, wenn die Melodien sehr einfach und abendländisch ausschauen, aber das Repertoire nie in der abendländischen Kirchen gesungen wird? Reicht ein melodischer Vergleich in dieser Ideologie, um die kulturellen Stile zu unterscheiden?

Einige von den französisch – afrikanischen Lobpreisliedern haben kurze Melodien, kurze Ausdruckstexte und Lieder ohne Titel wie z.B. ein Lied in der Abbilung 56.

Dieses Lied ist eines der Anbetungslieder und wird vor der Gebet und in dem musikalischen Anbetungsteil gesungen; die Französisch – Afrikaner singen nämlich nomalerweise mindestens ein Lied vor oder wärend des Gebets.

Der melodische Verlauf, seine Intervale dazwischen und die rythmische Struktur sind nicht kompliziert. Die Charakteristik bei solchen Liedern und Gesang sind, daß der melodische Rahmen zu vielen verschiedenen sogar spontan einfallenden Ausdruckstexten passt und man kann einfach während des Singens des Liedes frei seinen eigenen Text einsetzen. Es gibt viele Textmöglichkeit, und natürlich macht diese Aufgabe nomalerweise der/die Vorsänger/-in, und der Chor – die Teilnehmer singen einfach mit. Deswegen kann man auch in der Transkription sehen, daß der Chor von zwei Takte später anfängt, nachdem der/die Vorsänger/- auf den neuen Text hingewiesen (Abbildung 56).

Solche Lieder haben nomalerweise keine Titel, denn der Text kann sehr unterschiedlich sein; oder man kann sagen, traditionelle kongolesische Gottes Lieder, die in dem heutigen Kongo Gebiet produziert, überliefert und viel gesungen werden, haben nomalerweise keine Titeln; und solche Lieder haben nomalerweise eine mündliche Überlieferungstradition.

Abbildung 56: Ein Lied – Beispiel ohne Titel

Textmöglichkeit 1.:

II: Merci, merçi jesus, merçi merçi jesus, merçi merçi jesus de tout coeur :II

Textmöglichkeit 2.:

II: Nous t'adorons jesus nous t'adorons jesus, nous t'adorons jesus de tout Coeur :II

Textmöglichkeit 3.:

II: Nous t'elevons jesus, nous t'elevons jesus, nous t'elevons jesus :II

Textmöglichkeit 4.:

II: Nous t'exaltons jesus, nous t'exaltons jesus, nous t'exaltons jesus, Nous t'exaltons jesus de tout Coeur :II

Textmöglichkeit 5.:

II: Nous te louons jesus, nous te louons jesus, nous te louons jesus de tout Coeur :II

Textmöglichkeit 6.:

Alleluya jesus, alleluya jesus, alleluya jesus de tout Coeur :II

Textmöglichkeit 7.:

Benit sois - tu jesus, benit sois - tu jesus, benit sois - tu jesus de tout Coeur :II

II.2.3. Das Fremde – das Eigene Paradoxon

> *„You know, if you're really a true believer, you're sincere about Christianity; these songs will somehow work with you. The words are so precious. The words get you to start thinking about your own life. That's the way all these songs are, no matter what tribe you're from.... (Lassiter 2002: 75)"*

Wie schon bereits in den letzten zwei Subkapiteln gezeigt und analysiert, singen diese Französisch - Afrikaner nicht nur ihre sozusagen **eigenen** kongolesischen Gottes Lieder, sondern auch viele objektiv gesehen **fremde** abendländische Missionar Hymnen, Gospeln und Lobpreislieder. Aber diese Tatsache wird erst erkannt, wenn die Lieder und Melodien objektiv und bewußt informiert, gewußt und erkannt werden, von fremden Komponisten und aus welchen fremden Ländern komponiert wurden. In diesem Fall helfen schriftliche Daten, das Fremde objektiv zu unterscheiden und zu erkennen (Abbildung 58).

Phänomen

Während der Befragung der Lieder in der Feldforschung für die Lieder - Klassifikation, kam einmal so ein Dialog vor der Probe vor:

- „*Ist dieses Lied euer Lied?*", fragte ich.
- „*Ja, das ist unser Lied!*", antwortete die Lingala sprachige Sängerin aus Nordangola – Christina.
- „*Nein! Das ist ein internationales Lied!!*", reagierte die kongolesische Sängerin – Anna sofort.

Danach wurde schriftlich bewiesen, daß das Lied – „*J'ai l'assutance de mon salut*"[140] eine Hymne aus den USA ist.

Überlegung

Läßt sich bei so einem Dialog die Antwort als eindeutig richtig oder falsch festlegen? Wer hat recht? Wer hat unrecht? Geschichtlich gesehen hat Anna wegen der Herkunft des Liedes

---

[140] Der Originaltitel: Blessed Assurance, Jesus is mine.

völlig recht. Aber hat Christina unrecht, wenn sie das Lied, das sie sehr gut kennt, an das sie sich sehr gut erinnern kann, sehr gut singen kann, und mag, als eigenes Lied nimmt (Abbildung 58)?

Fragestellung

Die Fragen hier sind: Was bedeutet eine sogenannte fremde oder eigene Melodie? Wie fremd oder eigen ist die fremde / eigene Melodie? Wie fremd / eigen kann eine fremde Melodie sein? Usf. (Abbildung 58)

Aber normalerweise musizieren oder singen Menschen ohne genaue objektive schriftliche Information über die Musik oder Lieder, besonders bei der Volksmusik / Volksliedern (außer Kunstmusik). Dieser Teil der Musikkultur hat fast immer mündliche Überlieferung.

Das heißt, die Aussage, daß diese Französisch - Afrikaner fremde abendländische christliche Lieder singen, ist eine Sache, aber, ob sie wissen und erkennen können, daß sie fremde abendländische christliche Lieder singen, ist eine andere Sache (Abbildung 58).

Manche von denen können so was erkennen und sagen, daß solche abendländische Lieder „Amerikanische Lieder"[141] und „Internationale Lieder" sind.

Sie wissen zwar nicht ganz genau, aus welchen Abendländern die Lieder kommen, aber sie wissen schon jedenfalls, daß die Lieder nicht kongolesische Lieder sind.

Manche andere dieser Französisch - Afrikaner wissen und verstehen aber anders, und deswegen passiert bei der Befragung in der Feldforschung oft so ein Dialog: Danach gefragt, ob das abendländische Lied, das sie singen, ein kongolesisches Gottes Lied ist, antwortet die Französisch - Afrikanerin - A mit *„Ja, das ist unseres Lied!"*, aber – B sagt: *„Nein! Das ist ein internationales Lied!"*.

Es soll hier auch deswegen nicht beurteilt werden, daß die Französisch – Afrikanerin - B unrecht hat, denn, wenn eine neue Melodie kommt, kann bei der Kultur der Volksmusik und mündlichen Überlieferung, diese subjektiv akzeptiert werden und sich dem einheimischen Musikgeschmack und der Musikästhetik auch anpassen, und sie wird auch subjektiv und unbewußt oder auch bewußt als eigene Melodie mündlich weiter überliefert. Menschliche Vorstellung, menschliches Verständnis und Wissen können objektiv falsch sein, aber die können subjektiv absichtlich oder auch unabsichtlich jedenfalls immer bleiben (Abbildung 58).

---

[141] Egal von welchen Ländern die Lieder sind, assoziieren, empfinden und denken sie interessanterweise, daß alle Lieder, die nicht von D. R. Kongo oder Afrika sind, amerikanische Lieder sind.

Das Fremde - das Eigene - Befragung[142]

Nach den Überlegungen wurde ein diesbezüglicher Fragebogen empirisch entwickelt, um das Fremde – das Eigene Paradoxon und die hypothetische theoretische Überlegung zu zeigen und beweisen (Abbildung 57 und 58).

Es wurde nach fünfzehn alten und neuen abendländischen Lieder gefragt, die öfter im Gottesdienst gesungen werden, einerseits alte Missionar Hymnen und andererseits neue Lobpreislieder (Abbildung 57):

Zunächst ist die Frage, ob sie die Lieder kennen. Natürlich müssen sie zuerst die Lieder kennen können, erst dann ist es sinnvoll, das Fremde / Eigene unterscheiden zu können. An dieser Stelle kommt es zu einer technischen Schwierigkeit / Problematik und zeigt gleich auch die Kultur der mündlichen Überlieferung. Es werden nämlich, die Titeln der Lieder im Fragebogen angegeben, aber diese Versuchspersonen kennen keine Titeln der Lieder, sondern nur die Lieder selbst. Sie kennen, erinnern und empfinden die Lieder / Melodie selbst als die mündlich und klanglich abstrakte Musik, sie kennen weder konkrete schriftliche Titeln der Lieder noch schriftliche Noten / Notation. Deswegen hatten sie zuerst keine Ahnung, was für Lieder das sind, als sie nur die Titeln sahen, obwohl sie diese Lieder sehr oft im Gottesdienst singen. Weil es keine andere Möglichkeit gibt, die Lieder schriftlich angeben zu können, ist zur Befragung Begleitung und live Vorsingen der Forscherin als Hilfsmittel nötig, um die Titel der Lieder den Befragten verständlich zu machen (Abbildung 57).

Dann wird danach gefragt, ob die Lieder ihre eigenen kongolesischen Lieder sind. Die Strategie ist hier zu unterscheiden „Nein, das ist kein kongolesisches Lied, sondern abendländisches Lied" und „Nein, das ist ein abendländisches Lied, aber es ist schon ein kongolesisches Lied geworden", und mit der nächsten zweiten Frage, warum und wann sie erst wissen, ob die Lieder so oder so sind und ob sie vielleicht nur den Text mögen, weil der Text sie anpricht und nicht die Melodie, weil es vielleicht fremd klingt, um die Ankreuzung der Befragten zu bekräftigen (Abbildung 57).

Und am Ende des Fragebogens werden noch zwei Fragen gestellt:

- Es ist zwar hilfreich, mit dieser Befragung, die menschlichen inneren Empfindungsverhältnisse zu den fremden Liedern / Melodien klar zu machen. Aber ist es sinnvoll und wichtig für die Gläubigen / Christen selbst ganz klar zu wissen, daß sie "sogar" fremde „ausländische" christliche Lieder singen (Abbildung 57)?

---

[142] Hofstätter 1973, Osgood 1964, Schulze 2000.

- Was halten diese französisch - afrikanischen Christen von der Aussage, daß die sogenannte abendländische christliche Kultur ihre außereuropäische Kultur, inklusive Musikkultur zerstörte (Abbildung 57)?

Abbildung 57: Kongolesische / Französisch - Afrikanische Lobpreislieder?   (Bitte kreuzen Sie an!)

Titel	Ich kenne dieses Lied	Ist das unseres kongolesisches Lied?	Warum und wann weißt Du, ob dieses Lied abendländisch oder kongolesisch ist?	Ich mag den Text, aber nicht die Melodie.	Ist Unsinn, zu diskutieren, zu wem dieses Lied gehört?	Haben diese abendländischen christlichen Lieder kongolesische Musikkultur zerstört?
1. Dieu tout puissant	o Ja! □ Nicht.	o Ja! △ Weiss nicht.. □ Nein! o Nein, aber ich nehme an, das ist schon kongolesisches Lied geworden.	o Ich weiss von Anfang an. o Ich weiss erst jetzt	□ stimmt. Es klingt **FREMD!** △ Weiss nicht.. o Ich mag die Melodie auch!		
2. Les cieux proclament	o Ja! □ Nicht.	o Ja! △ Weiss nicht.. □ Nein! o Nein, aber ich nehme an, das ist schon kongolesisches Lied geworden.	o Ich weiss von Anfang an. o Ich weiss erst jetzt	□ stimmt. Es klingt **FREMD!** △ Weiss nicht.. o Ich mag die Melodie auch!	□ Genau! Unsinn! o Mir ist das eigentlich egal, ob das ein kongolesische Lied ist, ich singe sowieso.	□ Ja! Eine natürliche Entwicklung. o Nein! Abendländische Lieder u. kongolesische Lieder klingen sowieso ähnlich. o Nein! Wir singen auch unsere **eigenen** kongolesischen Lieder. △ Weiss nicht..
3. Majesté	o Ja! □ Nicht.	o Ja! △ Weiss nicht.. □ Nein! o Nein, aber ich nehme an, das ist schon kongolesisches Lied geworden.	o Ich weiss von Anfang an. o Ich weiss erst jetzt	□ stimmt. Es klingt **FREMD!** △ Weiss nicht.. o Ich mag die Melodie auch!		
4. Beni Soit le Nom du Seigneur	o Ja! □ Nicht.	o Ja! △ Weiss nicht.. □ Nein! o Nein, aber ich nehme an, das ist schon kongolesisches Lied geworden.	o Ich weiss von Anfang an. o Ich weiss erst jetzt	□ stimmt. Es klingt **FREMD!** △ Weiss nicht.. o Ich mag die Melodie auch!		
5. Gloire a l'Agneau	o Ja! □ Nicht.	o Ja! △ Weiss nicht.. □ Nein! o Nein, aber ich nehme an, das ist schon kongolesisches Lied geworden.	o Ich weiss von Anfang an. o Ich weiss erst jetzt	□ stimmt. Es klingt **FREMD!** △ Weiss nicht.. o Ich mag die Melodie auch!		
6. We'll understand it better by and by	o Ja! □ Nicht.	o Ja! △ Weiss nicht.. □ Nein! o Nein, aber ich nehme an, das ist schon kongolesisches Lied geworden.	o Ich weiss von Anfang an. o Ich weiss erst jetzt	□ stimmt. Es klingt **FREMD!** △ Weiss nicht.. o Ich mag die Melodie auch!		
7. Kati Na Maboko Na Yo	o Ja! □ Nicht.	o Ja! △ Weiss nicht.. □ Nein! o Nein, aber ich nehme an, das ist schon kongolesisches Lied geworden.	o Ich weiss von Anfang an. o Ich weiss erst jetzt	□ stimmt. Es klingt **FREMD!** △ Weiss nicht.. o Ich mag die Melodie auch!		
8. Prend Ma Vie	o Ja! □ Nicht.	o Ja! △ Weiss nicht.. □ Nein! o Nein, aber ich nehme an, das ist schon kongolesisches Lied geworden.	o Ich weiss von Anfang an. o Ich weiss erst jetzt	□ stimmt. Es klingt **FREMD!** △ Weiss nicht.. o Ich mag die Melodie auch!		
9. Yesu, Ndeko Na Bolingo	o Ja! □ Nicht.	o Ja! △ Weiss nicht.. □ Nein! o Nein, aber ich nehme an, das ist schon kongolesisches Lied geworden.	o Ich weiss von Anfang an. o Ich weiss erst jetzt	□ stimmt. Es klingt **FREMD!** △ Weiss nicht.. o Ich mag die Melodie auch!		
10. Nebelema Na Yo	o Ja! □ Nicht.	o Ja! △ Weiss nicht.. □ Nein! o Nein, aber ich nehme an, das ist schon kongolesisches Lied geworden.	o Ich weiss von Anfang an. o Ich weiss erst jetzt	□ stimmt. Es klingt **FREMD!** △ Weiss nicht.. o Ich mag die Melodie auch!		
11. As a deer	o Ja! □ Nicht.	o Ja! △ Weiss nicht.. □ Nein! o Nein, aber ich nehme an, das ist schon kongolesisches Lied geworden.	o Ich weiss von Anfang an. o Ich weiss erst jetzt	□ stimmt. Es klingt **FREMD!** △ Weiss nicht.. o Ich mag die Melodie auch!		
12. Hosanna	o Ja! □ Nicht.	o Ja! △ Weiss nicht.. □ Nein! o Nein, aber ich nehme an, das ist schon kongolesisches Lied geworden.	o Ich weiss von Anfang an. o Ich weiss erst jetzt	□ stimmt. Es klingt **FREMD!** △ Weiss nicht.. o Ich mag die Melodie auch!		
13. Celebrez Jesus, Celebrez	o Ja! □ Nicht.	o Ja! △ Weiss nicht.. □ Nein! o Nein, aber ich nehme an, das ist schon kongolesisches Lied geworden.	o Ich weiss von Anfang an. o Ich weiss erst jetzt	□ stimmt. Es klingt **FREMD!** △ Weiss nicht.. o Ich mag die Melodie auch!		
14. In Deinem liebenden Arm	o Ja! □ Nicht.	o Ja! △ Weiss nicht.. □ Nein! o Nein, aber ich nehme an, das ist schon kongolesisches Lied geworden.	o Ich weiss von Anfang an. o Ich weiss erst jetzt	□ stimmt. Es klingt **FREMD!** △ Weiss nicht.. o Ich mag die Melodie auch!		
15. Ruf zu dem Herrn	o Ja! □ Nicht.	o Ja! △ Weiss nicht.. □ Nein! o Nein, aber ich nehme an, das ist schon kongolesisches Lied geworden.	o Ich weiss von Anfan g an. o Ich weiss erst jetzt	□ stimmt. Es klingt **FREMD!** △ Weiss nicht.. o Ich mag die Melodie auch!		

Wie viele afrikanische Pastoren meinen, daß das Christentum nicht eine Kultur sondern ein persönlicher Glaube ist, es wissen manche dieser Französisch - Afrikaner eigentlich sehr genau welche Lieder abendländische sogenannte „internationale" oder „amerikanische" Lieder sind und welche kongolesische Gottes Lieder sind.

Sie sehen die meisten abendländischen christlichen Lieder, vor allem die alten Missionar Hymnen, als ihre eigenen afrikanischen Lieder an, weil die Lieder sie einfach tief im Innersten berühren.

Für diese außereuropäischen Gläubigen ist es eigentlich egal, was für eine christliche Melodie sie singen, weil alle diese Lieder Gott loben und preisen, und das das wichtigste ist.[143] Deswegen ist es für sie kein Problem, ob das, was sie singen eine kongolesische eigene Melodie oder eine abendländische fremde Melodie ist. Von dieser Ansicht her finden sie diesen Fragebogen nicht sinnvoll.

Die „das Fremde - das Eigene" empirische Forschung untersucht in der Wahrnehmung hier, wie Menschen und die Gesellschaft mit der Fremdheit der christlichen Lieder im Anderen und im Eigenen verfahren, welche Grenzen, Reaktionen und Rückwirkungen sie zeigen und welche ergebnisorientierten Bewältigungsstrategien im Bereich interpersonaler Kommunikation einer Integration dienlich sein können. Das heißt, die abendländischen christlichen Lieder, die die Französisch - Afrikaner singen, sind von kognitiven Wissen her für diese Französisch - Afrikaner fremd. Aber die Frage hier ist: Ist das Fremde absolut oder relativ? Kann das Fremde als eigen gefühlt werden (Abbildung 58)?

Es konnten zwei Verhaltensweisen hier hinsichtlich des „das Eigene – das Fremde" - Verhältnisses beobachtet werden:

---

[143] So meinen der Lobpreisleiter Ndongala Guy und die Sängerin Anna.

Emotionaler Effekt (Das Fremde → das Eigene)

> *„The unique and complex intersection between Christianity, specific tribal history, and individuals is clarified by the „language of hymns", which includes both what the language in song explicitly relates and communicates as well as the language surrounding song – that is, the voiced stories and sentiments that hymns invoke. Taken together, the language in and surrounding song provides an important window into the deeper meaning [...] (Lassiter 2002: 79)"*

Der psychologische emotionale Effekt während des französisch - afrikanischen Lobpreises im Gottesdienst[144] kommt auch im Gesang der für sie objektiv fremden abendländischen christlichen Lieder vor, vor allem in den alten Missionar Hymnen.

Manche alte Missionar abendländische Hymnen wie *„Dieu tout puissant"* (Abbildung 46 - 47) usw., sind diesen Französisch - Afrikanern so bekannt, sowohl vom stark ansprechender Text her als auch von den Melodien, daß immer beim Singen solcher Lieder, der psychologische emotionale Effekt auftritt, während des Singens lauter und lauter zu beten, lauter und lauter zu singen und sogar zu schreien, weinen oder lachen usw.

Dies ist ein psychologisches unbewußtes Trans - Phänomen von dem Fremden zu dem Eigenen.

Emotionale Aussage (Das Fremde → das Eigene)

Ein anderes Phänomen von dem Fremden zu dem Eigenen ist die emotionale Aussage, wie:

- *„Ich liebe diese Lied (!)"*
- *„Das ist ein sehr schönes Stück (!)"*
- *„Ist dieses Lied nicht schön (?!)„*

Wenn sie die fremden abendländischen Lieder nicht sehr gut kennen oder nicht tief im Innersten berührt werden, kommt es nicht zu so einer bewußten emotionalen Aussage (Abbildung 58).

Wie bewußt oder unbewußt ist die Wahrnehmung? Wie ist die fremd – eigenen - Wahrnehmung? Wenn die menschliche Wahrnehmung neutral ist, wird sie nicht von Vorurteilen, Denken, Gedanken, Gefühlen, Interessen usw. beeinflußt (Abbildung 58).

Die objektive Aussage entspricht den natürlichen Tatsachen und aber die subjektive Aussage entspricht den psychologischen Tatsachen (Abbildung 58).

---

[144] s.Kap. I.2.2.

Es ist unvermeidlich, daß Menschen oft dazu neigen, ihre eigene Wahrnehmung von Dingen, Ereignissen usf. als objektiv richtig zu betrachten. Was andere von denselben Ereignissen oder Dingen denken, wird häufig als unrichtig oder subjektiv eingestuft.

Diese Theorie entspricht hier in diesem Fall der Wahrnehmungverhältnis der fremden abendländischen christlichen Lieder und des eigenen kongolesischen Gesangs. Viele abendländische Missionar Hymnen / Gospel gelten objektiv und kognitiv für viele Außenstehende, sogar für auch viele dieser Afrikaner als fremd für Afrikaner (Abbildung 58).

Abbildung 58: Das Fremd / das Eigene Modell

	Kognitiv[145] (Wissen)	Wahrnehmung / Empfindung[146]	Methoden
Ethic Wissen und Wahrnehmung /Empfindung	**Fremd für sie** - Zu einem anderen als dem eigenen gehörend / Auf etwas anderes bezogen — Objektiv[147] Bewußt[149] — *Schriftliche Daten*	**Subjektive Empfindung / Wahrnehmung** — **Fremd für sie** - Zu einem anderen als dem eigenen gehörend / Auf andere bezogen - Nicht der Vorstellung, Erinnerung und Erfahrung usw. entsprechend — Subjektiv[148] Bewußt — *Empirische Befragungen (Hörtest)* — **Subjektive Täuschung Ihr Eigenes** - Etwas selbst gehören, von einem selbst kommen und einen selbst betreffend - Dafür typisch und charakteristisch — Sujektiv Bewußt	**Bewertung** — Beurteilung — Untersuchungsmethoden
Emic Wissen und Wahrnehmung /Empfindung	**Eigenes** - Etwas selbst gehören, von einem selbst kommen und einen selbst betreffend — subjektiv unbewußt[150] / bewußt — *Aussage u. Befragungen, Verhaltensbeobachtung* — **Fremd** - Zu einem anderen als dem eigenen gehörend / Auf andere bezogen - Von früher und in der Vorstellung nicht bekannt - Nicht der Vorstellung und Erinnerung entsprechend — Subjektiv Bewußt	**Eigenes** - Etwas selbst gehören, von einem selbst kommen und einen selbst bekannt - Dafür typisch und charakteristisch und bekannt — Subjektiv Unbewußt — *Verhaltensbeobachtung* — **Fremd** 1. Zu einem anderen als dem eigenen gehörend / Auf andere bezogen 2. Von früher her und in der Vorstellung nicht bekannt 3. Nicht der Vorstellung, Erinnerung und Erfahrung usw. entsprechend 4. Etwas sich so verändern, daß keine bekannte Beziehung mehr vorhanden ist / daß nichts bekannt ist.	**Bewertung** — Beurteilung — Untersuchungsmethoden
Ethic – emic Wissen und Wahrnehmung /Empfindung	**Eigenes** - Etwas selbst gehören, von einem selbst kommen und einen selbst betreffend - Dafür typisch und charakteristisch	**Eigenes** - Etwas selbst gehören, von einem selbst kommen und einen selbst betrifft - Dafür typisch und charakteristisch und bekannt	**Bewertung** — Bewertung

(Hör-Wahrnehmung/Empfindung — Sing - Wahrnehmung/Empfindung)

[145] Mit Kognition werden die bezügliche der Prozeße und des Produkts wie Erkennen, Denken, Urteilen, Erinnern usw. bezeichnet, und ist die scheinbare Realitätseinschätzung betreffend (Krüger 2004, Benesch 1997).

[146] Die Wahrnehmung und die Empfindung sind das Erfassen mit dem Sinnen (Krüger 2004, Benesch 1997).

[147] Das Adjektiv objektiv wird hier von Objekt her von Fakten und nicht von persönlichen Gefühlen, Wunschen, Vorurteilen usw. bestimmt, und ist eher sachlich, gegenständlich, wirklich, tatsächlich, unvoreingenommen, nicht subjektiv, und unabhängig von einem Subjektiv. So daß die Wahrnehmung / Empfindung unabhängig vom Bewußtsein des Menschen existieren (Krüger 2004, Benesch 1997).

[148] Das Adjektiv subjektiv wird hier von Objekt her von der eigenen persönlichen Meinung oder Erfahrung bestimmt (Krüger 2004, Benesch 1997).

[149] „Bewußt" ist die Bezeichnung für ein Wissen, das sich nicht auf Vorstellungen bezieht. So daß man etwas voraussieht und damit rechnet. Bewußt scheint in einem Zustand, in dem man alles klar versteht. Bewußt bedeutet fest überzeugt sein. Bewußt kann fest überlegt sein, sich auf etwas beziehen, was schon bekannt ist oder bereits erwähnt wurde (Krüger 2004, Benesch 1997).

[150] „Unbewußt" ist etwas instinktives ohne Absicht und ohne sich darauf konzentrieren zu müssen, und ist unabsichtlich und versehentlich (Krüger 2004, Benesch 1997).

II.3. Gottes Lieder im französisch - afrikanischen Gesang - Von der Transkription

„Musikformen, -stile und vor allem einzelne „traits" sind in Scharzafrika selten starr an „Stämme" oder „ethnische Gruppen" gebunden, sondern oft eher regional determinierbar. (Kubik 1988: 17)"

Es gibt keine entwickelte schriftliche Notation in den kongolesischen Liedern wie auch in den von den Französisch - Afrikanern in Wien gesungenen kongolesischen Gottes Liedern. Nicht nur haben sie keine aufgeschriebene Notation, sondern sie kennen auch kein abendländisches Notensystem. *"Musik muß man nicht studieren, sondern muß man nur spielen"*, sagte der französisch - afrikanische Lobpreisleiter Guy Ndongala in Wien mit seiner Musik - Vorstellung. Als ein Lobpreisleiter lernte er Gitarre als Kind auf der Straße in Kongo und Keyboard bei einem Kongolesen in Wien, beide Instrumente ohne Noten.

Die musikalische Überlieferungsweise bei dem französisch - afrikanischen Lobpreisgesang in Wien beruht auf mündlicher Tradition.[151] Die mündliche Überlieferung zeigt sich sowohl im Gottesdienst und in der Probe des Lobpreisteams innerhalb der Kirche als auch im Hauskreis außerhalb der Kirche. Der Lernprozeß der in Wien geborenen afrikanischen Kinder und der Teilnehmer findet im Gottesdienst und Hauskreis statt, und in der Probe findet das musikalische Lernen des Lobpreisteams statt, das alle geplanten Lieder singen können soll.

Zwei gesangliche Präsentationsphänomene, die aus dem sowohl mündlichen als auch kulturellen Überlieferungsprozeß entstanden sind, werden in diesem Kapitel aufgezeigt und diskutiert.

Außerdem kommt noch eine andere musikalische Überlieferungsart immer wieder vor, nämlich die hier in dieser Forschung sogenannte „fixierte mündliche Überlieferung". Man lernt die Musik weder durch eine schriftliche Fassung der Musik/Lieder, noch durch den mündlichen Überlieferungsprozeß, sondern man lernt die Musik/Lieder von den Massenmedien z.B. durch Kassetten, CDs, Musikvideos usw. Bei solchen Musikproduktionen ist die Musik einerseits zwar nicht schriftlich, aber sowohl melodisch als auch klanglich fixiert und wird so weiter überliefert. Das kann als „andere schriftliche Überlieferung" bezeichnet werden; andererseits wird die Musik in diesem Fall während des Erlernen von den französisch - afrikanischen Lernenden

---

[151] Lassiter 2002: 77.

hundert Mal wiederholt und audio - mündlich gelernt und weiter überliefert, und kann so als „andere mündliche Überlieferung" bezeichnet werden.

„Fixierte mündliche Überlieferung" zeigt sich sowohl mit Kassetten und CDs in der Probe als auch mit Musikvideos zu Hause, und findet sich im Lernprozeß des Lobpreisteams und der in Wien aufgewachsenen und geborenen Kinder.

Ein genauerer fixierter mündlicher Überlieferungsprozeß wird in diesem Kapitel präsentiert.

Regionaler Stil

Die geographischen Regionen innerhalb eines Landes oder einer Kultur zeigen nicht nur die geographischen Unterschiede und Begrenzungen, sondern auch ihre möglichen lokalen kulturellen Unterschiedlichkeiten. Der regionale Stil spielt eine große Rolle in den Melodien der mündlichen Überlierung; umgekehrt gefolgert, an der Unterschiedlichkeit der Melodien / Liedern, kann man auch ihren möglichen regionalen Stil innerhalb eines Kulturraums erkennen.

Ein rein mündlich überliefertes Lied ist wie ein Volkslied - ein Lied, *„das im Gesang der Unterschicht eines Kulturvolks in längerer gedächtnismäßiger Überlieferung und in ihrem Stil derart eingebürgert ist oder war, dass, wer es singt, vom individuellen Anrecht eines Urhebers an Wort und Weise nichts empfindet (Alfred Götze 1929)",* und *„Volkslied heißt entweder ein Lied, das im Volke entstanden ist (d.h. dessen Dichter und Komponist nicht mehr bekannt sind), oder eins, das in den Volksmund übergegangen ist, oder endlich eins, das „volksmäßig", d.h. schlicht und leicht fasslich in Melodie und Harmonie komponiert ist (Hugo Riemann 1916)".*

Die Merkmale solcher Lieder sind: Sie sind kulturell oder regional typisch, sie müssen immer gesungen werden, es existieren Varianten in Text und Melodie usw. Die Entstehung und das Wesen des Volksliedes sind regional und kulturell sehr verschieden.

Neben dem Einfluß der abendländischen Melodien der Missionar Hymnen und der späteren Tendenz der weltlichen Modernisierung und Globalisierung, hat der französisch - afrikanische Lobpreisgesang noch einer weiteren großen abendländischen Einflußmöglichkeit, nämlich, daß diese Französisch - Afrikaner in Wien leben. Nicht nur das Leben, sondern ihre Musik, der Muikstil, der Gesang, die Singweise usw., passen sich irgendwie absichtlich und auch unabsichtlich an die in Wien gegebene abendländische Kultur an. Dies ist ein natürlicher Prozeß. Außer dem Anpassungsprozeß ist die Frage nun, welche eigene kulturelle Phänomene bleiben erhalten?

So wie die Kongolesen, die schon seit über zehn Jahren in Wien haben, trotzdem jeden Tag zu Hause immer noch kongolesische Speisen wie fúfú, póndú, nfúnbwa usw. essen, so geht auch ihre Musikkultur in dieselbe Richtung und eben auch in den Lobpreisliedern, vor allem bei den kongolesischen Gottes Liedern.

Während der Feldforschungsaufnahme und der teilnehmenden Beobachtung traten einige Phänome auf:

– Was ich klanglich und melodisch von der Feldforschungsaufnahme hörte, studierte und transkribierte, war anders, als was ich melodisch von dem Leiter des Lobpreisteams erfuhr wie.

– Was ich melodisch privat von den Teilnehmern lernte, war irgendwie anders, als was ich im Gottesdienst hörte und sang wie z.B. „*Kiese ya ya*".

– Was ich im Gottesdienst klanglich und melodisch hörte, war anders als was ich im Gebetskreis hörte wie z.B. „*Amina le le*", und was ich melodisch im Gottesdienst dieser französisch - afrikanischen Kirche hörte, war anders, als was ich im Gottesdienst jener französisch - afrikanischen Kirche in Graz, Bochem usw. erfuhr (Abbildung 59 und 65).

Was bedeutet eine Melodie in der mündlichen Überlieferung?

Wenn eine Musikkultur mündlich überliefert wird, bedeutet das, daß die Musikkultur (in diesem Fall die Melodie, die Lieder, der Gesang usw.) verbal weitergegeben wird, egal ob es notenschriftliche Aufzeichnungen gibt oder nicht. So wie ihre Melodie (Lieder, Gesang) durch das Hören gelernt wird, müssen die Lieder immer und weiter gesungen werden, im Gedächnis behalten werden, und dann von einer Generation zur nächsten Generation weitergegeben werden. Sonst verschwinden die Lieder und ihre Melodien. Wie angedeutet, müssen mündlich überlieferte Melodien (Lieder) entweder akzeptiert werden oder sie werden vergessen, gehen vorbei oder verloren.

Sicherlich, wenn eine mündlich überlieferte Melodie (Lied) akzeptiert wird, muß diese Melodie (Lied) („A" in der Abbildung 59) auch irgendwie den prüfbaren Musikgeschmack und die Musikästhetik der Menschen repräsentieren und reflektieren die diese Melodie kennen, und immer verwenden und singen, anstatt einfach nur eine persönlich kreativ produzierte und isolierte Melodie (Lied) zu werden und zu sein.

Anstatt eine Melodie (Lied) („A" in der Abbildung 59) vergessen, vorbeigehen und verlorengehen zu lassen, gibt es noch eine andere Alternative, nämlich Veränderung. Wenn eine Melodie (Lied) nicht von den Zuhörern oder Singenden sofort akzeptiert wird, wird sie dann irgendwie nach Bedarf und Wunsch der Singenden und Zuhörer verändert und angepasst (A', A'', A''', A'''' usw. in der Abbildung 59). Und in diesem Fall, weil es keine aufgeschriebene standardisierte fixierte Version und Modell der Melodie (Lied) gibt, die konsultiert werden kann usw., legen sich Veränderungen dann langsam im Laufe der Zeit eines gesamtes Lied fest (Abbildung 59 und 65).

Abbildung 59: Originale Melodie (A) und gesungene Melodie (A', A'', A''', A'''')

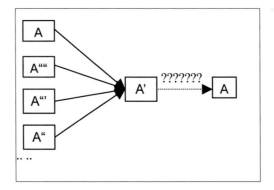

Dadurch daß die Musizierenden jetzt in Wien leben, kommt es natürlich auch zu einer Assimilation, also zu einer Anpassung an die europäische Musikkultur. Zum Beispiel finden abendländische Musikinstrumente in die Lieder Eingang, wie Keyboard, Elektro – guitar und Schlagzeug. Aber auch die Tonhöhe, die eigentlich nicht mit der abendländischen Stimmung übereinstimmt, wird immer mehr angepasst.

Typisch für die afrikanischen Gesangstil sind die sogenannten Schleifen („∕“ oder „∖“) die jeweils zwischen den Tönen vorkommen.[152] Besonders gut ist das im folgenden Spektrum ersichtlich (Abbildung 60):

---

[152] Kubik 1988, Schmidhofer 1998.

Abbildung 60: Schleifen als die afrikanische Gesangstil in dieser Transkription

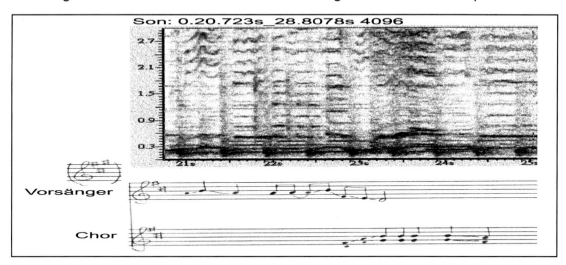

Auf Grund der eben erwähnten Tatsache, daß sich das System kontinuierlich anpasst, können wir behaupten, daß dieser Stück in D - Dur notiert ist, oder zumindest sagten das die Musiker. Ich mußte nämlich mit den Musikern sprechen um mir zu verschaffen. Selbst dachte ich, daß das Stück in E - Dur notiert ist. Es kann sein daß die Musiker normalerweise in D - Dur spielen und nur bei dieser Aufnahme eine andere Tonart verwendeten. Genaueres könne ich dazu aber nicht sagen. Auf Grund des Gesprächs mit den Musikern fand ich es auch in Ordnung Vorzeichen zu verwenden, obwohl dies nicht üblich ist. Ich begründe das mit der wie schon zuvor erwähnten Assimilation.

Die beste Methode für mich dieses Stück zu transkripieren, war einfach ins kalte Wasser zu springen, und zu notieren was ich hörte. Danach ging ich damit zu den Musikern und befragte sie zu dem, was ich erarbeitet hatte (Abbildung 64). Dann hörte ich mir das Stück erneut an und korrigierte die Ergebnisse (Abbildung 64).

Abbildung 61: Die Melodie dieser zwei Lieder, die der Leiter des Musikers extra sang

Abbildung 62: Eine Variante in der Melodie

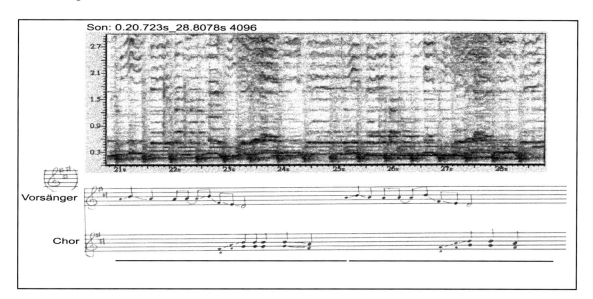

Das Problem daran, dass diese Stücke nicht notiert sondern nur mündlich überliefert werden, ist daß die Melodie nicht genau zu erfassen ist. Bei jeder Wiederholung gibt es Abweichungen, nichts scheint endgültig fixiert zu sein. Außerdem hängt die Melodie auch mit dem Text zusammen, und wenn dieser sich bei den Wiederholungen ändert, gibt es auch eine Varianz in der Melodie (Abbildung 62).

Warum ich bei der Transkription wieder das europäische 5-Linien-System verwendete und nicht die Notation mittels Elementarpulsation ist leicht zu erklären. Ich fand es übersichtlicher und es ist wahrscheinlich auch leichter für mich dieses Stück mit der Transkription zu vergleichen. Denn wahrscheinlich können die wenigsten von mir etwas mit der Elementarpulsation etwas anfangen, solange sie nicht einen geübten Blick dafür entwickeln.

Außerdem legten wir den Schwerpunkt auf den Gesang, den ich ausschließlich transkripierte. Die Begleitinstrumente sind hauptsächlich Rhythmusinstrumente, die mir zwar halfen die Taktart, bzw. Elementar Pulsation heraus zu finden, sonst jedoch nicht so interessant sind. Die Takte sind übrigens auch nicht so wie ich sie uns erwarten würde. Meistens wird nicht genau bei dem Schlag gesungen, sondern immer leicht versetzt wie man hier erkennen kann (Abbildung 63):

Abbildung 63: Der Schlag und das Singen

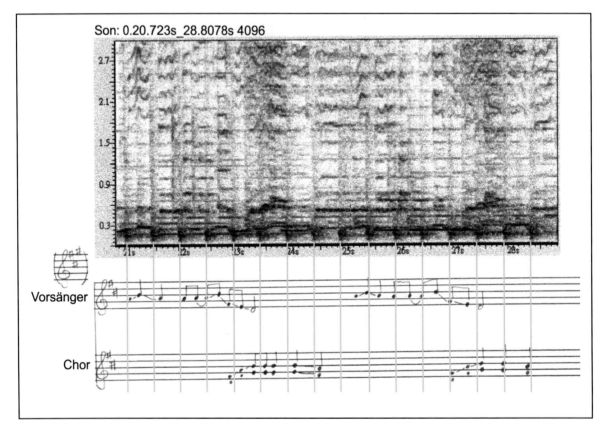

Das erste Lied ist immer noch im 32/8 Takt notiert[153] und wird vier Mal wiederholt (Abbildung 64). Gesungen wird in den Sprachen Kikongo und Gshiluba und der Inhalt läßt sich am ehesten so wiedergeben, daß alle kommen sollen, um Jesus zu loben.

Das zweite Lied ist in Lingala verfasst und besteht aus einer 64 / 8 Taktart[154]. Es wird zwei Mal wiederholt. Hier geht es um einen Traum von Johannes über das Letzte Gericht, wie es in der Offenbarung geschrieben steht.

Probleme ergaben sich besonders daraus, daß sich die Tonhöhen nicht exakt fixieren ließen. Die Tonhöhen stimmen nicht mit den in Europa gebräuchlichen überein. Was außerdem schwierig mit der Transkription zu vereinbaren war, war daß es einen Solisten und einen Chor gibt, die sich zeitweilig überlappen. Zusammen mit den Rhythmusinstrumenten, ist es oftmals sehr schwer genau herauszuhören, ob der Chor oder der Solist die Melodie inne hat. Außerdem

---

[153] Auch Im 2 / 2 Takt (oder 4 / 4 Takt) könnte das erste Lied notiert sein.
[154] Auch Im 2 / 2 Takt (oder 4 / 4 Takt) könnte das zweite Lied notiert sein.

scheinen die Sänger manchmal falsch zu singen, aber das lässt sich damit erklären, daß die Sänger nicht an europäische Tonsystem gewöhnt sind und immer wieder in ihr eigenes abschweifen.

Dieses Problem ist auch damit zu erklären, daß das Publikum mitsingt und es nicht klar ersichtlich ist, was wirklich zum Stück gehört.

Die Pausen waren das nächste Problem. Es wird nicht besonders deutlich, ob wirklich eine Pause gesetzt wird, oder ob bloß eine Note etwas länger ausgehalten wird. In diesem Fall wird die Noten gekennzeichnet, damit man weiß, daß diese Noten etwas länger gesungen werden.

Schwierig zu definieren war auch in wie fern der Text die Melodie beeinflusst. Mehr als einmal kam es zu dem Fall, daß die Melodie wegen des Textes durch eine zusätzlich Note beginnt. Ob das aber gewollt ist oder nur zufällig durch den Sänger entstanden ist, könne ich nicht beurteilen.

Gegenüber europäischen Melodien werden subjektiv diese sehr viel einfacher und auch leichter sangbar empfunden. Die Melodie geht kaum über die Oktav hinaus, also auch für Menschen mit kleinem Tonumfang ist sie sangbar.

Durch viele der aufgeworfenen Fragen wäre es hilfreich immer die Musiker zur Verfügung zu haben um mit ihnen diese zu besprechen. Natürlich ist klar, daß das in den meisten Fällen nicht möglich sein wird, was für mich einen klaren Nachteil bedeutet.

Abbildung 64: Transkrption

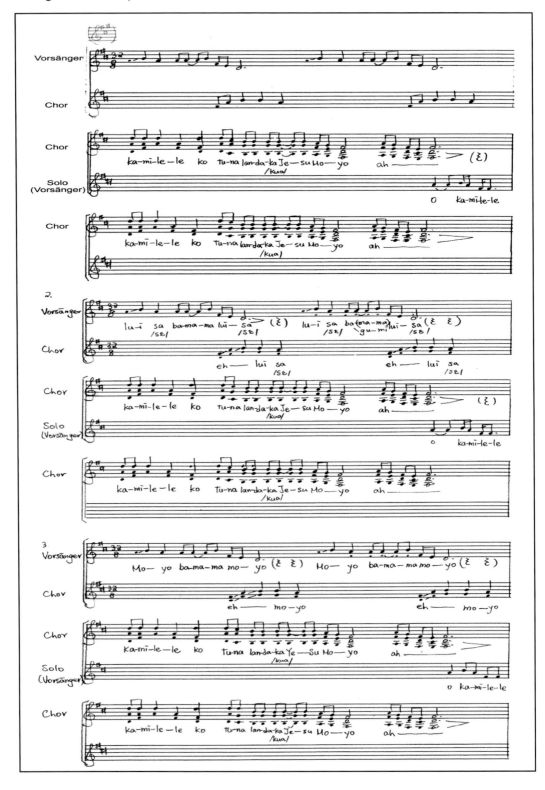

153

Ein anderes Beispiel der gesanglichen Präsentation und Transkription eines kongolesischen Gottes Liedes ist wie „*Kiese ya ya*" (Abbildung 65-68) in Kikongo Sprache, es bedeutet „Freude". Der Text sagt, die Kinder Gottes sollen mit Freude zu Gott kommen. Diese Transkriptionsmodelle ist ein Versuch Problematik des kongolesischen mehrstimmigen Gesangs zu lösen (Abbildung 65-66).

Abbildung 65: Modell der Transkriptionstechnik – 1.

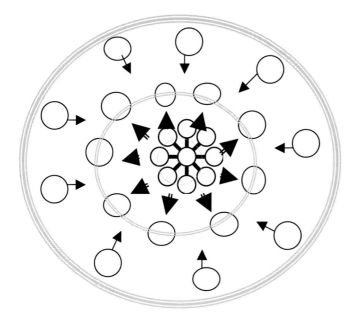

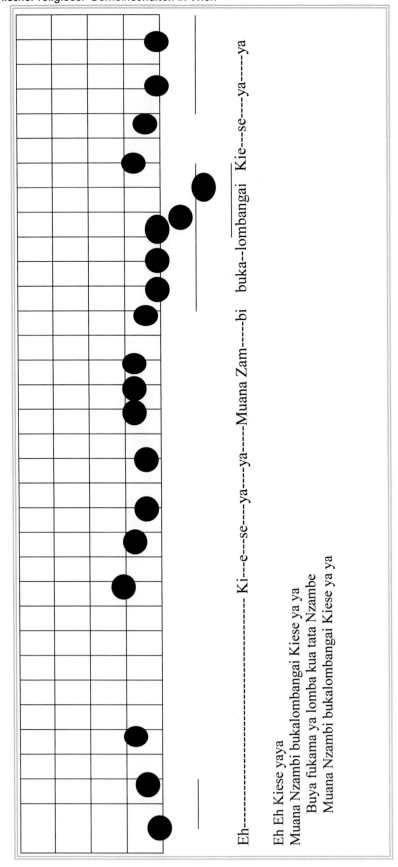

Abbildung 66: Transkription des Liedes „*Kiese ya ya*"

Abbildung 67: Spektrogramm Transkription des Liedes „*Kiese ya ya*"

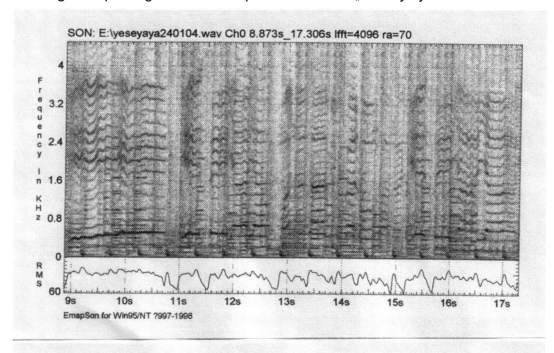

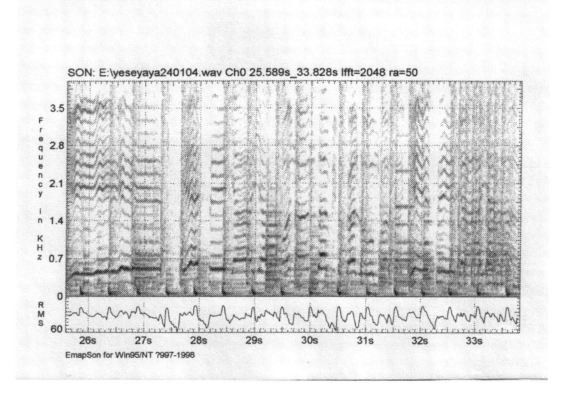

Abbildung 68: Modell der Transkriptionstechnik – 2.

II.4.Überlieferung im Wandeln
- Andere fixierte mündliche Überlieferung[155]

> *„Die Massenmedien [...] sind in indirekter Form die stärksten musikpädagogischen Faktoren der Gegenwart."* (Elschek 1992: 308)

Die akustischen und audiovisuellen Massenmedien wie Tonträger, Hörfunk, Tonfilm, Fernsehen, Computer usf. und ihre Musikprodukte wie Kassetten, CDs, Musikvideos usw., entwickelten sich seit den 20er Jahren zu einem der größten Produzenten und Mitgestaltern der Musikkultur (Elschek 1992: 308, Rösing und Barber – Kersovan 1998: 369-389), beeinflußen und kontrollieren fast alle Bereiche der Musik und ihre Formen der bezüglichen gesellschaftlichen Verwirklichung (Elschek 1992: 308-9), und sind die heutzutage mehr und mehr verwendeten musikalischen Überlieferungsformen (Rösing und Barber – Kersovan 1998: 364-385):

> *„ [...] Eine von den elektronischen Medien unabhängige Begegnung mit Musik wird immer seltener. [...] Mit den modernen Massenmedien konnte in den letzten Jahrzehnten ein immer dichteres, weltweites Kommunikationsnetz geschaffen werden. [...] Alle diese Medien sind in einer Art von Medienverbund in der modernen Mediengesellschaft nicht nur für die Nachrichten – und Bildübertragung von größter Bedeutung, sondern auch für die Vermittlung von Musik [...] "*

Sie stellen eine neue musikalische Entwicklungsphase dar, die sich sowohl auf die Bewahrung und die Aufzeichnung als auch auf den Lernprozeß bis zur Aufführungspraxis der Musik direkt beziehen (Elste 1993: 25, Rösing und Barber – Kersovan 1998: 365):

> *„ [...] Medien sind Hilfsmittel zur Übertragung von Botschaften. Sie transportieren Musik von einer Seinsform in eine andere. [...] bei dem   die Nachrichtenvermittlung von einem Sender zu einem Empfänger auf der Basis einer technischen Übertragungskette erfolgt. [...] "*

---

[155] Die hier sogenannte „andere fixierte mündliche Überlieferung", wird in dieser Forschungsarbeit als eine dritte Überlieferungsform positioniert, und wurde aber schon als wie *„eine sekundäre Mündlichkeit"* auf Deusch, *„secondary orality"* auch *„mündlichen Überlieferung zweiten Grdes"* auf Englisch gesehen und genannt, die einer Kultur entspricht, die *von Funk und Fernsehen sowie anderen elektronischen Medien geprägt ist,* und *steht mit den Hochtechnologie – Medien ein Ersatz für die Schriftlichkeit zur Verfügung* (Elscheková 1998: 227; Blaukopf 1997: 180; Ong 1982: 11, 1987: 136).

Während sich die traditionellen mündlichen und / oder schriftliche Überlieferungspraktika aller Kulturen seit langer Zeit nicht verändert haben, bestimmt und verändert diese dritte Überlieferungsform in den Massenmedien die Hörgewohnheit, den Musikgeschmack, die musikästhetische Zielsetzung, die Musikinteressen, die musikalische Erwartung usw. (Elschek 1992: 308-9), wie z.B. wie man die Musik „so", „richtig", „schön" präsentieren und interpretieren kann und soll usw. (Danet 1997a, Danet 1997b, Etterna & Whitney 1994).

„ [...] Die musikalische Realität heutzutage ist medienbedingt und mediengeprägt.“

Tonaufgenommene Musik scheint dynamisch und gleicht klanglich live gespielter Musik, und die Kassetten-, CDs-, Musikvideos haben traditionell gespielte, gesungene und sogar aufgezeichnete sowie neue und einzigartige Bewahrungscharakteristika (Blaukopf 1997: 178-179):

„ [...] Sie orientiert sich an der klanglichen Realität der live – Musik [...] Sie macht die technisch fixierte Gestalt von Musik zur Primärgestalt. [...] kommt dabei ohne Papier und Bleistift aus. [...] Live – Schall kann als Rohmaterial der medialen Kreationen dienen, präfabrizierte Klänge können als Beitrag zur live – Darbietung genutzt warden. [...] “

Beim Musikmachen und –lernen von musikalischen Massenmedien werden sowohl verschiedene Charakteristika der mündlichen Überlieferung, wie Wiederholbarkeit usw.,[156] als auch verschiedene Charakteristika der schriftlichen Überlieferung, wie Fixierbarkeit usw. herangezogen. Es zeigt sich, daß in den Kassetten, CDs, Musikvideos vor allem die Akzeptanz von bis dahin sonst nur in gespielter Musik und gesungenen Liedern zu findenden Spezifika zunimmt (Elschek 1998: 266):

„ [...] Die Schriftlichkeit von Musik wird weiterhin eine große Bedeutung behalten. Vermutlich wird es jedoch zur Norm werden, Notenvorlagen durch andere Medien der Speicherung von Musik zu ergänzen.“

---

[156] Umgekehrt erhält der Aspekt der Mündlichkeit im 20. Jahrhundert durch die modernen Medien eine andere Bedeutung (Elscheková 1998: 227).

Der Einsatz von modernen musikalischen Technologien scheint ein Veränderungsparameter von Musikkultur und musikästhetischem Denken des Menschen zu sein, und zeigt zugleich, wie sich musikalisches und musikästhetisches Denken und musikalische Ausdrucksfähigkeit des Menschen im Wechsel von der traditionellen mündlichen und schriftlichen Überlieferung weiter gewandelt haben.

Das Musiklernen bis zur Aufführungspraxis via dieser Massenmedien trägt nach diesem Konzept präliterarische Charakteristika und stellt neben der Kultur der mündlichen Tradition und der Kultur der Kassetten- und CD - Produktionen und TV - Massenmedien eine dritte Form nach der mündlichen und schriftlichen Überlieferung dar, die ebenfalls zu Veränderungen im musikalischen Denken und in der musikalischen Ausdrucksfähigkeit des Menschen führt (Ong 1982).

Diese dritte Form der Überlieferung hat zwar eine schriftliche Basis (andere schriftliche Überlieferung), kann aber aufgrund ihrer Charakteristika als mündlich eingestuft werden (andere mündliche Überlieferung), und wird hier in dieser Forschung nach ihrem Charakter als „andere fixierte mündliche Überlieferung" bezeichnet (Baumann 1992b, Elscheková 1998: 222):

> „ [...] Medien können sowohl als Mittel zur Aufführung als auch zur Dokumentation dienen und somit als «Gedächtnis» unserer Zeit angesehen werden"

Neuer Lernprozeß und das Lernphänomen
– Klangliche Imitation, Annährung und melodische Genauigkeit

> *„In ihrer Genauigkeit übertreffen die neuen Medien Notentexte bei weitem.* (Elscheková 1998: 227)"

Eine neue gesangliche Lernmethode ist bei der mündlichen Überlieferungskultur während der Feldforschung langsam entstanden:

> *„ [...] Sie geht über die mediale Abbildung hinaus und setzt alle der Imitation von live – Musik dienenden Mittel ein. Man wählt oder schafft den akustisch geeigneten Raum (Studio) und positioniert die Musiker nicht mehr ausschließlich nach der Aufführungspraxis, sondern in Hinblick auf ein Klangbild, das Live – Qualität simulieren soll. [...] Die dabei gewonnenen Erfahrungen vegünstigen das Abgehen vom Klangideal der Live – Musik und [...] den Übergang zu einem Konzept, das den Anweisungen in den Noten Vorrang vor der Live – Praxis einräumt. [...]* (Blaukopf 1997: 178)"

Lernen von der Kassette zu Hause

Beim Lobpreisteam ist eine neue Lieder – Lernmethode entstanden:

Die Sänger des Lobpreisteams schreiben zuerst den Text des neuen Liedes wie die Abbildung 66 und 70 während der Probe auf, oder auch nicht, dazu bekommen sie jedenfalls noch eine Kassette mit dem Lied, und sie lernen das Lied und imitieren die Stimmung und Atmosphäre des klanglichen Liedes zu Hause mit öfterem Abspielen, Anhören und Mitsingen der Kassette. Danach, wenn sie wieder in der Probe sind, singen sie mit oder auch ohne Abspielen der Kassette, einerseits um die Melodie zu korrigieren und andererseits um sich der Genauigkeit und Stimmung des Liedes klanglich von der Kassette als Standard - Modell anzunähren und sie mitzubekommen.

Auf diese Art werden nomalerweise neu komponierte abendländische Lobpreislieder wie *„Ich singe Dir ein Liebes Lied (In Deinem liebenden Arm) / Je veux chanter un chant d'amour"* (Abbildung 70) usw. gelernt.

In diesem Fall lernen die Teilnehmer immer noch durch die traditionelle mündliche Überlieferung im Gottesdienst.

Lernen von den Kassetten oder CDs in der Probe

In der Probe wird die neue Lieder – Lernmethode allmählich mehr und mehr verwendet:

Die Sänger des Lobpreisteams schreiben den Text des neuen Liedes wie Abbildung 69 und 73 auf, oder bekommen ihn vom Lobpreisleiter aufgeschriebenen oder den gedruckten Text des Liedes wie Abbildung 70 und 71. Sie lernen die Melodie zuerst gemeinsam mündlich vom Lobpreisleiter. Sobald sie die melodische Kontur kennen und singen können, singen sie mit dem Abspielen von den Kassetten oder CDs, um die Genauigkeit der Melodie zu korrigieren und andererseits um die Stimmung des Liedes klanglich von der Kassette als Standard – Modell zu imitieren, sich ihr anzunähren und sie mitzubekommen.

So werden neu komponierte kongolesische Lobpreislieder wie „*Eternel tu me sondes*" so wie auch neu komponierte abendländische Lobpreislieder wie „*Jesus sei das Zentrum / Jésus sois le Centre*" (Abbildung 70), „*Ruf zu dem Herrn / Oh! Jesus, Mon Sauveur*" (Abbildung 70 und 75) usf. gelernt.

In diesem Fall lernen die Teilnehmer immer noch durch die traditionelle mündliche Überlieferung im Gottesdienst.

Abbildung 69: Ein Beispiel der Niederschrift des französischen Texts

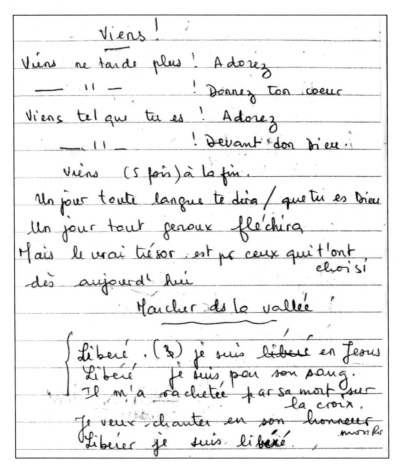

Abbildung 70: Ein Beispiel des Texts vom Lobpreisleiter

Über aller Welt/ Dans le monde entier

Dans le monde entier, tu es le souverain
Sur chaque torrent, le Soleil couchant,
Mais mon seul désir/Seigneur, mon seul choix
Dans ma vie, sois/toujours le roi.

Réf. : Oui règne en moi par ton pouvoir
Même sur mes rêves et quand tout est noir,
Tu es Seigneur de tout en moi,
Dans ma vie sois/toujours le roi. (3/4)

Dans chaque parole et chaque pensée
Je veux refléter ta bonté
Il n´est rien au monde de plus précieux que toi
Dans ma vie, sois toujours le roi.

Jésus sei das Zentrum/ Jésus sois le Centre (Ré)

(2) Jésus sois le centre,
Sois ma lumière, sois ma source Jésus
Jésus sois le centre,
Sois mon espoir, sois mon chant Jésus } adorat°

Sois le feu dans mon Cœur,
Sois le vent dans mes voiles
Sois la raison de ma vie, Jésus, Jésus 2X

2/ Jesus soit ma vision.
Sois mon chemin, soit mon guide Jesus.
2X

Abbildung 71: Ein Beispiel des Texts von CD

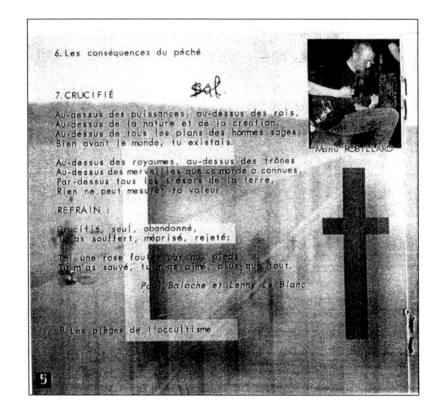

Lernen von Musikvideos zu Hause

Zu Hause bei den Französisch – Afrikanern kann man auch noch die neue Lieder – Lernmethode besonders bei der Kindern sehen und beobachten:

Unter diesen französisch – afrikanischen Familien in Wien haben fast alle zahlreiche kongolesische Lieder – Musikvideos, die oft zu Hause einfach jederzeit laufend abgespielt werden. In den Musikvideos kann man außer der Musik noch die Sänger und den dazu gehörigen Tanz sehen.

In diesem Fall schreiben sie den Text des neuen Liedes nicht auf, sondern sie lernen die Lieder, imitieren den Klang und die musikalische Genauigkeit, bekommen die dazu gehörige Stimmung und Atmosphäre einfach vom wiederholten Anhören, Mitsingen und Mittanzen durch das Abpielen der Videos als Standard – Modell mit.

Dadurch werden nomalerweise neu komponierte kongolesische Lobpreislieder gelernt.

In diesem Fall lernen die Teilnehmer und die Kinder immer mehr durch diesen Prozeß und diese Methode.

Dieser neue, andere fixierte mündliche Überlieferungsprozeß ist zwar eine Art der traditionellen mündlichen Überlieferung,[157] aber die Richtung zur Standard – Melodie ist anders (Abbildung 72):

Weil die andere fixierte mündliche Überlieferung klanglich und melodisch fixiert ist, können die genaue Melodie und der genaue Klang langsam von dem festen Lieder – Modell (A in der Abbildung 72) imitiert werden (A1, A2 ...), obwohl es die Parameter der persönlichen kreativen Interpretations- und Abweichungsmöglichkeiten nach dem Lernen noch gibt; umgekehrt ist der traditionelle mündliche Überlieferungsprozeß klanglich und melodisch nicht fixierbar. Weil die Lerntechnik von Mund zu Mund jedes Mal anders sein kann, entfernen sich Melodie und Klang sehr wahrscheinlich ganz langsam weg von dem Lieder – Modell (A) (Abbildung 72):

„Der [mündliche] Überlieferungsprozeß ist gleichzeitig ein permanenter Wandlungsprozeß der Musik. Keine Wiederholung ist ganz genau. [...] (Elscheková 1998: 223)"

---

[157] Elscheková 1998: 227; Blaukopf 1997: 180; Ong 1982: 11, 1987: 136.

Abbildung 72: Phänomensmodell der klanglichen Imitation, Annährung und melodischen Genauigkeit

Andere fixierte mündliche Überlieferung	Mündliche Überlieferung
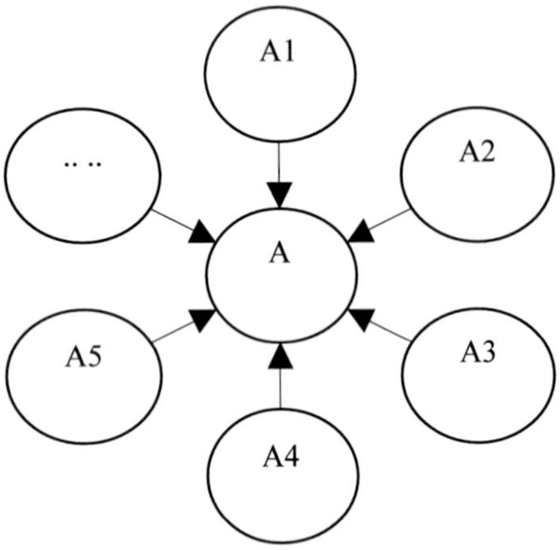 A1 A2 ... .. A A5 A3 A4	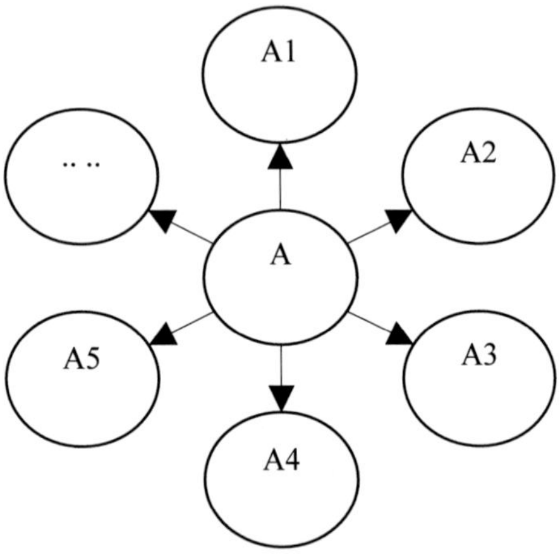 A1 A2 ... .. A A5 A3 A4
A ist das Standard – Liedmodell: klangliche Imitation von A, klangliche Annährung von A, melodische Genauigkeit von A.	A war das Standard – Liedmodell: Klangliche Imitation langsam weg von A, klangliche Annährung langsam weg von A, melodische Genauigkeit langsam weg von A.

Neue Einheit

Nach der Epoche der Missionar Hymnen sind die neu komponierten sogenannten Lobpreislieder langsam entstanden. Außer der terminologischen Veränderung[158] existieren die christlichen Lieder werden komponiert und produziert durch die umgeformte Präsentation, durch ihre Überlieferung und Bewahrungsweise der Massenmedien und Massenprodukte, so wie die Popular Musik, in anderer Art und Weise.

Ähnlich wie die Missionar Hymnen werden die Lobpreislieder nicht nur textlich in einer Sprache vertont, sondern auch gleich danach sofort in verschiedene Sprachen übersetzt und in ihren angehörigen sprachlichen Kulturräumen durch die Massenmedien und Massenprodukte weit verbreitet und überliefert.

Trotz der Unterschiedlichkeit der kulturellen christlichen Melodien ist dies sozusagen eine neue Einheit der christlichen Lieder. Dasselbe Lied wird überall in verschiedenen modernisierten Kulturräume in verschiedenen Sprachen gesungen. Umgekehrt gesagt, wenn Gläubige von verschiedenen Kulturen zusammen kommen, können sie Lobpreislieder als neue gemeinsame Lieder singen.

Die Überlegungsfrage ist: Ist die sprachliche Anpassung dieser abendländischen Lobpreislieder auch eine musikkulturelle Annährung?

Statt des passiven Lernens der Missionar Hymnen von den Missionaren, werden die neuen „fremden" abendländischen Melodien initiativ nach dem individuellen Musikgeschmack ausgewählt und gelernt. Außerdem, weil diese Französisch - Afrikaner in Wien sind, haben sie mehr Möglichkeiten, mit den neuen abendländischen Lobpreisliedern in Berührung zu kommen. Zum Beispiel: Guy Ndongala, ist ein kongolesischer Gläubiger und Musiker, der mit einer österreichischen Frau verheiratet ist, und nicht nur am Samstag in die kongolesische Kirche geht sondern auch mit seiner Frau und seinen beiden Kindern am Sonntag in die österreichische Kirche. Als Musiker spielt er nicht nur die kongolesisch - afrikanische Musik mit dem Keyboard und manchmal auch die Gitarre in dem kongolesischen Gottesdienst, sondern er spielt auch noch abendländische Lobpreismusik mit der E - Gitarre in der österreichischen Kirche. Seit ca. zwanzig Jahren lebt er in Österreich und kommt mit den abendländischen Lobpreisliedern auf Deutsch sehr oft in Berührung. So bringt er auch sehr oft viele seiner eigenen Lieblingsliedern von den für Afrikaner eigentlich fremden abendländischen Liedern, wie z.B. *„Ich singe Dir ein*

---

[158] s.Kap. I.1.1.

Liebes Lied (*In Deinem liebenden Arm*) / *Je veux chanter un chant d'amour*" (Abbildung 73), „*Feiert Jesus, kommt feiert ihn / Celebrez Jesus, Celebrez / Feiert Jesus*" (Abbilung 74), „*Ruf zu dem Herrn / Oh! Jesus, Mon Sauveur*" (Abbildung 75) usw. in die französisch - afrikanische Kirche.

Seit 2004 werden mehr und mehr abendländischen Lobpreislieder gesungen, weil mehr und mehr Teilnehmer aus anderen französischsprachigen afirkanischen verschiedenen kulturellen Ländern kommen.

Bei der französisch - afrikanischen Gruppe in Wien wählt nomalerweise der Lobpreisleiter die gewünschten gesungenen abendländischen Lobpreislieder aus, das Lobpreisteam lernt zuerst die Lieder zu Hause mit Musikkassetten und probt in der Probe, sie singen im Gottesdienst, und die Teilnehmer lernen langsam danach während des Gottesdiensts.

Abbildung 73: Lernmodell des Liedes „Ich singe Dir ein Liebes Lied
(In Deinem liebenden Arm) / Je veux chanter un chant d'amour"

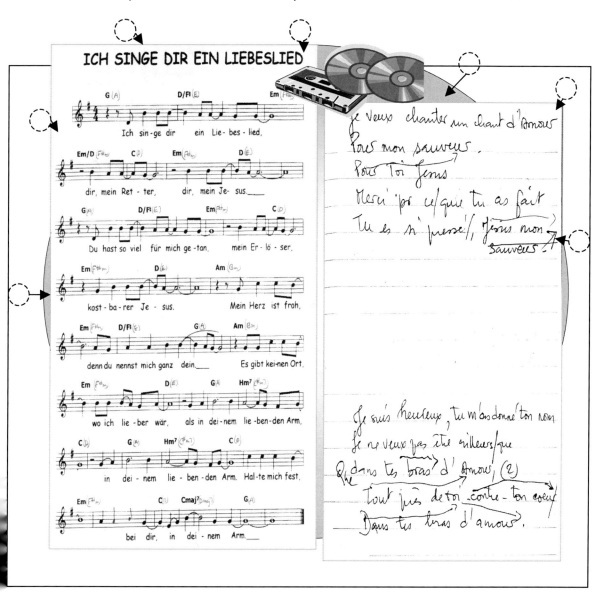

Zu Gott orientiertes längeres beschreibendes Lobpreislied

Funktionaler Faktor	Anbetungslied
Text-Inhaltliche Faktor	Zu Gott orientiertes längeres beschreibendes Lobpreislied
Sprachlicher Faktor	Französisch
Zeitlicher Faktor	neu komponiertes populäres abenländisches Lobpreislied
Geographischer Faktor	In Abendländer neu komponiertes Lobpreislied

Abbildung 74: Lernmodell des Liedes „Feiert Jesus, kommt feiert ihn / Celebrez Jesus, Celebrez / Feiert Jesus"

Abbilung 75: Lernmodell des Liedes „Ruf zu dem Herrn / Oh! Jesus, Mon Sauveur"

Neuer kultureller Zweig

Neue kongolesische Lobpreislieder / Gottes Lieder werden auch ähnlich durch das Aufschreiben und das Anhören der neuen Medien wie Kassette, CDs und Musikvideos mündlich gelernt (Abbildung 76). Der Unterschied zu dem Lernen der neu komponierten abendländischen Lobpreislieder ist: Weil sie den kongolesischen Musikstil besser nachvollziehen und verstehen können, können sie auch leicht erlernen und dazu variiert interpretieren.

Abbildung 76: Aufschreiben eines neu komponoierten kongolesischen Lobpreisliedes „*Eternel tu me sondes*"

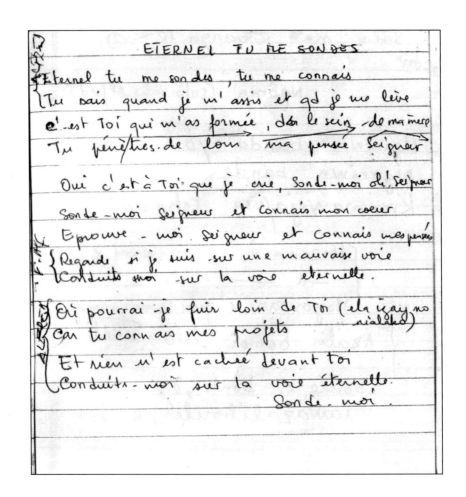

Zusammenfassung

Die Erforschung der französisch – afrikanischen christlichen Lieder und Gesänge in Wien ist bis hier eine Zwischen – Endstation. Diese Forschungsreihe wird folgendenmaßen zusammengefaßt:

Ein Begriff bedeutet nicht nur die Benennung, sondern auch die Ideologie dahinter, die Menschen dadurch einerseits zeigen wollen und andererseits verstehen können. Deswegen genügt es nicht, daß eine Terminologie nur von den bezüglichen Schriften, den wissenschaftlichen Definitionen und einem historischen Hintergrund her erforscht wird. Die menschliche subjekte Auffassung ist schon eines der wichtigen Kriterien und ein Zugang zu dem Begriff. Dazu ist die empirische Forschung und vor allem die Befragung eine passende Methode.

Wie erforscht, ist der Begriff und die Terminologie „Lobpreis" ein entscheidender Parameter sowohl zu der neue Phase der Kirchengeschichte und der christlichen Religion als auch zu ihrer musikalischen Aktivitäten, um eine initiativere Beziehung zu Gott im ganzen Leben musikalisch oder auch unmusikalisch zu haben und zu zeigen. Obwohl das Wort nicht ein neuer Terminus in der Bibel ist, wurde es von der Bibel übernommen und neu verwendet, betont und interpretiert. Diesen neuen Begriff und die neue Idee begleiten verschiedensten Bewegungen, Wellen und Aktivitäten, und werden auch noch in der Kirche gepredigt und musiziert.

Neben diesem Begriff laufen eigentlich noch verschiedenste christliche musikalische Termini, die nicht unbedeutend sind, denn jeder Terminus hat seine ursprüngliche Bedeutung, Idee und Ideologie und gibt eine Assoziationsmöglichkeit für verschiedene Menschen.

In dieser Forschung wird die Bezeichnung „französisch – afrikanische" Gruppe benützt, obwohl sie sich als eine „französischsprachige" Gruppe identifiziert; die meisten von ihnen und mehr und mehr Teilnehmer kommen aus dem afrikanischen Kontinent, besonders aus verschiedensten französischsprachigen Ländern und Gebieten und dem lingalasprachigen Raum, wenn auch sie nicht alle Französisch sprechen und verstehen können.

Obwohl sie Migranten sind, Minderheiten in der fremden Kultur sind, und wegen einer gemeinsamen Sprache - Französisch sich in derselben Religion versammeln können, ist der multiethnische und multisprachige Zustand durch die hohe Mobilität der Teilnehmer eine andere Herausforderung im Laufe der Zeit. Dies kann, nur mit der intensiven teilnehmenden Beobachtung beobachtet werden. Die dadurch entstehende Multi - Identität zeigt sich in ihrem liebevollen Verhalten zu den Mitmenschen und auch durch das Musizieren, das Singen und das Lieder – Repertoire.

Weshalb sie singen ist nicht nur eine Forschungsfrage, um die Funktion der Musik und das Klangideal herauszufinden, sondern ist auch einerseits ein entscheidendes Kriterium in ihrer Religion und in ihrem Glauben und andererseits ein wichtiges Mittel für sie, alles zu Gott auszudrücken und mit Gott zu kommunizieren.

Sie singen wegen Gott, für Gott und zu Gott, wie zu dem vertrauten Freund oder Vater, deswegen ist es egal, ob sie gut oder nicht gut singen können. Sie singen laut mit der guten und auch schlechten Stimme, weil sie einfach begierig sind zu Gott zu singen und dadurch mit Gott zu kommunizieren. Das Singen ist für sie nicht eine Aufführung im Konzert, sondern zielbewußt. Dies ist nicht nur einfach ein motivationspsychologischer oder kultureller Aspekt, sondern beruht auf längerer biblischer Orientierung.

Um die tiefere Bedeutung des Gesangs zu erkennen und zu verstehen, genügen die zwei Methoden – als Außenstehende mit der teilnehmenden Beobachtung im Feld und der ethnographischen Beschreibung – nicht. Außer der biblischen Unterstützung sind zahlreiche objektive Interviews und dann eine empirische Befragung nötig, um ihre Motivation zu zeigen.

Eine starke Motivation bewirkt eine starke Emotion, die durch starken Ausdruck entsteht, wobei viele Parameter mitwirken. Z.B. Es gibt zwar ein universales Emotions- und Ausdrucksgesetz in der emotionspsychologischen Forschung, aber es gibt trotzdem viele verschiedensten Persönlichkeiten; z.B. das Ergebnis, daß die Musik ein entscheidendes Emotions- und Ausdrucksmittel sein kann, ist in zahlreichen sowohl musikpsychologischen als auch musiktherapeutischen Forschung längst bekannt; z.B. außerdem beeinflußt die Kultur auch noch die Emotions- und Ausdrucks – Art und Weise.

Im Laufe der Forschung trat einer besonders psychologischer musikalischer Emotionseffekt immer wieder auf, nämlich daß während des musikalischen Lobpreises, der Anbetung und des Medley gemischten Gesangs, die Gläubigenimmer lauter und lauter singen, lauter und lauter beten, sogar schreien, ausrufen, ululieren, trillern, pfeiffen, in die Hände klatschen, tanzen und so auf alle möglichen vokalen und physischen Arten ihre Emotionen ausdrücken..

Zwei musikalische Effekt - Begriffe, nämlich die „Animation" und das „Geschrei", werden besonders mit Spektrogramm präsentiert, weil die Transkription mit dem fünf Linien Noten

System den klanglichen Effekt nicht genau aufzeichnen kann. Die Animation ist sehr Kultur orientiert und das Geschrei sowohl Kultur als auch Bibel orientiert.

Wenn die Religion eine Tröstfunktion darstellt und wenn die Musik eine therapeutische Funktion spielt, eine Art Musiktherapie, könnte die französisch – afrikanische Musik und der Gesang auch eine Aktivierung bewirken und so Menschen helfen.

Zwei Kriterien, nämlich das „Glauben" und der „Musikgeschmack", sind ein psychologischener, musikalischer auch religiöser Weg zu der positiven Aktivierung. Das heißt, einerseits – wenn man glaubt, daß diese Musik und das Singen helfen, und man außerdem daran glaubt, was in der Bibel steht und welche Versprechungen Gott in der Bibel gibt, ist es eine Hilfe; und andererseits – man bekommt die positive Aktivierung noch schneller, wenn man der Musik und dem Singen vertraut, wenn die Melodie sehr bekannt ist und wenn man gut und schön singen kann.

Diese zwei Behauptungen wurden sowohl mit den biblischen Behauptungen unterstützt als auch mit drei Fragebögen bewiesen.

Durch das Lieder – Repertoire, das sie singen, kann man heraus identifizeren, daß sie christliche protestantische evangelikale Gläubige sind, daß sie multiethnisch und multisprachig sind, daß sie in einer globalisierten, modernen Welt leben, daß sie auf einer multi - musikkulturellen Kreuzung sind usw. Deswegen ist so ein Versuch einer Klassifikation der Lieder notwendig und wichtig.

Die Lieder, die sie singen, können und werden auch nach verschiedenen Kriterien – drei Modelle und fünf Faktoren - sowohl statisch unveränderbar als auch dynamisch veränderbar, und sowohl extern als auch intern klassifiziert.

Sehr interessant ist, daß sie ihre eigenen abendländischen Hymnen von Afrika nach Wien mitbrachten und singen. Wegen ihrer persönlichen Interpretation der Lieder können viele abendländische Gläubige im ersten Augenblick nicht erkennen, daß sie abendländische Lieder singen. Von diesem Gesichtswinkel aus wird durch die Philosophie der Interpretations- und Reinterpretationstheorie festgestellt, daß die Lieder zwar historisch für diese Französisch – Afrikaner fremde abendländische Melodien sind, aber der Gesang der Lieder interpretativ, musikalisch und klanglich für sie ihre eigene afrikanische Interpretation ist.

Abgesehen von den unterschiedlichen vokalen Techniken, Singweisen und ihren gesanglichen Klangfarben sind die Stile der Melodien kulturell schwer unterscheidbar. Z.B. was für Außenstehende abendländisch ist, kann für die Kongolesen kongolesisch sein, weil sie die Lieder selbst komponieren; oder was für Außenstehende nicht besonders afrikanisch ist, kann für die Kongolesen unabendländisch sein, weil die Lieder einfach keine Titel haben und die Melodien einfach mit improvisierten Texten vertont und selbst komponiert werden können; auch was für Außenstehende sehr ähnliche Melodien sind, kann für die Kongolesen als ganz andere Melodien empfunden werden. Manchmal steckt etwas hinter den Liedern, was mehr als eine musikalische, stilistische Analyse ist.

Zu der Diskussion der Hymnen in dem französisch – afrikanischen Gesang wird ein Paradoxon – das Eigene / das Fremde festgestellt. Obwohl es scheinbar abendländische Lieder sind, haben Menschen aus verschiedenen Musikkulturen ihren eigenen Wahrnehmungszugang zu den Melodien und Liedern. Das heißt, eine einheimische Musik soll für ihre Einheimischen eigen sein, aber ein Einheimischer kann seine einheimische Musik als fremd empfinden; eine fremde Musik soll für Menschen fremd sein, aber eine fremde Melodie kann auch als eigen empfunden werden, sobald die fremde Melodie sehr gut bekannt ist, sie anspricht, und sie die Melodie sehr gut und fließend singen können.

„Gottes Lieder" ist eine andere Terminologie in D. R. Kongo die christlichen Lieder zu bezeichnen. Das Lieder – Repertoire ist umfangreich. Und eines der wichtigen musikkulturelle Merkmale ist die mündliche Überlieferung.

Die Französisch – Afrikaner interpretieren dieselben Lieder und Melodien nicht nur jedesmal anders, sondern jeder hat bei demselben Lied auch seine eigentliche regionale orientierte Melodie. Außerdem passen sie ihre eigentliche Melodien an den Gesang anderer Melodien und Stimmen an und machen so gemeinsam eine neue Reinterpretation.

Weil sie sich leicht an andere Melodien und Stimmen anpassen, tritt dann in dem Gesang und der Anpassungsinterpretation das Phänomen auf, daß sie in verschiedenen Melodien und Stimmen hin und her wandern können.

Ein drittes, durch die Massenmedien und Massenprodukte entstehendes Überlieferungsmodell wird am Ende dieser Forschung als ein neuer Lernprozeß vorgestellt. Diese Überlieferung ist einerseits klanglich fest und auch klanglich beschrieben, bewahrbar und ähnlich einer „schriftlichen Überlieferung"; andererseits bleibt die Lerntechnik durch die Möglichkeit der Wiederholung des Abspielens durch Massenprodukte eine mündliche Technik und ist ähnlich einer „mündlichen Überlieferung".

Sie lernen mehr und mehr neue Lieder sowohl neu komponierte abendländische Lobpreislieder als auch neu komponierte kongolesische Gottes Lieder von Kassetten, CDs und Musikvideos.

„Klangliche Imitation" und „Klangliche Genauigkeit" sind zwei Lern – Merkmale in dem Lernprozeß das Ziel zu erreichen.

Literaturveryeichnis

Adogame, Allan
2004   ***Doing things on earth for heavens sake. Negotiated Pentecostal identity
              and African religious diaspora in Germany***, paper presented at the „Mi-
              gration und Identität. Pfinstlich – charismatische Gemeinden fremder
              Sprache und Herkunft in Deutschland", wissenschaftliche Tagung, 11./12.
              Juni 2004, Heidelberg.

Ammann, Raymond
2004   Pacific Encounters with Christian Music, in: ***37ᵗʰ World Conference of the
              International Council for Traditional Music. Conference Contribu-
              tions – Abstracts***. Fuzhou & Quanzhou, China, S. 3.

Anderson, Allan
2004   ***What European Christian can learn from African Pentecostal Chris-
              tians. Issues of Identity, Plurality and Community***, paper presented at the
              „Migration und Identität. Pfinstlich – charismatische Gemeinden fremder
              Sprache und Herkunft in Deutschland", wissenschaftliche Tagung, 11./12.
              Juni 2004, Heidelberg.

Arom, Sinha
1991   ***African Polyphony and Polyrhythm. Musical Structures and Methodol-
              ogy***. Cambridge, New York, Melbourne und Sydney: Cambridge Univer-
              sity Press.

Axelsson, O.
1981   The Development of African Church Music in Zimbabwe, in: ***Second
              Symposium on Ethnomusicology***, Tracy A. (Hg.). Grahamstown: Interna-
              tional Library of African Music, S. 2-7.

Bachmann, Werner (Hg.)
1986   ***Musikgeschichte in Bildern***. Leipzig: VEB Deutscher Verlag für Musik.

Baily, John
1985   Music Structure and Human Movement, in: ***Musical Structure and Cog-
              nition***, Peter Howell, Ian Cross und Robert West (Hg.). London: Aca-
              demic Press.

Bastide, R.
1972   ***African civilizations in the New World***. New York.

Bauböck, Rainer
1998   Minderheiten im Übergang. Zur Assimilation von Einwanderern. In:
              Stimme von und für Minderheiten, Nr. 27/II, S. 14-16.

Baumann, Max Peter
1976   ***Musikfolklore und Musikfolklorismus. Eine Ethnomusikologische
              Untersuchung zum Funktionswandel des Jodels***. Winterthur: Amadeus.

1985   Volkslied und Volksgesang, in: ***Volsmusik in der Schweiz***, Gesellschaft für
              Volksmusik in der Schweiz. Zürich.

1992a   The Ear as Organ of Cognition: Prolegomenon to the Anthropology of
              Listening, in: ***Eurowean studies in ethnomusicology: historical develop-***

ments and recent trends; selected papers presented at the VIIth European Seminar in Ethnomusicology. Berlin, October 1-6, 1990, Baumann, Max Peter (Hg.). Wilhelmshaven: Noetzel.

1993   Listening as an Emic / Etic Process in the Context of Observation and Inquiry, in: *Emic and Etic in Ethnomusikology*. Wilhelmshaven, S. 34-62.

1994   Intra- und interkulturelle Kooperation als Modell ethnomusikologischer Feldfoeschung, in: *Perspektiven der Ethnomusikologie*, Bruno B. Reuter und Lujza Tari (Hg.). München, S. 39-52.

Baumann, Max Peter (Hg.)
1992b   *World Music. Musics of the world. Aspects of documentation, mass media and acculturation*. Wilhelmshaven: Noetzel.

Baumgarten, Gerhard und Konrad Köstlin (Hg.)
1980   *Heimat und Identität. Probleme regionaler Kultur*. Neumünster.

Behne, Klaus – Ernst
1997   Musikpräferenzen und Musikgeschmack, in: *Musikpsychologie. Ein Handbuch*, Herbert Bruhn, Rolf Oerter und Helmut Rösing (Hg.). Hamburg: rororo, S. 339-353.

Benesch, Hellmuth (Hg.)
1997[6]/1987 *dtv – Atlas, Psychologie. Band 1*. München: Deutscher Taschenbuch Verlag.

Bender, Wolfgang
1985   *Sweet Mother. Moderne afrikanische Musik*. München: Trickster Verlag.

Bergrunder, Michael
2004   *Migration, Pfinstbewegung und Identität*, paper presented at the „Migration und Identität. Pfinstlich – charismatische Gemeinden fremder Sprache und Herkunft in Deutschland", wissenschaftliche Tagung, 11./12. Juni 2004, Heidelberg.

Blacking, John
1973   *How musical is man?*. Seattle: University of Washington Press.
1980   *Theory of African Music. Nine Essays*. Urbana II.
1995   Expressing Human Experience Through Music, in: *Music Culture and Experience. Selected Papers of John Blacking*, Reginald Byron (Hg.). Chicago, S. 31-54.

Blacking, John und Joann W. Kealiinohomoku (Hg.)
1979   *The Performing Arts. Music and Dance*. The Hague: Mouton Publishers.

Blakely, T. D., W. E. A. van Beck und D. L. Thompson (Hg.)
1994   *Religion in Africa*. London.

Blume, Friedrich (Hg.)
1996   *Die Musik in Geschichte und Gegenwart. Allgemeine Enzyklopädie der Musik (MGG). Allgemeine Enzyklopädie der Musik*. Kassel – Basel: Bärenreiter.

Bock, Hans-Hermann und Peter Ihm (Hg.)
1991   *Classification, Data Analysis, and Knowledge Organization. Models and Methods with Applications*. Berlin und Heidelberg: Springer - Verlag.

Bock, Hans-Hermann und Wolfgang Polasek (Hg.)
1996   *Data Analysis and Information Systems. Statistical and Conceptual Approaches*. Berlin und Heidelberg: Springer-Verlag.

Bohhlman, Philip V.
1997   Music in the life of Modern Vienna, in: *Excursions in World Music*, Bruno Nettl, Charles Capwell, Isabel I.F. Wong und Thomas Turino (Hg.). Prentice Hall, New Jersey, S. 191-6.

Bösch, Walter, Ruth & Carl-Vilhelm Hasselgren, u. Martin Schindler
1999   *Erste Schritte, den Glauben zu Entdecken.* Wien: Halbgasse 17 Freie Christengemeinde.

Böttcher, Hermann F. und Wúwe Kerner
1978   *Methoden in der Musikpsychologie.* Leipzig: Edition Peters.

Brandel, Rose
1959   The African hemiola style, in: *Ethnomusicology*, Vol. 3, No. 3.
1973^2/1961   *The music of Central Africa.* The Hague.

Brandl, Rudolf Maria und Helmut Rösing
1993   Musikkultur im Vergleich, in: *Musikpsychologie. Ein Handbuch.* Hamburg: rororo, S. 57-74.

Brednich, Rolf Wilheim, Lutz Röhrich, und Wolfgang Suppan (Hg.)
1975   *Handbuch des Volksliedes. Band II: Historisches und systematisches – Interethnische Beziehungen – Musikethnologie.* München: Wilheim Verlag.

Brockhaus (Hg.)
1985/1992   *Bibel.* Wuppertal: R. Brockhaus-Verlag.
1996   *Brockhaus. Die Enzyklopädie.* Leipzig und Mannheim: F. A. Brockhaus.

Bruhn, Herbert und Helmut Rösing (Hg.)
1998   *Musikwissenschaft. Ein Grundkurs.* Reinbek bei Hamburg: rororo.

Bruhn, Herbert, Rolf Oerter und Helmut Rösing (Hg.)
1993   *Musikpsychologie. Ein Handbuch.* Reinbek bei Hamburg: rororo.

Bruhn, Herbert, Rolf Oerter und Helmut Rösing
1993   Musik und Psychologie – Musikpsychologie, in: *Musikpsychologie. Ein Handbuch.* Herbert Bruhn, Rolf Oerter und Jelmut Rösing (Hg.). Reinbek bei Hamburg: rororo, S. 13-21.

Brunnen Verlag Basel und Gießen (Hg.)
2001^5/1986   *Hoffnung für alle. Die Bibel.* Netherlands: International Bible Society.

Bunt, L. & Pavlicevic, M.
2001   Music and emotion : Perspectives from music therapy, in: *Music and Emotion: Theory and Research*, P. Juslin & J. Sloboda (Hg.). Oxford: University Press, S. 181-201.

Byron, Reginald (Hg.)
1995   *Music, Culture and experience: Selected papers of John Blacking.* Chicago.

Cable, George W.
1886   *The dance in Place Congo*, The Century Magazine, XXXI.

Carothers, Merlin R.
1982   *Lobpreis in der Bibel.* Schorndorf: Verlag Johannes Fix.

Chang, Yea-Tyng
2004a   French African Christian Songs in Vienna, in: *37th World Conference of the International Council for Traditional Music. Conference Contributions – Abstracts.* Fuzhou & Quanzhou, S. 25-26.

2004b   *Die Erforschung des Gesanges Afrikanischer Religiöser Gemeinschaften in Österreich – Drei Befragungsmodelel und Fragebogen (Research in African Religious Societies in Austria -* VÝSKUM SPEVU V AFRICKÝCH NÁBOŽENSKÝCH SPOLOČENSTVÁCH V RAKÚSKU*)*, **paper presented at the 31. Etnomuzikologického seminára, 25. - 27. máj 2004, kaštiel Budmerice.**

2004c   *Another Minority – French - African Christian Songs in Austria*, **paper presented at the Third Meeting of the Study Group „Music and Minorities" of the International Council for Traditional Music, 27. Aug. - 3. Sep. 2004, Roć.**

2004d   *Kulturelle Identität bei dem Französisch - afrikanischen Lobpreisgesang in Wien*, **paper presented at the XIII. Internationaler Kongress der Gesellschaft für Musikforschung „Musik und kulturelle Identität", 16. - 21. Sep. 2004, Weimar.**

2004e   *„Animation" in the French - African Church Singing in Vienna*, poster presented at the XX European Seminar in Ethnomusicology (ESEM), 29. Sep. - 3. Okt. 2004, Venedig – Fondazione Giorgio Cini.

Cheng, Shui-Cheng
   2004   The Evolution of Church Music in Taiwan, in: *37th World Conference of the International Council for Traditional Music. Conference Contributions – Abstracts*. Fuzhou & Quanzhou, China, S. 32-33.

Chernoff, John
   1979   ***African rhythm and African sensibility***. Chicago: University of Chicago Press.

Claudia, Hesse-Böhme
   2004   ***Die Endzeit aus der Sicht der Pfingstbewegung***. Heidelberg: Universität Heidelberg.

Clementcic, René und Herbert Bruhn
   1998   Musikstil und Interpretation, in: ***Musikwissenschaft. Ein Grundkurs***. Herbert Bruhn u. Helmut Rösing (Hg.). Hamburg: rororo, S. 430-456.

Clement, Michael R.
   2004   Sacred and Secular Changes in Chamorro Music Resulting from Catholic Missionization, in: *37th World Conference of the International Council for Traditional Music. Conference Contributions – Abstracts*. Fuzhou & Quanzhou, China, S. 40-41.

Cofer, Charles N.
   1975   ***Motivation und Emotion***. München: Juventa Verlag.

Coleman, Michael u. Ed Lindquist
   1991   ***Mit Lobpreis und Anbetung dienen***. Übersetzung v.: Come and Worship. Wuppertal: One Way.

Cook, Nicholas
   1990   ***Music, Imagination, and Culture***. Oxford: Clarendon Press.

Corcoran, D. W. J.
   1971   ***Pattern recognition***. Harmondsworth.

Damasio, Antonio R.
   2000   ***Ich fühle, also bin ich***. München: List Verlag.

Deutsche Bibelgesellschaft (Hg.)
   1984   ***Die Bibel***. Die Bibel nach der Übersetzung Martin Luthers in der

revidierten Fassung von 1984. Stuttgart: Deutsche Bibelgesellschaft.

Ebermann, Erwin (Hg.)

2003   *Afrikaner in Wien. Zwischen Mystifizierung und Verteufelung. Erfahrungen und Analysen*. Münster – Hamburg - London: Lit.

Eco, Umberto

2002   *Wie man eine wissenschaftliche Abschlußarbeit schreibt*. Heidelberg: C. F. Müller.

Eggebrecht, H. H.

1973   *Funktionale Musik*. Arch. Für Musikw., 31, 1-25.

Elschek, Oskár

1998   Verschriftlichung von Musik, in: *Musikwissenschaft. Ein Grundkurs*. Herbert Bruhn u. Helmut Rösing (Hg.). Hamburg: rororo, S. 253-269.

1992   *Die Musikforschung der Gegenwart: ihre Systematik, Theorie und Entwicklung*. Wien: Föhrenau.

Elschek, Oskár (Hg.)

1990   *Rhythmik und Musik in traditionellen Musikkulturen*. Bratislava: Veda.

Elschek Oskár und Doris Stockmann (Hg.)

1969   *Methoden der Klassifikation von Volksliedweisen*. Bratislava: Verlag der Slowakischen Akademie der Wissenschaft.

Elscheková, Alica

1969   Technologie der Datenverarbeitung bei der Klassifizierung von Volksliedern, in: *Methoden der Klassifikation von Volksliedweisen*, Elschek Oskár und Doris Stockmann (Hg.). Bratislava: Verlag der Slowakischen Akademie der Wissenschaft, S.93-122.

1975   Systematisierung, Klassifikation und Katalogisierung von Volkslieweisen, in: *Handbuch des Volksliedes. Band II: Historisches und systematisches – Interethnische Beziehungen – Musikethnologie*, Brednich, Rolf Wilhelm, Lutz Röhrich, und Wolfgang Suppan (Hg.). München: Wilhelm Verlag, S. 549-582.

1998   Überlieferte Musik, in: *Musikwissenschaft. Ein Grundkurs*. Herbert Bruhn u. Helmut Rösing (Hg.). Hamburg: rororo, S. 221-238.

Elscheková, Alica und Oskár Elschek

1996   Theorie und Praxis der Erforschung der traditionellen Musik von Minderheiten, in: *Echo der Vielfalt – Echoes of Diversity. Traditionelle Musik von Minderheiten – ethnischen Gruppen*, Ursula Hemetek (Hg.). Wien, S. 31-41.

Elste, M.

1993   *Kleines Tonträgerlexikon. Von der Walze zur Compact Disc*. Kassel: Bärenreiter.

Erlmann, Veit

1998   Musikkultur, in: *Musikwissenschaft. Ein Grundkurs*. Hamburg: rororo.

Esser, Hartmut

1980   *Aspekt der Wanderungssoziologie. Assimilation und Integration von Wanderern, ethnischen Gruppen und Minderheiten. Eine handlungstheoretische Analyse*. Darmstadt, Neuwied: Luchterhand.

Etterna, J. & Whitney, D. C.

1994   *Audiencemaking. How the media create the audience*. California: Thousand Oaks – Sage.

Farnsworth, F. R.
1969[2]/1958   *The Social Psychology of Music*. Iowa.

Faßmann, Heinz und Rainer Münz
1995   *Einwanderungsland Österreich*. Wien.

Fischer, Gero
1984   Sprache und Identität im bikulturellen / zweisprachigen Kontext. Ansätze für eine innovative Kultur- und Forschungspraxis, in: *Zwischen Selbsfindung und Identitätsverlust: Ethnische Minderheiten in Europa*. Wien, S. 26-40.

Fischer, L.
1997   *Grundlagen der Soziopsychologie*. München.

Födermayr, Franz (Hg.)
1998   *Ethnologische, historische und systematische Musikwissenschaft : Oskár Elschek zum 65. Geburtstag*. Bratislava: ASCO Art & Science.(B15720***)
1971   *Zur gesanglichen Stimmgebung in der außereuropäischen Kulturen*.

Gann, L. H. und R. Duignan (Hg.)
1969   *Colonialism in Africa. Vol. 1., The history and politics of Colonialism 1870-1914*. Cambridge.
1970   *Colonialism in Africa. Vol. 2., The history and politics of Colonialism 1914-1960*. Cambridge.
1971   *Profiles of change: African society and colonial rule*. Cambridge.

Gasper, Hans, Joachim Müller u. Friederike Valentin
2001[7]/1990   *Lexikon der Sekten, Sondergruppen und Weltanschauungen*. Freiburg, Basel u. Wien: Herder.

Gerloff, Roswith
2004a   *Die Bedeutung der pfinstlich – charismatischen Bewegung für Identitätsbildung, Mission und Kontextualität von Gemeinden und Verkündigung afrikanischer Diasporakirchen in Europa*, paper presented at the „Migration und Identität. Pfinstlich – charismatische Gemeinden fremder Sprache und Herkunft in Deutschland", wissenschaftliche Tagung, 11./12. Juni 2004, Heidelberg.
2004b   *Das schwarze Lächeln Gottes. Afrikanische Diaspora als Herausforderung an Theologie und Kirche*. Frankfurt am Main: Verlag Otto Lembeck.

Goebl, Hans und Martin Schader (Hg.)
1992   *Datenanalyse, Klassifikation und Informationsverarbeitung. Methoden und Anwendungen in verschiedenen Fachgebieten*. Heidelberg: Physica-Verlag.

Greenberg, J. H.
1970   *The language of Africa*. The Hague.

Gordon, Milton M.
1964   *Assimilation in American Life. The Role of Race, Religion and National Origins*. New York.
1975   Toeard a Generall Theorie of Racial and Ethnic Group Relations, in: *Ethnicity. Theory and Experience*. Cambridge: Mass, S. 84-110.

Grasmuck, Susanne Theresia
    2000   *Church Music in Madagascar*. Pretoria: University of Pretoria.

Han, Petrus
    2000   *Soziologie der Migration. Erklärungsmodell • Fakten • politische Konsequenzen • Perspektiven*. Stuttgart: Lucius & Lucius.

Hänssler Verlag (Hg.)
    2002^2/2001   *Neues Leben. Die Bibelübersetzung*. Holzgerlingen: Hänssler Verlag.

Harnish, David
    2004   *Interfaces between Christianity and local Musical Traditions in Island Southeast Asia. Christian Musical Expression: Evangelism and Interactions with Other Traditions in Asia*, paper presented at the 37th World Conference of the International Council for Traditional Music, Fuzhou & Quanzhou, China.

Harrer, Gerhard
    1997   Beziehung zwischen Musikwahrnehmung und Emotionen, in: *Musikpsychologie. Ein Handbuch*, Herbert Bruhn, Rolf Oerter und Helmut Rösing (Hg.). Hamburg: rororo, S. 588-599.

Hasselgren, Ruth
    2003   *Das Herz des Lobpreises ist Hingabe – Römer 12: 1-2*. Wien: Halbgasse.

Hastings, A.
    1979   *A History of African Christianity 1950-1975*. Cambridge.
    1980   *The Church in Africa., 1450 - 1950*. Oxford.

Haustein, Jörg
    2004   *Die Pfinstbewegung im Kontext äthiopischer Migranten in Deutschland*, paper presented at the „Migration und Identität. Pfinstlich – charismatische Gemeinden fremder Sprache und Herkunft in Deutschland", wissenschaftliche Tagung, 11./12. Juni 2004, Heidelberg.

Heister, Hanns-Werner
    1984   Musik als Ausdruck und Konstruktion, in: Kindler - Enzyklopädie «*Der Mensch*», Bd. VI (S.598619). München: Kindler.S
    1992a   Hermeneutik und Soziologie, in: *Hermeneutik um musikwissenschaftlichen Kontext*. Internationales Symposium Salzburg (Schriften zur musikalischen Hermeneutik, Bd. 4, S. 65-70). Laaber: Laaber.
    1998   Zweckbestimmung von Musik, in: *Musikwissenschaft. Ein Grundkurs*. Herbert Bruhn u. Helmut Rösing (Hg.). Hamburg: rororo, S. 208-221.

Hemetek, Ursula
    2001   *Mosaik der Klänge. Musik der ethnischen und religiösen Minderheiten in Österreich*. Wien: Böhlau.

Hemetek, Ursula (Hg.)
    1996   *Echo der Vielfalt – Echoes of Diversity. Traditionelle Musik von Minderheiten – ethnischen Gruppen*
    1998   *Initiative Minderheiten: Weg zu Minderheiten: ein Handbuch*. Klagenfurt: Drava-Verlag.

Herskovitz, Melville Jean
    1938   *Acculturation: The study of culture contact*. New York: J. J. Augustin.
    1944   *The Myth of the Negro Past*. New York: J. J. Augustin.

1948   *Man and his works*. New York: Knopf.

1964   *Cultural dynamics*. New York: Knopf.

Hesse, Horst - Peter

2003   *Musik und Emotion. Wissenschaftliche Grundlagen des Musik – Erlebens*. Wien und New York: Springer - Verlag.

Hewlett, A. M.

1886   Some thoughts on Church Music in Madagascar, in: *The Antananarivo Annual and Madagascar Magazine 10*, S. 199-204.

Hofstätter, P. R.

1973   *Einführung in die Sozialpsychologie*. Stuttgart: Alfred Kröner.

Honegger, Marc (Hg.)

1976   *Das Große Lexikon der Musik*. Freiburg: Herder.

Jones, A. M.

1959   *Studies in African Music, 2 vols*. London.

Joswig, H.

1995   *Begabung und Motivation*. Frankfurt.

Jung, Carl G.

2001/1977   *Typologie*. DE: Dtv.

Kahl, Werner

2004   *Zur Bibelhermeneutik pfinstlich – charismatischer Gemeinden aus Westafrika in Deuschland*, paper presented at the „Migration und Identität. Pfinstlich – charismatische Gemeinden fremder Sprache und Herkunft in Deutschland", wissenschaftliche Tagung, 11./12. Juni 2004, Heidelberg.

Karagiannis, Evangelos

2004   *Zwischen Krise und Anpassung. Zwei Pfinstkirchen afrikanischer Migranten in einer ostdeutschen Großstadt*, paper presented at the „Migration und Identität. Pfinstlich – charismatische Gemeinden fremder Sprache und Herkunft in Deutschland", wissenschaftliche Tagung, 11./12. Juni 2004, Heidelberg.

Karbusicky, Vladimir

1979   *Systematische Musikwissenschaft. Eine Einführung in Grundbegriffe, Methoden und Arbeitstechniken*. Müchen: Wilhelm Fink.

Katholisches Bibelwerk (Hg.)

2003   *Bibel. Einheitsübersetzung der Heiligen Schrift. Gesamtausgabe*. Stuttgart: Katholisches Bibelwerk GmbH.

Keamer, J. E.

1986   *Syncretism and Adaptation on the Christian Music of the Logoli*. Greenville: East Carolina University.

1993   *Music in Human Life: Anthropological Perspectives on Music*. Austin: University of Texas.

Kidula, Jean

1998   *Sing and Shine: Religious Popular Music in Kenya*. California: UCLA.

2004   The Arrogation of African Folk and Spirit Songs as English Anthems for Academic and Church Use, in: *37th World Conference of the International Council for Traditional Music. Conference Contributions – Abstracts*. Fuzhou & Quanzhou, S. 78-79.

Kilson M. & R. Rotberg (Hg.)
1976   *The African diaspora. Interpretative essays*. Cambridge: MA.

Klein, C.
1990   *Meßkompositionen in Afrika. Ein Beitrag zur Geschichte und Typologie der katholischen Kirchenmusik Afrikas*. Göttingen: Edition Re.

Knepler, Georg
1977   *Geschichte als Weg zum Musikverständnis. Zur Theorie, Methode und Geschichte der Musikgeschichtsschreibung*. Leipzig: Reclam.

Kopfermann, Arne
2001   *Das Geheimnis von Lobpreis und Anbetung*. Stuttgart: S & G / Projektion J Verlag / Gerth Medien.

Krüger, Heike, Rainer Jakob, Susanne Starke - Perschke, Birgit Staude (Hg.)
2004   *Psychologie. Ein Lexikon zum Grundwissen der Psychologie*. Mannheim, Leipzig, Wien und Zürich: Dudenverlag.

Kubik, Gerhard
1968   *Mehrstimmigkeit und Tonsysteme in Zentral- und Ostafrika*. ***
1985   African Music: The Dimension of Cross – Cultural Understanding, in: *South African Journal of Musicology*, Vol. 5, No. 1, S. 1-5.
1988   *Zum Verstehen afrikanischer Musik*. Leipzig: Verlag Philipp Reclam jun.
1994   Ethnicity, cultural identity and the psychology of culture contact, in: *Music and black ethnicity*, Gerard Béhague (Hg.). Würzburg, N. J.: Transaction Publishers, S. 17-46.
1998   *Analogies and Differences in African – American Musical Cultures across the Hemisphere*: Interpretive Models and Research Strategies, in: Black Music Research Journal. Vol. 18, No. 1 / 2.

Kubik, Gerhard und Artur Simon
1994   Afrika südlich der Sahara, in: *Musik in Geschichte und Gegenwart (MGG). Sachteil Bd. 1.* L. Finscher (Hg.) Stuutgart und Kassel: Metzler / Bärenreiter, S. 49-194.

Küster, Konrad
1996   *Studium: Musikwissenschaft*. München: Wilhelm Fink Verlag.

Kwabena Nketia, J. H.
1975   *The Music of Africa*. London.

LaBarre, W.
1947   The cultural basis of emotions and gestures, in: *Journal of Personality*, 16, S. 49-68.

Laan, Cornelis van der
2004   *Pentecostal Migrant Churches in the Netherlands*, paper presented at the „Migration und Identität. Pfinstlich – charismatische Gemeinden fremder Sprache und Herkunft in Deutschland", wissenschaftliche Tagung, 11./12. Juni 2004, Heidelberg.

Lassiter, Luke Eric, Clyde Ellis, und Ralph Kotay
2002   *The Jesus Road. Kiowas, Christianity, and Indian Hymns*. Lincoln und London: University of Nebraska Press.

Lee, Hao-Chun Angela
2004   The Influence of Early Christian Missionaries on Music in Taiwan, in: *37th World Conference of the International Council for Traditional Music.*

Conference Contributions – Abstracts. Fuzhou & Quanzhou, China, S. 96-97.

Lipp, Wolfgang
  1979   Kulturtypen, kulturelle Symbole, Handlungswelt. Zur Plirivalenz von Kultur, in: *Kölner Zeitschrift für Soziologie und Sozialpsychologie* (KZfSS), 31, 450-484.

Loew, Cordelia
  2003   *Lobpreis und Anbetung mit Banner und Flaggen*. Stuttgart: Gerth Medien; Bernard, G., S.

Louhivuori, Jukka und Edward Lebaka
  2004   Lutheran Hymn Singing in Two Different Cultural Contexts – African and Finnish: A Comparative Analysis of the Influence of Culture in Hymn Singing, in: *37th World Conference of the International Council for Traditional Music. Conference Contributions – Abstracts*. Fuzhou & Quanzhou, China, S. 111-112.

Lundin, R. W.
  1967²/1953   *An Objective Psychology of Music*. New York.
May, E. (Hg.)
  1985   *Musics of many Cultures: An Introduction*. Berkly: University of California Press.

Mbiti, J. S.
  1970   *Concepts of God in Africa*. London.
Mehrabian, Albert
  1972   *Nonverbal Communication*. Chicago: Aldine Atherton.
Merriam, Alan P.
  1964   *The Anthropology of Music*. Chicago: Northwestern University Press.
Motte – Haber, Helga de la
  1972   *Musikpsychologie. Eine Einführung*. Köln: Musikverlag Hans Gerig.
  1985   *Handbuch der Musikpsychologie*. Laaber: Laaber.
Mthethwa, B.
  1988   Syncretism in Church Music: Adoption of Western Hymns for African Use, in: *Second Symposium on Ethnomusicology*, Tracy A. (Hg.). Grahamstown: International Library of African Music, S. 32-34.

Murray, Jocelyn
  1998²/1981   *Cultural Atlas of Africa*. New York: Checkmark Books, Facts on File.
Myers, Helen
  1992   Fieldwork, in: *Ethnomusicology. An Introduction*, Helen Myers (Hg.). New York und London: W. W. Norton & Company, S. 21-50.
  1992   Field Technology, in: *Ethnomusicology. An Introduction*, Helen Myers (Hg.). New York und London: W. W. Norton & Company, S. 50-88.

Myers, Helen (Hg.)
  1992   *Ethnomusicology. An Introduction*. New York und London: W. W. Norton & Company.

Ndahayo, Epiphanie
  2002   *Akkulturation, Selbstbild und soziale Unterstützung in Bezug auf AfrikanerInnen in Österreich (Wien)*. Wien, Universität Wien.

Nile, Don

1997   *Traditional and Christianity in Papua New Guinea*, paper presented at the 34th World Conference of the International Traditional Music, Nitra, Slovac Republic.

2004   Hymnody in the seventh - day Adventist Church of Papua New Guinea: Local versus Universal Identities, in: *37th World Conference of the International Council for Traditional Music. Conference Contributions – Abstracts*. Fuzhou & Quanzhou, China, S. 144.

Okazaki, Yoshiko

2004   An Ethnic Liturgical Expression in a Multiethnic Congregation, in: *Manifold Identities: Studies on Music and Minorities. Proceedings of the 2th Meeting of the Study Group Music and Minorities of the International Council for Traditional Music (ICTM), Lublin/Poland, 2002*, Ursula Hemetek, Gerda Lechleitner, Inna Naroditskaya und Anna Czekanowska. Buckinghamshire: Cambridge Scholars Press, S. 289-303.

Ong, Walter J.

1982   *Orality and literacy: The technologies of the world*. London: Methuen.

1987   *Oralität und Literalität. Die Technologisierung des Wortes*. Opladen: Westdeutscher Verlag.

Osgood, Charles E.

1964[4]/1953   *Method and Theory in Experimental Psychology*. New York: Oxford University Press.

Owen, John (Hg.)

1964   *The Concise Oxford Dictionary of Music*. London: Oxford University Press.

Radocy, R. E. & Boyle, J. D.

1988   *Psychological foundations of musical behavior*. Springfield, III.: Thomas.

Reise, David R.

1970   The Semantic Differential and Attitude Research, in: *Attitude Measurement*, Gene F. Summers (Hg.). Chicago: Rand McNally, S. 235-253.

Rösing, Helmut

1997   Musikalische Ausdrucksmodelle, in: *Musikpsychologie. Ein Handbuch*, Herbert Bruhn, Rolf Oerter und Helmut Rösing (Hg.). Hamburg: rororo, S. 579-588.

1998   Wechselwirkung zwischen der Herstellung und Aufführung von Musik, in: *Musikwissenschaft. Ein Grundkurs*. Herbert Bruhn u. Helmut Rösing (Hg.). Hamburg: rororo, S. 191-208.

Rösing, Helmut und Alenka Barber – Kersovan

1998   Musikvermittlung in der modernen Mediengesellschaft, in: *Musikwissenschaft. Ein Grundkurs*. Herbert Bruhn und Helmut Rösing (Hg.). Hamburg: rororo, S. 364-389.

Rösing, Helmut und Herbert Bruhn

1993   Geschichte der Musikpsychologie, in: *Musikpsychologie. Ein Handbuch*. Hamburg: rororo, S. 21-43.

Rösing, Helmut und Peter Petersen

2000   *Orientierung Musikwissenschaft. Was sie kann, was sie will*. Reinbek bei Kamburg: rororo.

Rösing, Helmut und Rolf Oerter

1993   Kultur und Musikpsychologie, in: *Musikpsychologie. Ein Handbuch*. Hamburg: rororo, S. 43-57.

Rückel, Anton

1998   *Kunst als Lobpreis*. München: Universitas-Verl.

Sadie, S. (Hg.)

1980   *The New Grove Dictionary of Music and Musicians*. London: MacMillan Publishers Ltd.

Scherer, K. R. & Ekman, P.

1984   *Approaches to emotion*. New York: Hilsdale.

Scherer, K. R. & Oshinsky, J.

1989   Zur emotionalen Eindruckswirkung akustischer Reizparameter, in: *Vokale Kommunikation*, Scherer, K. R. (Hg.). Weinheim: Beltz, S. 326-342.

Schmidhofer, August (Hg.)

1993   Zur Inkulturation Liturgischer Musik in Madagaskar im 19.Jahrhundert, in: *Studien zur Musikwissenschaft* 42, S. 451-7.

1994   *For Gerhard Kubik: festschrift on the occasion of his 60th birthday*. Frankfurt am Main und Wien: Lang.

1998   Schwarzafrika, in: *Musikwissenschaft. Ein Grundkurs*. Herbert Bruhn und Helmut Rösing (Hg.). Hamburg: rororo, S. 593-608.

Schmidhofer, August und Michael Weber

1992-3   Improvisation and Revival: Examples from Madagascar, in: *Bulletin of the International Committee on Urgent Anthropological and Ethnological Research* 34-35, S. 221-227.

Schulze, Gerhard

2000   *Die Erlebnis – Gesellschaft. Kultursoaiologie der Gegenwart*. Frankfurt, New York: Campus Verlag.

Schwindt – Gross, Nicole

1999   *Musikwissenschaftliches Arbeiten. Hilfsmittel • Techniken • Aufgaben*. Kassel, Basel, London, New York, Prag: Bärenreiter.

Seeger, Anthony

1992   Ethnography of Music, in: *Ethnomusicology. An Introduction*, Helen Myers (Hg.). New York und London: W. W. Norton & Company, S. 88-110.

Sibree, J.

1924   Madagasy Hymnology, in: *The Antananarivo Annual and Madagascar Magazine 10*, S. 187-199.

Sloboda, J. A.

1985   *The musical mind. The cognitive Psychology of music*. Oxford: Claredon Press.

1989   Music as a language, in: *Cognitive bases of musical communication*, Wilson, F. & Roehmann, F. (Hg.). St. Louis, MS: MMB Music.

1991   Music structure and emotional response: Some empirical finding, in: *Psychology of Music*, 19, S. 110-120.

Son, Ceum-Suk

2004   Pitch and Theology: The Korean Hymnal as Evangelical Tools and Denominational Rivalry, in: *37th World Conference of the International*

Council for Traditional Music. Conference Contributions – Abstracts. Fuzhou & Quanzhou, China, S. 196-198.

Suppan, Wolfgang
1984   *Der musizierende Mensch. Eine Anthropologie der Musik*. Mainz: Schott.

Stanley, Sadie (Hg.)
2000   *The New Grove Dictionary of Music and Musicians*. London: Macmillan.

Stockmann, Doris (Hg.)
1992   *Volks- und Popularmusik in Europa* (Neues Handbuch der Musikwissenschaft Bd. 12). Laaber: Laabar Verlag.

Tiago de Oliveira Pinto
1998   Improvisation, in: *Musikwissenschaft. Ein Grundkurs*. Herbert Bruhn und Helmut Rösing (Hg.). Hamburg: rororo, S.238-253.

Trimillos, Ricardo D.
2004   Domesticating Spanish Catholicism: The Pabasa, Filipino Voices, and the Christian Epic, in: *37th World Conference of the International Council for Traditional Music. Conference Contributions – Abstracts*. Fuzhou & Quanzhou, China, S. 219-220.

Versandbuchhandlung Schwirz (Hg.)
1997   *Gute Nachricht Bibel*. Wiesbaden: Versandbuchhandlung Schwirz.

Währisch – Oblau, Claudia
2004a   *„We Shall Be Fruitful in This Land“. Pentecostal / Charismatic New Mission Churches in Europe*. Wuppertal: Vereiniste Evangelische Mission.

2004b   *Die Spezifik pfinstlich charismatischer Migrationsgemeinden in Deutschland und ihr Verhältnis zu den etablierten Kirchen*, paper presented at the „Migration und Identität. Pfinstlich – charismatische Gemeinden fremder Sprache und Herkunft in Deutschland", wissenschaftliche Tagung, 11. / 12. Juni 2004, Heidelberg.

William, T. R.
1967   *Field Methods in the study of Culture*. Ohio: The Ohio State University.

Yang, Mingkang
2004   Christmas Day Ritual Music of the Lisu Ethnic Nationality in Yunnan: Past and Present, in: *37th World Conference of the International Council for Traditional Music. Conference Contributions – Abstracts*. Fuzhou & Quanzhou, China, S. 264-265.

Ziegler, Martin
2004   *Die Musik ghanaischer Migranten in Deutschland*, paper presented at the XIII. Internationaler Kongress der Gesellschaft für Musikforschung „Musik und kulturelle Identität", 16. - 21. Sep. 2004, Weimar.

Curriculum Vitae

Dr. Phil. Chang, Yea-Tyng (a9906276@gmail.com)

Kurzbiographie (Stand: Januar 2006)

- ab WS 93/94: Studium der Musik (Schwerpunkt Klavier und Flöte), Institut für Musikwissenschaft, Universität Soochow, Taipei, Taiwan, Abschluß (Bachelor) SS 1997.
- ab WS 97/98: Studium der Musikwissenschaft, Institut für Musikwissenschaft, Universität Soochow, Taipei, Taiwan, Abschluß (M.A.) WS 2000/2001.

     Bezügliche Feldforschungen, Präsentationen, Artikel und Publikation:
     ♣ Bezügliche Präsentation und Artikel über *Der Kun-Qu Gesang zwischen der mündlichen und schriftlichen Überlieferung* (1999).
     ♣ Wiss. Feldforschungsreise des Kun-qu Gesangs nach Shang-Hai 上海, Hangahou 杭州, Suzhou 蘇州, Pei-King 北京 usw. in China, Aug. - Dez. 1999
     ♣ Diplomarbeitsforschung über *die schriftliche und mündliche Überlieferung des Kun-qu Gesang*. Taipei: Uni. Soochow, Januar 2001.

- 1996 bis 2002: Wiss. Assistentin und Mitarbeiterin des Projekts "國畫　古樂－故宮藏畫中的音樂呈現 *Music in Chinese Paintings Held in the National Palace Museum*".
- 1997 bis 2002: Wiss. Assistentin und Mitarbeiterin des Projekts 台灣音樂史 *(Taiwanesische musikalische Geschichte/Taiwan yinyueshih)*.
- 2001 bis 2002: Wiss. Assistentin und Mitarbeiterin des Projekts *Information / Media Technology, Musical Concept and Value*. In der Zeit: Wiss. Feldforschungsreise der musikalischen Aktivitäten der taiwanesischen Ureinwohner in Da-Bang 達邦, Tai-Tung 台東, Hua-Lian 花蓮, Nei-Men 內門, Tainan 台南 usw. in Taiwan.
- Nov. 2001 bis Sep. 2002 Dissertationsforschung über den *mongolischen Frauengesang*. In der Zeit: Wiss. Feldforschungsreise in Jargarland und Ulanbatar in der Mongolei.
- Seit Sep. 2002: Dissertation und bezügliche Forschung über den *Französisch-Afrikanischer Kirchengesang in Wien*.
- Seit Nov. 2002: Dissertation und bezügliche Wiss. Feldforschungsreise des verschiedenen ethnischen Kirchengesang, Schwerpunkt afrikanischer Kirchengesang in Europa, in Wien, Graz, Bochum, Duisburg, Achen, Prag usw. Rigorosum/Promotion: März 2005.
- Seit 2006: Post-Doc für Humanities Research Center, National Science Council, Taiwan and .

Publikationsliste - Veröffentlichungen

Bücher

- 崑曲歌唱的口傳與書寫音樂形式-以「遊園」曲牌【皂羅袍】為例。Taipei：Diplomarbeit der Universität Wien，2001。
- *Lobpreisgesang französisch – afrikanischer religiöser Gemeinschaften in Wien*。Wien：Promotion der Universität Wien, 2004.
- 崑曲歌唱的口傳與書寫形式（Die mündliche und schriftliche Überlieferung des Kun-Gesangs）。Taipei：Showwe，2006。
- *Lobpreisgesang französisch – afrikanischer religiöser Gemeinschaften in Wien*, Taipei: Showwe, 2006.

Einzelartikel

- 崑曲樂譜與實際演唱 – 以「遊園」中的曲牌【步步嬌】上板旋律部分為例 / 從《遊園・驚夢》探討崑曲的歌唱藝術。藝術學學門研究生論文研討會音樂學論文集。中壢：國立中央大學藝術學研究所，1999，頁 1-1 – 1-21。

- *French African Christian Songs in Vienna*, in: Proceedings of the 37th World Conference of the International Council for Traditional Music, January 4-11, Fuzhou and Guangzhou, China, p. 25-26, http://www.ethnomusic.ucla.edu/ICTM/pdfs/BullOct2003.pdf

- *Die Erforschung des Gesanges Afrikanischer Religiöser Gemeinschaften in Österreich – Drei Befragungsmodell und Fragebogen (Research in African Religious Societies in Austria - Výskum spevu v afrických náboženských spolo-čenstvách v Rakúsku)*, in: Ethnomusicologicum, Revue pre ethnomuzikológiu a ethnochoreológiu IV(ETHNOMUSICOLOGICUM IV, Empirický výskum v ethnomuzikológii, etnológii a folkloristike, 31. Etnomuzikologického seminára, 25. - 27. máj 2004, kaštiel Budmerice), Bratislava: ASCO art & science Bratislava, s. 67 - 84.

- *Kulturelle Identität bei dem Französisch-afrikanischen Lobpreisgesang in Wien*, im Kongreßbericht zum XIII. Internationaler Kongress der Gesellschaft für Musikforschung „Musik und kulturelle Identität", 16. - 21. Sep. 2004, Weimar, http://www.hfm-weimar.de/v1/gfmkongress2004/Kongressprogramm/Referentenliste-2_A-D.php, http://www.hfm-weimar.de/v1/gfmkongress2004/Organisation/Raumplan_21_9.pdf?lang=de, http://www.hfm-weimar.de/v1/gfmkongress2004/Kongressprogramm/Referentenliste-2_A-D.php?&lang=de, http://www.hfm-weimar.de/v1/gfmkongress2004/Kongressprogramm/freieSektionen/Sektion_C-24.php?lang=de, im Druck.

- *„Animation" in the French-African Church Singing in Vienna*, Poster and in: ESEM point. XX European Seminar in Ethnomusicology (ESEM), 29. Sep. - 3. Okt. 2004, Venedig – Fondazione Giorgio Cini, p.9, http://www.cini.it/fondazione/07.manifestazioni/08.calendario/2004/eventi/esem/esemabstract.htm

- *Recitation and Singing of Chinese Poetry in Japan and Taiwan*, Panel and in: ESEMpoint. XX European Seminar in Ethnomusicology (ESEM), 29.Sep.-3.Okt.2004, Venedig–Fondazione Giorgio Cini, p.10, http://www.cini.it/fondazione/07.manifestazioni/08.calendario/2004/eventi/esem/esemabstract.htm, http://www.cini.it/italiano/attivita/eventi/listpartecipanti.php?ideventi=47&partecipante=1, http://www.cini.it/italiano/attivita/eventi/partecipanti.php?ideventi=47&partecipante=1&ideventi_partecipanti=142, http://www.cini.it/italiano/attivita/cinipdf/eventi/partecipanti/200502101209260.abstract33.pdf?ideventi=47&partecipante=1&ideventi_partecipanti=142, http://www.cini.it/italiano/attivita/eventi/programma.php?ideventi=47, http://www.fondazionecini.it/italiano/attivita/eventi/programma.php?ideventi=47&PHPSESSID=a4202c492ae46a032f369d9a5fdbe73f, http://www.fondazionecini.it/italiano/attivita/tmp/200502101436560.abstract45.pdf

- *French-African and Austrian Christian Songs in Vienna as the Crossover Music*, for: Symposium of the International Musicological Society, Melbourne Austria, July 11 - 16 2004.

- *Orality and interpretation – Japan and Taiwan: Is 'Soran' a work song? - Is 'Solan' a love song?*, in: 9th International CHIME Meeting. Orality & Improvisation in East Asian Music, 1 to 4 July 2004, University of Sorbonne, Paris, http://webdb.iu.edu/sem/scripts/news/newsdetailarchive.cfm?year=2004&cID=10&nID=432, http://www.kong.be/blog/, http://kongvzw.typepad.com/kongtext/, http://webdb.iu.edu/sem/scripts/news/newsdetailarchive.cfm?year=2004&cID=10&nID=432

- *Musikinstrumente der taiwanesischen Ureinwohner für Kinder (Instruments of the Aborgines in Taiwan for children – Detské hudobné nástroje pôvodných obyvateľov Tajwanu)*, Vortrag und in: Ethnomusicologicum, Revue pre ethnomuzikológiu a ethnochoreológiu IV (ETHNOMUSICOLOGICUM IV, Empirický výskum v ethnomuzikológii, etnológii a folkloristike, 32. Etnomuzikologického seminára, 26. – 29. Sep. 2005-kaštiel Mojmírovce, Bratislava: ASCO art & science Bratislava, im Druck.

- *Taiwanese Multi-ethnic Musical Culture*, in: Musical Culture and Memory, the Eighth International Symposium of the Department of Musicology and Ethnomusicology, Faculty of Music, University of Arts in Belgrade, Belgrade, Serbia, 11 - 14 Apiel 2006, http://www.kakanien.ac.at/weblogs/editor/1141310871/index_html, http://www.kakanien.ac.at/beitr/materialien/TMarkovic_VMikic1.pdf., im Druck.

- *Another Minority – French-African Christian Songs in Vienna*, in: Shared Musics and Minority Identities. Papers from the Third Meeting of the "Music and minorities" Study Group of the International Council for Traditional Music(ICTM), Roč, Croatia, 2004, Ceribašić, Naila & Haskell, Erica(Hg.). Zagreb & Roč : Institute of Ethnology and Folklore Research & Cultural-Artistic Society, 2006, http://www.ief.hr/en/aktualno/roc_program.pdf, http://www.ethnomusic.ucla.edu/ICTM/beta/stg/index.php?lcode=10&tcode=43, http://www.ethnomusic.ucla.edu/ICTM/beta/stg/index.php?lcode=10&tcode=46, http://www.ief.hr/en/aktualno/roc_program.pdf

- Vortrag「口耳相傳話音樂 – 崑曲篇」,12. 7. 2006,臺灣臺中縣清水高中。
- Vortrag「口耳相傳話音樂 – 非洲音樂篇」,19. 7. 2006,臺灣臺中縣清水高中。
- 從「音」到「語」:中非部落「說話鼓」的社會民族案例,「社會語言學與功能語言學」研討會,2006. 11. 5 - 7,台灣台北和台中。

Radio-Sendungen (Seit Januar 2004: regelmäßig Radio-Sendungen auf dem Internet-Radio Emap.FM über *die aktuelle musikalische Aktivitäten in Taiwan und die musikalischen Beziehungen zwischen Taiwan und Nachbarländern.*)

- *Chinese New Year!*, auf dem Internet-Radio Emap.FM, 22. - 26. Januar 2004.
- *Music from Formosa*, auf dem Internet-Radio Emap.FM, 15. - 19. Januar 2004.
- *Music from Formosa / The musical Interaction between Taiwan and Japan - "Soranbushi" and "Miss Solan is getting married*, auf dem Internet-Radio Emap.FM, 29. Feb. - 4. März 2004.
- *Music from Formosa – Taiwanese Presidential Campaign Songs*, auf dem Internet-Radio Emap.FM, 21. - 25. März 2004.
- *Na Lingi Na Kumisa Nsembo Moko*, Probe-Sendung auf dem Radio Good News, Taipei, April 2004.
- *Music from Formosa / The musical Interaction between Taiwan and Japan*, auf dem Internet-Radio Emap.FM, 9. - 13. Mai 2004.
- *Music from Formosa: Bunun Triba - Ear Shooting Ritual*, auf dem Internet-Radio Emap.FM, 16. - 20. Mai 2004.

Audio und Visuelle Produktionen

- *"Concert avec Fr. AL NZAU, 1.8.2003, Vienne"*. Video, Wien, Juni 2004. Y-V02.
- *"VCC Francophone, 2003-2004, Vienne"*. Video, Wien, Juni 2004. Y-V01.
- *"Als kongolesische Gottes Lieder auf christlicher Lieder v. Madagaskar in Wien trafen"*. CD, Wien, Mai 2004. Y-CD01.
- 用各民族的音樂文化讚美神!*"(To Worship God with all the Music Cultures!)*. CD, Wien, Januar 2004.
- *Brasilianischer Gottesdienst, 5.10.2002, Wien*. Wien, 1998. yy.
- 蒙古民歌*"(Mongolian Folk Songs)*. Tape. Taipei, 1998.

Mitgliedschaften
- Etnomuzikologický seminar
- European Association for Japanese Studies
- Conference on Interdisciplinary Musicology
- European Seminar in Ethnomusicology
- International Council of Traditional Music
- Study Group "Music and Minority" of the ICTM
- Internationaler Kongress der Gesellschaft für Musikforschung

Schriften zur Ästhetik und Kunst, Bd. AH0015

Lobpreisgesang
französisch-afrikanischer religiöser Gemeinschaften in Wien

Autor	/	Chang, Yea-Tyng
Verleger	/	宋政坤
Herausgegeben von	/	林世玲
Buchblockdesign	/	張慧雯
Umschlaggestaltung	/	羅季芬
Texterfassung	/	徐真玉 und 沈裕閎
Absatzmanagement	/	林怡君
e-Service	/	徐國晉
Herstellung und Verlag	/	Showwe Information Co.,Ltd.,

Ruei-Guang Rd., Lane 583, No.25, 1F.
114 Nei-Hu District, Taipei City Taiwan
Telefon：02-2657-9211　　　Fax：02-2657-9106
E-mail：service@showwe.com.tw

Vertriebsgesellschaft　/ 紅螞蟻圖書有限公司
台北市內湖區舊宗路二段 121 巷 28、32 號 4 樓
電話：02-2795-3656　　　傳真：02-2795-4100
http://www.e-redant.com

ISBN / 978-986-7080-77-6

1. Auflage　September 2006
Preis: NT$280(TWD)

讀 者 回 函 卡

感謝您購買本書，為提升服務品質，煩請填寫以下問卷，收到您的寶貴意見後，我們會仔細收藏記錄並回贈紀念品，謝謝！

1. 您購買的書名：＿＿＿＿＿＿＿＿＿＿＿＿＿＿＿＿＿＿

2. 您從何得知本書的消息？

□網路書店　□部落格　□資料庫搜尋　□書訊　□電子報　□書店

□平面媒體　□ 朋友推薦　□網站推薦　□其他＿＿＿＿＿

3. 您對本書的評價：(請填代號　1.非常滿意 2.滿意 3.尚可 4.再改進)

封面設計＿＿　版面編排＿＿　內容＿＿　文/譯筆＿＿　價格＿＿

4. 讀完書後您覺得：

□很有收獲　□有收獲　□收獲不多　□沒收獲

5. 您會推薦本書給朋友嗎？

□會　□不會，為什麼？＿＿＿＿＿＿＿＿＿＿＿＿＿＿＿＿

6. 其他寶貴的意見：＿＿＿＿＿＿＿＿＿＿＿＿＿＿＿＿＿

＿＿＿＿＿＿＿＿＿＿＿＿＿＿＿＿＿＿＿＿＿＿＿＿＿

＿＿＿＿＿＿＿＿＿＿＿＿＿＿＿＿＿＿＿＿＿＿＿＿＿

＿＿＿＿＿＿＿＿＿＿＿＿＿＿＿＿＿＿＿＿＿＿＿＿＿

讀者基本資料

姓名：＿＿＿＿＿＿＿＿＿　年齡：＿＿＿　性別：□女 □男

聯絡電話：＿＿＿＿＿＿＿＿　E-mail：＿＿＿＿＿＿＿＿＿

地址：＿＿＿＿＿＿＿＿＿＿＿＿＿＿＿＿＿＿＿＿＿＿＿

學歷：□高中(含)以下　　□高中　　□專科學校　　□大學

□研究所(含)以上 □其他＿＿＿＿＿＿

職業：□製造業 □金融業 □資訊業 □軍警 □傳播業 □自由業

□服務業 □公務員 □教職　□學生 □其他＿＿＿＿＿

- -

(請沿線對摺寄回,謝謝!)

秀威與 BOD

BOD（Books On Demand）是數位出版的大趨勢，秀威資訊率先運用 POD 數位印刷設備來生產書籍，並提供作者全程數位出版服務，致使書籍產銷零庫存，知識傳承不絕版，目前已開闢以下書系：

一、BOD 學術著作—專業論述的閱讀延伸
二、BOD 個人著作—分享生命的心路歷程
三、BOD 旅遊著作—個人深度旅遊文學創作
四、BOD 大陸學者—大陸專業學者學術出版
五、POD 獨家經銷—數位產製的代發行書籍

BOD 秀威網路書店：www.showwe.com.tw
政府出版品網路書店：www.govbooks.com.tw

永不絕版的故事・自己寫・永不休止的音符・自己唱